悦读经典
法思漫步

张 渝 谭宗泽◎主编

C L A S S I C S　F O R　P L E A S U R E

上海人民出版社

目 录　CONTENTS

第二编　温故知新

第三编　理解中国

主编序

柏拉图在《理想国》第七卷的开篇曾对人的生存处境作了一个精妙的比喻。他说，让我们想象一个洞穴式的地下室，它有一条长长的和洞穴一样宽的通道通向外面光明之地。一批囚徒从小就待在这个洞穴里，头颈和腿脚都绑着，不能走动也不能转头，只能向前看着洞穴后壁。让我们再想象在他们背后远处高些的地方有东西燃烧着发出火光。在火光和这些被囚禁者之间筑有一道矮墙。矮墙的作用像傀儡戏演员在自己和观众之间设的一道屏障，他们把木偶举到屏障上头去表演。人始终被捆绑着，因此人只能看见面前洞壁上的影子。久而久之，人就会将自己所看到的影子当作真实的事物。这就是洞穴之喻。

每个人来到这个世界上，他就生活在一个独特的群体中，在历史的过程中这个群体已经形成了一整套偏见，这些将深深地影响着群体成员的思想，甚至塑造了他们的思想。这些偏见如锁链一般捆着他们，在偏见下观察的世界不是真实的世界，二者之间的区别犹如物体和它的影子。幻影世界中，人将迷失自己。然而人之为人在于自主，在于选择属于自己的生活方式，正如德尔斐神庙中的那句箴言“认识你自己”。

那么，何以破除偏见，认识你自己？仅凭当下环境中所接受的常识还远远不够，它们甚至还会将我们导向更加固执的地步。此时，我们需借助那些巨人的肩膀，他们眼光高远，见识深刻。借助其眼光，才能深入认识周遭的繁复世界。凭借其力量，才能有力抵抗顽固的习俗偏见。唯此，转身、向上才得以可能。虽然巨人已远去，但他们为我们留下言辞，传下著述，是谓经典。其眼光和见识就蕴藏其间，只有亲躬于字里行间，聆听其教诲，才能真正提升自己。

是为序。

第一编

域外法理

论埃利希“活法”理论

——以《法律社会学基本原理》为主要对象

郑伟华[*]

埃利希系欧洲乃至世界著名法社会学家，其所提出的“活法”理论是法社会学领域的重要理论。[①]活法是埃利希法律社会学理论的根基。埃利希的理论主要体现在《法律社会学基本原理》一书中，这本书是现代法社会学的第一部系统作品，也使其因此而赢得“欧洲法社会学之父”的称号。[②]《法律社会学基本原理》一书共有二十一章，分为六个部分：第一，法律的基本原理，主要对当时实用主义法学观主导的法学研究进行批判，他指出，参与联合体内部秩序构建的，并得到联合体成员普遍遵守的规则才是法律的灵魂。第二，作为社会规范的法律，强调法律的社会性，认为法律是社会规范中的一种，指出人们的自发遵守优于法律的强制实施。第三，正义观念和法律命题，在相互冲突的正义理念中，在一个特定的时期必然有一种会得到人们的认可，从而成为法律所保护的利益，并基于正义

---

* 郑伟华，西南政法大学行政法学院2019级法学理论博士研究生。

① 陈兵：《论埃利希“活法”理论及当代启示——以〈法律社会学基本原理〉为中心》，载《理论观察》2017年第9期。

② 吕建高：《埃利希的法社会学思想》，载《当代法学》2002年第11期。

的理念形成法律命题。第四,法学的功能,主要强调法律人的作用和法学的终极目标。第五,国家创制之法和习惯法,着重批判法律起源于国家的传统观点,认为法律是社会习俗制度的起源和转化,关注查士丁尼《国法大全》中习惯法的地位和历史法学派观念中的习惯法。通过法学家法的法典化,法学推动了法律的发展。第六,法律社会学的方法,一是法律史和实用法学,二是活法的研究。该书读起来引人深思,颇具启发。任何社会理论的诞生都不是自然而然,而是伴随着社会变迁。因此,在研究埃利希的"活法"时必须将其置于当时的社会背景之下去研究和分析,才能对其有更深刻的认识和理解。文章尝试对埃利希"活法"理论之贡献与不足进行正反两方面评价,同时,进行总结概述,权当管中窥豹。

一、"活法"的概念界定

埃利希所给出的"活法"的定义是,即与纯粹在法院和其他国家机关中所实施的法律不同"活法不是在法条中确定的法,而是支配生活本身的法。这种法的认识来源首先是现代的法律文件,其次是对生活、商业、习惯和惯例以及所有联合体的切身观察,这些事项既可能是法律所认可的,也可能是法律所忽视和疏忽的,甚至是法律所反对的。"通过这个关于"活法"的定义可以折射出"活法"论的内容特点。

他认为,法律分为两种,一是国家制定的法,也就是"国家法",另一种是"社会秩序"本身,或者说是人类联合的内在秩序。"人类联合的内在秩序不仅是法律最初的形式,而且直到现在为止,还是它的基本形式。"①这种社会秩序本身不同于国家制定或者由法院强制执行的法律,被称为"活

① [奥地利]尤根·埃利希:《法律社会学基本原理》,叶名怡、袁震译,中国社会科学出版社 2009 年版,第 37 页。

法”。这种意义上的法律在国家出现以前就自发与社会同时出现。“活法”观念批判了概念法学的国家主义法观念，指出真正的法律不是由国家制定的成文法，而是由各种社会联合体自发产生的和为人们自觉遵守的实际起作用的法律，其本质就是联合体的内部秩序。[①]埃利希将习惯法、法学家法等在现实生活中实际起作用的规范纳入法律概念的外延之中。

埃利希主张不但法律比国家出现得早，立法和司法同样比国家出现得早。从古罗马的《十二铜表法》中可以看到，如果当事人不接受法庭的裁判，他可以自己进行报复。而人类最早的法庭也并不是由国家设立的。法律并不是事先由某些人制定的，而是在解决社会纠纷中被发现的事物的“理”，所以立法机关立法或国家制定法是在归纳和总结社会经验的基础上产生的，它们只不过是用科学的语言表达社会经验并使之系统化而已。[②]

在埃利希看来，“活法”的作用比国家法的作用大得多。一个人处在多样的社会关系之中，受到法律规则的调整和约束，也必然处于无数法律关系之中，除了少数例外，他很自愿地履行这些关系所加于他的义务。例如清偿自己的债务、履行作为子女或者父母的义务，等等。或许有人反对，说他们履行义务是惧怕承担法律所规定的不利后果。但事实上，他们的行为是由不同的动机所驱使的，如果不履行自己的某些义务，会引起不良的社会评价，或影响内心公平正义感。

埃利希所讲的作为社会秩序的内在秩序的规则，不仅仅是法律，还包括宗教、道德、习俗等社会规则。“法律与其他规则的区别主要在于法律规定的是舆论认为最重要的事项，法律规则的表达比较明确等。”[③]埃利

---

① 严存生：《自由法学及其埃利希的“活法”理论——读〈法律社会学的基本原理〉笔记》，载《民间法》2000年第2辑。

② 严存生：《社会法学的司法观》，载《华东政法大学学报》2011年第2期。

③ ［奥地利］尤根·埃利希：《法律社会学基本原理》，叶名怡、袁震译，中国社会科学出版社2009年版，第167—168页。

希则以作为科学的理论法律社会学为武器，对法律规则论进行了猛烈批判。埃利希指出，规则并非法律的本质，法律实质上是一种秩序。法律诞生自社会共同体的内在秩序。这些生成和维持团体内在秩序的习惯和惯例就构成了所谓的“活法”。①

埃利希将法律分为三个层次：第一个层次是“活法”，即在日常生活中为各种社会团体中的成员所认可并实际支配社会成员行为的规范，它才是真正的法律，也是法律的最初形态和基本形态。第二个层次是“审判规范”，即在纠纷需要审判机关介入时，审判机关通过一定的审判程序，将“活法”的某些内容提升为有约束力的强制性规范。第三个层次是“法律命题”，它是较审判规范更抽象的一种规范形态，它“所谓普遍的妥当的规范，是由制定法和法律文书以权威的方式言明的法规范，它是法律的最高层次”。②

埃利希的“活法”论是在继承了17、18世纪自然法思想精髓和历史法学派代表人物萨维尼的习惯法理论基础上加以扬弃而成的。埃利希在其主要著作《法律社会学基本原理》一书的序言中提出了他的法律社会学的基本思想，“无论是现在或者是其他任何时候，法律发展的重心不在立法，不在法学，也不在司法判决，而在社会本身”。③寥寥数言，精辟地表达了埃利希立足于社会的法学观。同时他强调法律发展的重心不在国家，“法律发展的重心自远古以来就不在国家的活动，而在于社会本身，现在也必须从社会中寻找”。④活法理论统领埃利希的法律社会学理论。埃利希提出的“活法”论，指引着现代法理学沿着明确的社会化思考进路向前发展。⑤

---

① 鞠成伟：《论埃利希“活法”概念的理论逻辑》，载《云南大学学报（法学版）》2010年第4期。

② ［日］六本佳平：《法社会学》第28页，有斐阁1988年版，转自何勤华：《西方法学史》，中国政法大学出版社2003年版，第466页。

③ ［奥地利］尤根·埃利希：《法律社会学基本原理》，叶名怡、袁震译，中国社会科学出版社2009年版，第35页。

④ 同上书，第390页。

⑤ 全威：《埃利希“活法”论中的价值观探究》，载《东南大学学报》（哲学社会科学版）2010年第S1期。

他还指出，律师关心的重点是争端的法律解决。在实践中，有许多争端不是通过法院判决来解决的，律师主要关心的是通过法律手段来解决的纠纷，关注此案件据以裁决的法律规范，这种规定可称为“裁决规范”。律师所倾向的推定“裁决规范”就是行为规则，但社会生活中实际上被遵守的规则是真正的“活法”，比如婚姻习惯、家庭生活和商业实践等，它一般起着防止争端的作用，在争端发生后，可能基于此种社会规则就可以解决而不必诉诸国家的法律制度。“活法”随着联合体的发展而发展，并将与联合体一起长期存在。“活法”与正式法之间相互转换的力度逐渐增强，最终会取代正式法，成为调控社会关系的主要方式。

二、“活法”的方法论研究

埃利希的活法思想不仅仅是法学理论方面的创新，更是法学方法上的突破。进入 20 世纪以后，实用主义和实证方法风行一时，学者们认为确保知识内容可靠或科学的唯一方式，是将知识建立在可观察经验的基础之上。任何理论知识不应该仅仅立于抽象推理，而是应该以“社会学”为依据。知识上的进步应当通过观察和实验而实现。社会学上的目的论和方法论启迪了一大批的学者运用社会学方法去研究和观察法律中的各种现象。因此，法学家们开始趋向于探索一种新的研究方法去解构法律，研究法条之外的诸多问题，例如法律所产生的社会根源、法律和社会结构之间的关系、法律怎样有效地实现社会控制功能、如何扩大和增强法律实施的社会效果等。在法律的本位上历来有国家本位、社会本位与个人本位之争，而自 19 世纪以来，社会本位法律观就成为主导性的法学思潮。[①]法

① 胡玉鸿：《社会本位法律观之批判》，载《法律科学（西北政法大学学报）》2013 年第 5 期。

社会学就在这样的背景之下应运而生。在埃利希看来，法学是作为观察的科学。这句话有两层含义：其一，法学是科学，它的核心关注点是法律的基本原理而非法律适用的技艺；其二，法学研究的方法是观察。归纳先于演绎，应用观察法是科学的要求，法学必须坚持。埃利希毕生所从事的研究，就是用观察的方法发现法律的基本原理。①

法社会学强烈批判传统的纯粹形式分析的法学研究方法，转而将法学理论的焦点逐渐由个人权利转向社会责任，由形式分析转向事实的调查，更加强调法律在社会中的功能，重新将法律放置于社会之中，将法律研究的重心定位于社会而非法条。他们认为："法律理论表述的基本之事不是带有其个人意志、意图和目的的个人本身，而是社会整体；不是各种各样的法条本身，而是社会秩序，即现代社会通过法律的公正的秩序调整；不是古老而抽象的个人主义者的法律正义，而是全新的'社会正义'。"②于是，埃利希的"活法"理论便在这种时代潮流的强烈的呼唤声中应运而生了。"活法"自始至终所强调的都是社会，认为法最本质的特征就是社会秩序。通过国家立法程序公布的法律规则，只要不能实现其社会作用并为人们所普遍接受，那么它就不具有法的意义。只有在社会中实际存在并且发生作用的规范才是法。可以说正是由于 19 世纪末 20 世纪初这一特殊的时代背景催生了"活法"这一理论，也正是在这时法社会学这一流派逐渐形成，发展完善并主导了 20 世纪之后的法学发展潮流。

从关于"活法"论理论层面的研究中可以看出，埃利希的法学理论仍然致力于对"法律是什么"这一问题作出回答，作为社会学法学派的杰出代表人物，他与以往的自然法学派、分析法学派以及历史法学派对这一问题的研究的最大区别在于角度不同，他着重从功能的角度来探究什么是

---

① 鞠成伟：《埃利希法社会学视野下的法律多元》，载《清华法治论衡》2009 年第 2 期。

② ［奥］欧根·埃利希：《法社会学原理》，舒国滢译，中国大百科全书出版社 2009 年版，第 571 页。

法，注重法的社会实效。他所提出的“活法”理论中极具创新性的一点就是他的法学方法论。埃利希的“活法”理论本身就是一种法学方法论。“理论活法”强调对法律作用的认识和制度的建构应该从事实出发，主张进一步推进法与社会的互动，社会科学和经验性研究的方法已经逐步被法学界所接受。①

他认为，活法的知识来源有两个：“第一，现代法律性文件；第二，对生活、商业、惯例、所有联合的直接观察，不仅是法律所承认的，而且还有为法律条文所忽视和省略掉的东西，其实甚至还有为法律条文所不赞成的东西。”②现代的法律生活并不是由法律条文占统治地位的，而是由这些文件——主要是商业文件占据统治地位，因此法律文件应当成为研究活法的首要对象。将这些文件当作法律的一部分，在此基础上引申出法律，法学的首要任务就是去研究那些具有普遍重要性的、内容典型的法律文件。但是这种法律性文件也并不代表全部“活法”。“活法”才是支配生活本身的，是人们在实际生活中所遵守的；“活法”也可能和法律性文件的规定有所出入，因此要把实际观察当作“活法”知识的第二个主要来源。

人们相信，花费在对过去法律进行研究之上的劳动的科学成果不仅在于对法律发展——当然仅指法律命题的发展——有了认识，而且还在于对于过去的法律有了历史方面的理解；因为法律——按照对过去法律命题心照不宣的认定——扎根于过去。这是此前法律领域内的研究方法据以作为基础的思维路径。然而，并非所有的法律均包含在法律命题中。编纂《十二铜表法》《萨克森法典》的人实际上对他们当时的法律都有直接的个人认识，他们谋求的是总括这种他们所要处理的法律，并用法律命题

---

① 斯图尔特·麦考利、范愉：《新老法律现实主义：“今非昔比”》，载《政法论坛》2006 年第 4 期。

② ［奥］尤根·埃利希：《法律社会学基本原理》，叶名怡、袁震译，中国社会科学出版社 2009 年版，第 493 页。

的形式予以系统阐述。与从前法学家无论如何都会考虑到的东西大不相同的是，这一时期的法典编纂者经常会忽略自身所处的时代和社会，他们从优士丁尼的法律汇编中提取法律素材，从法学文献中——无论如何都不属于正在谈论的法典的时代——中提取素材。《德国民法典》的资料来源几乎全是潘德克顿法的教科书，它忽略了所处时代提出的新要求。与过去的法律关系相比，每一个当下所需要处理的法律关系更加丰富和多样，用来检测法律命题的标准是现实生活，从法律文件中所获悉的活法内容只能达到它体现在其中的程度。

要如何搜集那些并未体现在法律文件之中，但大量存在并且十分重要的活法呢？除了睁开眼睛，通过细心观察生活，寻访民众并记录下他们的回答之外，别无他法。确实，如果让一名法学家通过实际观察，而不是通过法典的条款或者浩繁的法律文书了解活法，其实是给他提出了一条严格的要求，但那是不可避免的，以这种方法获得的结果将是最佳的。

对于法学家而言，有生命力的新法律的萌芽很可能比那些垂死的法律残余更重要。通常认为，法律是永无止境的发展过程，这一认识是历史法学派的不朽成就，而且此观点不仅被很久之前那些时代的人们认可，而且也被 19 世纪的人们认可。就古罗马人或 14 世纪和 15 世纪的德国人而言，法学家充分觉察到法律习俗制度的发展，例如家庭、人身依附关系、土地所有权、契约等法律习俗的发展。在那些时候并不重要的制定法很少被提及。法学家似乎认定，法律习俗只通过法典条款的变化来发展，但是并不意味着 19 世纪非制定法性质的法律习俗制度的发展完全停止了。任何法律制度都在经历变迁和改革，法律社会学必须从探明活法开始。

它的注意力将主要指向具体的而非抽象的东西。我们所能观察到的只会是具体的东西。解剖学家放到显微镜下的不是抽象的人体器官，而是特定人的特定器官；同样，生理学家研究的不是抽象的哺乳动物的肝脏，而是特定哺乳动物的特定肝脏。只有当他完成了具体的观察之后，他才会问它是否普遍有效，并且努力通过一系列具体观察竭力确证这个实情，为此，他不得不寻找独特的方法。这同样适用于法律的调查者。他必须首先关注具体惯例、支配关系、法律关系、契约、联合体章程以及遗嘱的财产处分。因此，活法的调查者并非仅仅关注“习惯法”或“商业惯例”。如果在使用这些词时有过思考，就能意识到——并非总是如此——他们指的不是具体的事物，而是普遍化之后的东西。但是只有具体的惯例、支配关系、法律关系、契约、联合体章程、遗嘱的财产处分才会产生人们据以调整他们行为的规则，并且只有在这些规则的基础上，法院适用的裁判规范与迄今唯一吸引法学家注意的制定法条款才会产生。绝大多数司法判决基于法院认定存在的具体惯例、占有关系、契约、联合体章程以及遗嘱的处分。如果要充分理解这种一般化、化而为一以及法官和律师所使用的其他发现规范的方法，那么我们必须首先知道它们据以运作的基础。我们越了解罗马人的金融制度，就越能理解承保和通过文书订立契约。这也同样适用于我们今天的法律。在此范围内，当萨维尼说法律——他说的法律首要是指所有的法律命题——仅能从其历史背景方面来理解时，他是对的；但是历史背景不在久远的过去，而在当下，法律命题在当下产生。

但是，活法的科学意义并不限于对法院所适用的裁判规范的影响或对制定法内容的影响。活法的知识有独立的价值，此点存在于如下事实：它构成了人类社会法律秩序的基础。为了获得对这种秩序的认识，我们必须了解惯例、支配关系、法律关系、契约、联合体章程、遗嘱的声明，这些完全独立于以下问题：它们是否已经在司法裁决或制定法中表现出来，或者说它们是否总是在司法裁决或制定法中表现出来。现代商业，特别是出口贸易，已经同时创造了大量的新形式，它们应当是科学研究的主题，与那些已经在制定法中得以列举的形式一样。很多具有真正价值的东西可以在有关商业科学的文献中找到，后者在现在发展得如此兴旺繁荣。

对活法的调查研究，使用历史方法和文化人类学的方法同样不可或缺，因为我们只能通过研究历史的和史前（文化人类学）的事实来了解支配社会发展的规律。对于理解当下的法律状况而言，这两种方法同样不可少。诚然，我们从未仅仅通过现在来理解过去，但是对当下最核心的理解之道在于对过去的理解。在当下的每一部分中都存在其完整的过去，后者可以通过我们的慧眼清晰地分辨出来。

为了理解法律的实际状况，我们必须开始一项有关社会本身与国家法所作贡献以及国家对社会法实际影响的调查。我们必须知道：在一个国家内，存在何种婚姻和家庭，缔结的是何种契约以及通常其内容是什么，起草的是何种遗嘱，这些事项按照法院和其他裁决机构所适用的法律该如何裁判，它们实际上又是如何裁判的，在什么样的范围之内，这些裁判和其他裁决实际上是有效的。这样的调查将会揭示，尽管两个不同的国家的立法可能是一样的，比如法国和罗马尼亚，但其中一个国家的法律可能不同于另外一个国家的；尽管波希米亚、达尔马提亚、加利西亚法院和其他裁决机构都适用同样的法典，但这些国家的法律绝不相同；由于法律的实际状况的差别，因而尽管存在《德国民法典》，但就算在德国的不同地区，除了个别的立法差异之外，也没有统一的法律。

当然，人的认识是有局限性的，我们在此领域的知识总是充满了缺漏，总是令人不满的，并且毫无疑问，研究一些法典以及说明性材料和注释比探明法律的实际状况要容易得多，也有趣得多。不过，寻求容易而有趣的任务并非科学的使命，科学的功能是寻求重大而具有建设性的任务。我们部分地知道此点，法律科学也绝非例外。法律科学越有科学性，它就会越完美。

新的科学目标总是需要新的科学方法。布吕纳在他关于西班牙、埃及以及阿尔及利亚灌溉的书中，如同任何有关法律史或文化人类学的作品一样，他指出，存在大量的法律形态，其中每一处都与灌溉植物的种类与性质以及它们的产量相关。为什么沙漠地区的阿拉伯人没有承认沙地平原的财产权，而只承认绿洲树上的财产权利，其原因不可能借助于文化人类学与法律史学来获得，而只能通过独特的沙漠地区的经济结构来给出答案。

埃利希的这种“活法”的研究方法为当时的法学研究与法学教育开辟了一条全新的道路，正如他在《法社会学原理》一书结尾所言：“方法，如同科学本身一样，是没有止境的。”埃利希在方法论上的创新，为以后的法律社会学的发展奠定了一个基调。

自启蒙运动以来，西方法律理论的研究重心发生了两次转变，即从“自然法”到“规则法”，再从“规则法”到“活法”的转变。但这两次转变不是偶然发生的，而是因为一系列的社会原因促成的，具有历史必然性。[①]在18、19世纪以前，西方法学一直注重概念分析和法律条文。19世纪末，随着西方资本主义经济和政治的大力发展，社会方方面面都有了跨越式的进步，已经开始向现代社会迈进。与此同时，各种新的社会矛盾和利益冲突亦层出不穷，而且越来越激化。特别是在19世纪后期，资本主义工业高速发展，垄断经济在社会中占据主导地位，社会经济结构的变革亟待其他各方的调整和改革，而原本的法律体系和传统法律价值观念无力应对新出现的社会问题而受到重大挑战和质疑。此社会环境下，国家为维持社会稳定和安全，对各个领域加强管理和控制，而法律作为一种调整社会生活的工具自然而然受到重视。[②]与之相应，法律的功能不可避免地得到扩张和加强。只是对实在法运用理论分析，进行逻辑上的推理，依靠单纯的法律规则，已然不能满足社会问题反映的新需求。

① 王佩芬：《“自然法”到“规则法”，再从“规则法”到“活法”——西方法学理论研究视角转换的社会原因考察》，载《理论观察》2002年第6期。

② 何勤华：《埃利希和现代法社会学的诞生》，载《现代法学》1996年第3期。

三、“活法”理论的缺陷

对埃利希“活法”理论的体系化理解不能脱离他所生活的特定时空语境、社会语境以及他个人的知识构建与发展语境，①这是我们进行经典阅读和研究的一个基本出发点。“活法”理论在开创法学研究新途径的同时也表现出了一些不足，细而言之：

（一）混淆了法律和其他社会规范

人们在社会中不只有法律上的行为规则，亦存在道德、习俗、礼仪、宗教、风尚等行为规则。这就存在一个必须要解决的问题，如何区分法律和其他行为规则？埃利希承认，要在法律规范和其他社会规范之间作出一个科学的精确性划分是很困难的，他认为这种区别“不仅是社会科学的问题，而且是社会心理学的问题”，而且，“不同种类的规范触发不同的情感声调，我们对不同类型的规范的违反做出不同的情感反应”。②所以，在大多数的情况下，人们可以根据这种“情感声调”轻易地判断出一个给定的规范是法律规范还是宗教、伦理、习俗、道德、习惯或者礼节规范等。但是，这一“情感声调”理论对于划分法律规范与非法律规范未免显得有些牵强，因为不同的人具有不同的人格取向和感情触觉，所以，这一区分方法过于主观而缺乏普遍适用性。除此之外，埃利希在他的理论中对于习惯的法源地位给予了相当重要的评价，这就使得法律的概念更加模糊，也更加无法区分法律与习惯之间的界限。

---

① 刘坤轮：《尤根·埃利希法社会学思想浅谈》，载《法律文化研究》2000 年第 1 辑。

② ［奥］欧根·埃利希：《法社会学原理》，舒国滢译，中国大百科全书出版社 2009 年版，第 176 页。

因此，埃利希对于法律规范与其他社会规范的区分并没有给出一个明确清晰的回答，仅仅以这是一个社会心理学上的问题而搪塞过去，这就使得在法学实践中对法律的概念和范围模糊不清；其次，埃利希混淆了“习惯作为法律来源”和“习惯作为法律”二者之间的区别。在原始社会或国际法领域，习惯无论是作为一种法源或是作为法律都具有重要意义，但是在现代社会中习惯大都是作为法律的重要渊源，而很少直接作为法律来使用。现代社会需要的更多的是明确的制定法，直接将习惯当作法律适用不符合现代法治建设的精神。

（二）活法和国家法的关系不清晰

国家创制的规范不同于社会内部形成的社会规范，它不能直接运用社会强制，而必须借助一些推行国家规范的强制机构来实施。法律并非起源于国家，法律是社会习俗制度的起源和转化。①在埃利希看来，不仅自古以来，甚至现代社会，“活法”始终是法律的基本形式。社会上确实存在这种现象，相当多的人的行为不完全符合国家制定法的规定。例如根据我国《民法典》的规定，男女双方要到婚姻登记机关领取结婚证才能结为合法夫妻。但是在一些农村地区，举办婚礼就算结为正式夫妻，这就体现了社会上某一部分人的实际行为，他们遵守的是活法而不是国家法。但在事实上，这里存在的问题不是存在两种法律的问题，而只是一个国家制定的法律的实行或者实效问题，即一些规定在社会上一部分人中未真正实行，并未被他们普遍遵守；对于这一部分人来说，法律还未取得实效。国家对此现象会根据具体情形采取不同措施，或是宣传法制，加强普法；或是惩治违法犯罪行为。国家绝对不允许存在与制定法相对立的社会规范，更不用说去容忍另一种“法律”。可以看出，埃利希对法律和国家的关

① 徐娟：《作为方法的活法理论——埃利希〈法律社会学基本原理〉解读》，西南政法大学2009年硕士学位论文。

系的观点是错误的。正如有西方法学者说：他认为家庭、婚姻或合同等重要社会制度或社会关系会“自发地”成长，事实上，它们是不可能不顾国家法而发展的，他没有讲清楚“活法”和国家法的关系。

（三）忽视了不同社会团体之间的差异性研究

埃利希法社会学理论的重要贡献就是将法律回归社会，将法置于社会之中进行阐述和研究。在社会中存在着形形色色的社会团体。小到家庭、公司，大到国家都是社会团体的一种表现形式，而法也不过是社会团体的内部秩序。由此可见，社会团体在埃利希法社会学理论中处于核心地位，但是埃利希在将法律归结为社会团体的内部秩序的同时，并未就不同社会团体间的关系作出具体明确的说明。各种社会团体可以总结为“原生性的社会团体”和“派生性的社会团体”，这些社会团体之间的关系是彼此相互独立而存在抑或是各种团体间存在着某种隶属或包容关系？埃利希在他的著作中对此未作明确交代，因此，他只是划分了不同的社会团体类型，并将法表述为社会团体的内部秩序，但是并未区分不同团体之间的共生或者冲突关系，显而易见的是，各团体之间不可能是完全独立的存在，必然存在着或多或少的联系，但是对此埃利希未作深入研究。

伴随着上述的问题又衍生出这样一个问题：不同社会团体之间的内部秩序之间又是怎样的一种关系？如此一来，由于各种社会团体之间呈现着一种杂乱无章的状态，导致作为社会团体内部秩序的法也显得混乱无序。那么，如果不同团体之间的内部秩序发生冲突，该问题又该如何解决呢？埃利希对此未作解答。

也就是说，埃利希只就社会团体的类型进行了简单的分类，相应地，将不同团体之间的“活法”作了功能上的划分，如宪法、行政法、民法、刑法、程序法等各种自成体系的法律，区分了它们不同的作用领域，并最终将其全部归于社会法之下。但是，他却未将不同类型的法之间的层级效力作出明确划分，这就会产生法的效力冲突问题，即不同社会团体内部的法律秩序是怎样的一个层级序列，当不同社会团体之间的内部秩序发生冲突时如何解决？这些在埃利希的“活法”论中都未能给出答案。因此，忽视了对不同社会团体的差异性研究，并最终忽视了对不同社会团体中“活法”的共生与冲突关系研究是埃利希“活法”论的又一缺陷。

四、结论

从《法律社会学基本原理》一书的行文逻辑来看，埃利希用大量的篇幅来介绍实证主义法学，更准确地说，是在介绍实证主义法学中规范实证主义法学的一些基本原理。经过层层论证，在本书的最后才讲到法律社会学和作为法律社会学方法之一的活法理论。埃利希是在承认分析实证主义法学理论的基础上，对法律进行的研究，其在方法论上具有创新性，即活法理论丰富了法律概念的外延。“活法”是埃利希法律社会学思想的根基，它统领了埃利希的法律社会学思想。《法律社会学基本原理》中关于法律的基本原理、法律命题和法学的功能及国家创制之法和习惯法等法律社会学思想都建构在活法理论的基础上。“活法”论的提出使得法律社会学审视法律的视角发生了根本性转变。法律社会学具有双重身份，它不仅是社会学的组成部分，而且也是法学的一个分支。法律其实是众多社会规则中的一种，法律扎根于社会关系之中，大部分的规则通过自觉的遵守得到履行。从法律社会学的角度来看，法律不仅仅是人们据此行为的规范，而正是在法律的规制下人们进行着共同的生活。在这种意义上，法律乃是一种综合的行为模式，同时，法律也是解决社会矛盾的手段。因此，对法律的概念应作扩大理解，即法律不仅仅是国家制定的法律，还包括其他在生活中起到维护秩序作用的日常规范、习惯，等等。同样，法律社会学的研究对象，不仅仅限于法律文本本身，而是将法律的概念扩充到“活着的法”或“行动中的法”。①

整体而言，埃利希从社会学的视角将法律界定为人类团体秩序及调整秩序的规则，指出社会团体的内部秩序是法律秩序的基础。从社会法、法官法、国家法三个维度展开对法律的社会学研究：法律规范是来源于法的事实的规范；法律规范是法院或法官据以解决冲突与纠纷的规范；国家法的主要功能是维护从社会中发展而来的法律。法律规范应当研究作为“活法”的具体习惯、法律关系、契约等，从中归纳调整社会关系的行为规则，从而奠定现代法律秩序的基础。②埃利希通过对其他法学派思想进行批判和学习，逐渐意识到社会法的重要性，认识到民族意识的重要性，在此基础上不断充实完善“活法”论思想。“活法”论内涵丰富，产生于社会内部秩序，同样可以成为法律裁决的依据，并随地域环境的变化产生不同的适用标准。“活法”论拥有反映社会结构改变及经济体制变化的性质，并通过法律性规范和非法律性规范得以充分表达。埃利希“活法”论的出现为当时缺乏创新性的法学发展注入了一股新鲜的血液，从而为后来的众多法学思想的产生提供了启迪和借鉴，从庞德的社会学法学到美国的法律现实主义，都从其中受益。

---

① 徐娟：《作为方法的活法理论——埃利希〈法律社会学基本原理〉解读》，西南政法大学2009年硕士学位论文。

② 李霞、明辉：《社会学视野中的法律世界——解读埃利希的“法律社会学”》，载《哈尔滨工业大学学报》（社会科学版）2013年第3期。

论施密特的制宪权思想

陈一珲*

卡尔·施密特是20世纪极具影响力的政治学家和法律学家之一，在他的著作中《宪法学说》中构建的理论体系，被宪法学界广泛赞誉，认为其是“唯一的体系性宪法理论”。①施密特1928年撰写的《宪法学说》是对其宪法思想的完整化、体系化的表述。施密特对宪法的研究源于德国《魏玛宪法》，而又不完全依赖于《魏玛宪法》，他在其《宪法学说》中的1954年序言中写道：“只有借助于真正的系统研究，对不同的比较和说明才有价值，因为只有这样，才能从法学上认识这种特殊的思维模式。只要基本模型能够持久，一部成功地达成了这种系统性的著作就不需要与在时间进程中出现的大量宪法条文赛跑。甚至更恰当的做法是，在这方面稍微克制一点，以便让基本模型更清晰地呈现出来。”②

他是20世纪制宪权方面重要的研究者，其制宪权思想与其政治宪法学思想紧密相连。制宪权是具有争议的概念，一方面制宪权涉及意识形

* 陈一珲，西南政法大学行政法学院法律史专业硕士研究生。

① 林来梵：《有神论的政治宪法学——对施密特的解读之一》，载《同济大学学报》(社会科学版)2006年第2期。

② [德]卡尔·施密特：《宪法学说》，刘锋译，上海人民出版社2013年版，第13页。

态，另一方面制宪权理论难以避开和政治学说之间的缠绕，其在实践中可能会产生危险：政治、法律制度受到主权者决断的影响，甚至是决断带来政治和法律制度极不稳定的危险。施密特的制宪权学说是在法国学者西耶斯的制宪权理论基础上的进一步具体研究，其在《宪法学说》一书中并不占据太大篇幅，但却在本书中有着十分重要的地位。

施密特的制宪权可见于《宪法学说》第八章，他对制宪权的分析可分为性质、主体、动用程序三个小节。在“性质”一节中，他对制宪权的定义是一种制宪权主体凭借权力或权威对自身存在的类型和形式作出具体的总决断，属于一种政治意志①，并且提出：宪法的有效性根据在于规范的正当性，宪法是制宪意志的实施规范且前提和根据有赖于包含在这种意志中的政治决断，一部宪法的颁布不可能穷尽全部制宪权。其对性质的分析判断，有着其独到的见解之处。在“主体”一节中，施密特介绍了不同时期的四种制宪权主体：上帝、人民（施密特认为应称为民族）制宪权主体、特殊时期的国王制宪权主体和特殊的“少数派”组织作为制宪权主体。在“制宪权的动用程序”这一节中，施密特认为不可能有一种既定的制宪权动用程序，另外，国王与人民的制宪权动用方式也是截然不同的，前者是依据既定的王朝统治原则而确立的方式，后者是通过口头表达（喝彩）的方式来进行的。后者才是施密特认可的制宪权行使方式，也即民主制的形式。自由主义是近代自由法治国之基础要素。关于法治国，施密特提出了新的见解——国民法治国，施密特强调政治要素，为宪法和制宪权给出了全新的定义。

本文将对相关要点进行分析。笔者将避开意识形态的争论，采取客观立场的态度，否定外部批判的方式，对施密特的制宪权思想进行逐步解读。

---

① ［德］卡尔·施密特：《宪法学说》，刘锋译，上海人民出版社 2013 年版，第 116 页。

一、制宪权的起源和与宪法的关系

（一）制宪权的起源

制宪权思想观念是近代国王权力世俗化的一个概念。制宪权来源于根本法这样的观念。制宪权的产生与根本法密不可分，而宪法是一国最高效力的根本法，制宪权理论的产生与宪法的最高性有关。制宪权理论的产生与宪法具有最高法性质联系在一起，其主要理论动机乃是制约以立法权为首的一切国家权力。在中世纪，一个国家的国王对国民实行绝对权力以进行统治，但是国王不能恣意妄为，仍然要遵循相应的根本法。这种根本法来源于一国的传统习惯，这样的传统习惯受到国民的认可，与国民的利益紧密相连。①国王要行使相应的权力，客观上会影响国民的利益，这个时候就需要征得其当事人的同意。也就是说，国王行使权力时，需要与相应阶层的国民或者说是贵族，签订相应的协议，从而获得合法性的效力，约束彼此的行为。从这一方面来看，英国历史上的《自由大宪章》最为著名。

1215 年 6 月 15 日的英国《自由大宪章》被称之为近代自由宪法的典型和原型。英国经历了一个特殊的发展过程，它是英国国王与贵族势力之间签订的协议，以证明文书（宪章）的形式固定了下来。②作为世界上第一部限制君权的法案，在当时无疑具有十分伟大的意义。这也在其后产生了自由法治国的思想，主张限制国家权力，广泛保障国民自由权利，并据此产生了近代宪法。这样的近代宪法规定了一定的原则，比如立法权由宪法所创设，立法权以宪法的存在为基础，它不可能变更、废止宪法。

---

① 尤石宏：《施密特的制宪权理论研究》，沈阳师范大学 2018 年硕士学位论文。

② ［德］卡尔·施密特：《宪法学说》，刘锋译，上海人民出版社 2013 年版，第 79 页。

综上所述，制宪权理论与根本法密不可分。从中世纪或近代来看，根本法都是具有最高效力的法，它包含了限制国家权力、保障国民的人权，使国民免于受到国家权力的不法侵害。这样的自由主义思想观念，无疑是近代宪法产生的重要根据。

（二）制宪权与宪法的关系

原有的制宪权有着自由主义的价值内涵。然而，施密特以对自由主义的批评而闻名于世。施密特在《宪法学说》第四章“宪法的理想信念”中论述了他的国民法治国宪法的内涵：公民自由的保障系统；权力分立；成文宪法。在第十二章“国民法治国的原则”中，将近代宪法的法治国要素概括为了两项原则。施密特认为：“宪法设立了防止国家侵权的保障机制，并且千方百计给国家权力的行使设置障碍。如果宪法仅仅包含国民法治国的这类保障机制，那是不可想象的……国民法治国原则只能构成整个国家宪法的一部分，另一部分则包含着对政治的存在的形式的实在决断。所以，当今公民国家的宪法总是包含两个要素：一是保护公民自由不受国家侵害的法治国原则，二是政治要素，从中可以推断出实际政体。”①施密特认为宪法不能忽视政治要素。施密特呼吁以政治决断的形式，使制宪权成为一个具有人格性的、意志性的活动，如此方有可能创造国家宪法与规范，而法治国要素是一种规范理想，他认为仅仅依靠规范意义的“守法主义”②，难以在复杂多变的社会局面中作出有效的政治决断——这就是施密特著名的“决断论”。在《宪法学说》第九章“宪法的正当性”中，施密特更是指出，“宪法产生于制宪权权力和权威的决断，如果这种权力和权威受到承认，宪法就具有正当性，也就是说，它不仅作为一

① ［德］卡尔·施密特：《宪法学说》，刘锋译，上海人民出版社 2013 年版，第 72 页。
② 彭小玲：《宪法的政治之维——解析施密特的政治宪法学建构》，载《政治法学研究》2015 年第 1 期。

种事实状态受到承认，而且还作为一种合法秩序受到承认。”[①]可以看出，施密特对自由主义的批判，其宪法理论中的宪法概念与近代盛行的自由主义宪法观大为不同。施密特认为制宪权是先于宪法而存在的，宪法因制宪权受到承认而获得正当性。（自由主义认为立法权应当受到宪法制约，而制宪权属于立法权）也可以看出，要探究近代宪法，一定不能避开“制宪权”这一大问题。

二、施密特定义的宪法概念和与制宪权的关系

（一）两种不同的宪法概念

施密特的宪法学中，著名的国民法治国论断，从宪法的理想概念来确定国民法治国之含义。施密特在书中第四章“宪法的理想概念”谈到，在政治斗争的过程中，只有符合某些政治要求的宪法才能称其为真正的宪法，因而这样的宪法是基于一种基本理念而获得承认的抽象宪法。当代宪法中，最为成功的是自由法治国的宪法。其主要内涵是：保障市民自由、规定分权制衡和成文宪法的形式。根据宪法是否保障自由权的标准，分为“自由的宪法”和“非自由的宪法”，自由法治国的概念就属于前者范畴。施密特认为，自由法治国代表的思想，是要剥离掉宪法中的政治性，以一系列的规定来管制住国家政府权力的行使。但是宪法中仍然有着不同的成分：一是保护国民自由权的成分；二是宪法中的政治成分。在《宪法学说》一书中，施密特将宪法的理想概念放在最后的位置，并且表明了其批评的态度。[②]施密特在书中给出了绝对的宪法概念和相对的宪法概

① ［德］卡尔·施密特：《宪法学说》，刘锋译，上海人民出版社 2013 年版，第 132 页。

② 同上书，第 66—76 页。

念。其中绝对的宪法概念是最为重要的，下面让我们来了解一下以下两种概念。

1. 绝对的宪法概念

施密特在书中所说的绝对的宪法概念，不等同于我们以往所理解的宪法概念，似乎宪法只要是一本成文法典和一系列宪法性文件组合就可以了。以往我们所了解的是钦定宪法和民定宪法、柔性宪法和刚性宪法、成文宪法和不成文宪法等形式，但是施密特所给出的观点，以及他的思考，是与常规观点有很大不同的。

施密特在书中开篇梳理了德文词 Verfassung 的多重含义，他认为 Verfassung 可以指称一个政治统一体、一种特殊的和具体的国家存在类型和方式。他在下文中阐释得更为详细，“它指的是政治统一体和秩序的整体状态。但是，Verfassung 也可以指一个完整自足的规范系统。在这种情况下，它同样是描述一个统一体，不过这个统一体不是具体存在着的统一体，而是存在于思想中的观念统一体”。①可以看出，绝对意义上的宪法关键在于“统一体”，十分强调其完整性和统一性。施密特认为，国家不能去政治化，人民对自身的政治存在有明确认识，具有行动能力。②因此以“政治统一体”概念作为其政治宪法学说的起点。同样，政治统一体也是宪法有效性的根据，宪法统一性不在于其本身，而是在于前者。因此施密特笔下的宪法必定是蕴含了政治性。施密特区分了绝对的宪法概念和相对的宪法概念。施密特指出：宪法的绝对性，是为了与具有相对意义的宪法律进行区分，个别的宪法律不能等同于统一的、整体的宪法。绝对的宪法概念可包含三层意思。这三层意思分别对应着一个政治的状态、政治的形式和政治的生成原则。

---

① ［德］卡尔·施密特：《宪法学说》，刘锋译，上海人民出版社 2013 年版，第 21 页。

② 杨尚儒：《政治统一体与代表——沃格林对施密特政治代表理论的批判》，载《政治与社会哲学评论》2011 年第 37 期。

第一层意思，宪法是一个特定国家的政治统一性和社会秩序的具体的整体状态。这是最根本的含义。政治统一性和社会秩序是一个国家的核心，如果没有政治统一性、社会秩序，那样的国家是什么样子，我们难以想象。这种意义上的宪法，不是写在文本上的，而是施密特将其作为一种抽象意义上的法则，将宪法看作国家的核心，是国家生命和灵魂的体现。因此，"宪法 = 国家"。

第二层意思，宪法是一种特殊类型的政治和社会秩序。具体的统治和服从关系是这种秩序的特殊之处，当离开该关系时，社会秩序也不可能存在。施密特认为，在这里，"宪法 = 政体"。每个国家要想正常地运行下去，必然不可缺少上下服从的政治关系，例如君主制、贵族制、民主制和苏维埃式的共和国制。他列举了托马斯·阿奎那在《神学大全》中的分类：贵族制、寡头制和民主制。从施密特的意思顺位排列来看，政治统一体的存在状态优于政治和社会形式，内容要更优于形式，国家不会因为宪法的改变，而丧失了其延续性。

第三层意思，宪法是政治统一体的动态生成原则。这里应当如何理解呢？在这里，施密特打了一个生动的比方，认为宪法就相当于地表根基下涌动的力量和能量，类似于地壳运动的能量或者地壳下层的地热能，它是一种使得政治统一体（国家、社会）处于不停变动的过程中的动力，或者说，宪法是政治动态生成的原则。国家并非是静止不变的，国家是不断生成变化的，所以结合第一层意思，这里就不难理解为什么会说宪法是政治统一体的动态生成原则了。①其实这里施密特就已经为后面埋下了良好的伏笔——本章所提到的根本的力量、能量，其实就是后面施密特写到的具有主权性质的制宪权。制宪权属于国家。国家可以为了应对特别的危难状况而宣布例外状态，宣布临时中止宪法或打破宪法。因此，施密特将

① ［德］卡尔·施密特：《宪法学说》，刘锋译，上海人民出版社 2013 年版，第 23—26 页。

近代宪法中的政治要素突出了出来，也就是政治决断，而法治国要素反而是其次的。法治国要素不属于制宪权，也不能限制制宪权。这些是绝对意义宪法的实然面的理解。

对应然面的理解，我们可以将绝对意义上的宪法理解为是一个由不同等级效力所构成的统一规范体系。这里的宪法是一个理想意义上的思想统一体。这样的宪法，我们将其称之为“规范的规范”，属于应然的范畴。但施密特认为此时之宪法绝非等同于个别的规范或法律，而是整个国家和社会的统一秩序，是“法律之法律”，国家因此是规范之统一体。[①]施密特同样对凯尔森的规范主义法学理念表示了质疑。我国的陈端洪教授是国内政治宪法学的代表人物，他深深赞同施密特的观点，[②]他认为凯尔森的规范主义法学观念，其基础规范是一个逻辑和理念的虚构产物，以此建构的纯粹宪法学，抛却了政治性要素，脱离了实际，是空洞而难以想象的。凯尔森将国家当作一个法秩序，法秩序成为规范体系，那么是什么使得这些法秩序成为一个体系？即是什么使得这些法律具有效力而成为规范呢？再者，施密特看到凯尔森学说中刻意避开了宪法作为规范之规范的来源问题。如果说规范是来源于“规范之规范”，作为“规范之规范”的宪法来源于何处呢？规范无法自我制定，这时，更能说服人的观点是宪法是来自制宪权，而制宪权是一种意志的体现，是一种政治决断。无论其是君主，还是人民的政治决断，这样的制宪权才是现实中存在的。就此而言，法秩序是政治性的人民意志赋予的，以此保障政治与国家法的统一。

2. 相对的宪法概念

施密特在《宪法学说》中多次强调，要将宪法与宪法律相区分，二者的

---

① 张旺山：《国家的灵魂：论施密特的主权概念》，载《政治与社会哲学评论》2005年第12期。

② 陈端洪、林来梵、高全喜：《政治宪法学与规范宪法学“对话”实录》，载《公法研究》2011年第2期。

混淆将难以让我们理清制宪权和修宪权(宪法律修改权),以及宪定权。施密特所指的相对的宪法概念,是指个别的宪法律,宪法律概念是外在的和次要的形式“标记”所界定的。①施密特认为,成文宪法中的诸多个别的、形式相同的宪法律,都只能是相对意义上的宪法。在施密特写作的时代,有着一个特殊的历史背景。一方面,德国制宪会议中存在各个党派,宪法律是在政治对立的妥协中得以逐条通过的,因此其囊括得很具体,几乎要成“包罗无遗的法典”了。在当时访问德国的民国重臣张君劢眼中,《魏玛宪法》是一个何其完美的宪法体系。②然而施密特认为“所有宪法条文都取决于制定宪法时的政治和社会状况,受制于政党政治的偶然情势”。获得多数支持的党派得以通过更多的宪法律,然而这并不具备严格意义上的法逻辑必然性,也不能很好地反映人民的政治决断,并未成为宪法律的法条,未必就不如登文载册的宪法律。另一方面,在《魏玛宪法》中,一些本不应当具有根本法效力的技术性和细节性规定,如《魏玛宪法》第 123 条第 2 项之露天集会的规定,第 129 条第 3 项之官吏阅览人事检查簿的规定,第 143 条公立学校教员的准国家官员地位规定,第 144 条学校监督由何人担任的规定等,将这些规定与涉及国家根本性质方面等的规定等量齐观,是不严谨的。

因此,施密特主张将绝对的宪法概念与相对的宪法概念加以区分,其在性质上就是完全不同的。我们不能认为,所有个别宪法律的总和就是绝对的宪法。而且,形式意义上的宪法也不等于形式意义上的宪法律。

3. 区分的必要性

绝对的宪法概念与相对的宪法概念的区分,最为关键的,是宪法与宪法律的区分,这也能够凸显决定宪法的主体和制定宪法律的主体有所区别。人民是制宪权的主体,其行使制宪权行为的根本决定,不等于制宪会

---

① [德]卡尔·施密特:《宪法学说》,刘锋译,上海人民出版社 2013 年版,第 35 页。

② 同上书,第 3 页。

议代表制定法律的程序。制宪会议代表是将人民制宪权的决定转化为规范文本。制宪权意志不能代表。所以，宪法律文本的通过，实际上是制宪意志的执行，是规范化的成果。

（二）产生于制宪权的实定意义的宪法

1. 实定宪法是一种政治决断

伯尔纳茨克认为宪法是一种“法律类型”，但是施密特认为这是一种典型错误。正如前文所说的，宪法与宪法律的区分是展开进一步讨论的起点。施密特指出，制宪权行为产生了实定宪法。制宪权行为是以政治决断的形式对其特殊存在形式规定了整体结构。实定宪法仅仅对特殊的整体形态进行有意识的规定。制宪行为需要有一个拥有行为能力的主体，需要这样一个主体以制宪意志来制定宪法。正如书中所说：“这样的宪法是一种有意识的决断：通过制宪权主体，政治统一体自己为自己作出了这一决断，自己为自己制定了这部宪法。”①宪法是制宪权行为产生的，也必然是政治决断的产物。如前所述，这个政治决断是我们区分宪法和宪法律的一项依据，行使制宪权是人民的政治决断，而制宪会议不过是制宪代表们执行人民政治决断的体现，因而人民可对应宪法，制宪会议这样的代表机关可对应宪法律。

《魏玛宪法》包含的根本政治决断包括了民主制、共和政体、德国的联邦制国家结构、立法和政府形式选择议会代议制、国民法治国。施密特驳斥了一些德国国家学学者否认决断（迈尔·安许茨）的观点，驳斥了他们否认 1871 年《德意志帝国宪法》和 1919 年《魏玛宪法》序言对政治决断的肯定作用。施密特并不认为《魏玛宪法》的决断是无关紧要的，它不是“纯粹的宣言”和“纯粹的声明”。宪法依据制宪权主体存在的意志而有效。

---

① ［德］卡尔·施密特：《宪法学说》，刘锋译，上海人民出版社 2013 年版，第 48 页。

制宪权的作用形成了实定宪法，但制宪权并不包含形成个别规范的作用，而是经由一次性的政治决断来建构政治统一体的规范。

所以，综上所述，实定宪法归结起来，就是政治决断的产物。

2. 关于近代宪法的政治要素

施密特介绍绝对的宪法概念和相对的宪法概念，是为了更好地阐释主题。施密特阐释绝对的宪法概念，也是为了能够引出“实定的宪法概念”。在近代国民法治国要素中，必定含有两种要素——法治国要素和政治要素，后者更为重要。

在《宪法学说》第六章“宪法的起源”中，施密特介绍了欧洲各国的宪法起源，我们可以看到政治宪法学的具体应用、从中世纪晚期开始，古老的军事采邑宪法已经失去了效力，封臣获得了独立性。当然，当建立了等级联合组织后它们就要立足于全体成员立誓而达成协议。有等级之间的协议，也有国民与君主订立的协议，甚至还有与外国君主订立的协议。这些协议因为没有为政治统一体奠定坚实基础，所以并不包含对政治统一体的类型和形式的总决断。在这方面最为典型的便是英国《自由大宪章》，被称为近代自由宪法的模范。但是施密特却认为，如果有谁认为大宪章中有近似于近代自由宪法、民主宪法的事物，都会犯下致命的历史错误。无论是《自由大宪章》也好，还是《权利法案》也好，它们所确立的条款更多地类似于近代意义上的宪法法规，议会与国王并未成为统一体，因此这种政治意志不能算是一种决断，而是妥协。

欧洲大陆中的宪法起源，来源于君主所取得的“专制”权力，更确切地说是来源于废除了既定的封建权利、等级权利，打破并取消封建制度所依据的现状正当性原则，如西班牙、法国等国。①近代国家就是主权国家。主权概念发挥了巨大的作用：它引出了当时的封建、等级的现状正当性。

① ［德］卡尔·施密特：《宪法学说》，刘锋译，上海人民出版社 2013 年版，第 83 页。

有了专制君主制的统一性，才能促进政治的统一性和民族的统一性。1789年的法国大革命，诞生了自由与民主两种不同要素混合而成的近代宪法。这种宪法的思想基础是制宪权学说。施密特认为必须将两个不同的过程和思想体系分开，首先，法国人民将自己建构为制宪权主体，他们意识到了自己的政治行动力，因此明确接受了现有政治统一体和行动能力的先决条件，并在这一先决条件下自己为自己制定了一部宪法。从某种意义上来说，就是法国人民建构了自己，法国人民成为法国民族，也就是说，人民意识到了自己的政治存在。第二层含义在于，它产生了近代国民法治国宪法，也即一部对国家权力的行使加以限制和监控的宪法。自由和法治国原则虽然在其中得以体现，但是法国人民的政治统一体的思想才是最重要的基准点。施密特认为在主权国家形成的过程之中，君主的权力是绝对不受限制的，但是英国是例外的，还有美国也是。

三、决断论与制宪权

（一）决断的性质

法国大革命后，人民通过制定宪法，对自身存在作出了决断，将自身构建成民族。施密特认为，在民族国家产生后的宪法理论中，虽然仍有君主制，但是此时的君主已非彼时的君主，而是可以“作出根本政治决断”的主体了，在这里，君主不必像上文提到的，需要与贵族等阶层进行协商和妥协方才能达成协议。在这里，君主可以钦定法律。但在君主立宪制中，国王与人民“二元制”体制之下，君主制原则和民主制原则之间的妥协“是延迟性的行使妥协”。不过施密特与常人所想不同，这种妥协状态并不是一种稳定均衡的状态。在民族国家为原则的政治共同体中，其创制宪法过程时，施密特不赞同将宪法协议作为宪法的一种，因为“真正的宪法协议至少预设了两个已经存在并将继续存在的缔约方，每一方都拥有一个制宪权主体，因而都是一个政治统一体”。[①]宪法若是在协商条件下制定出来的，那么当冲突情况发生时，难免会发生一方甚至双方均反悔的情形，这时就难以对制宪权主体产生约束力。因此施密特否决了协定宪法这样的形式。[②]

所以，我们可以看出，施密特将协商与妥协排除出了制宪权之外，他更赞同有一个握有强权的人将制宪权牢牢捍卫于手中，也即施密特所提出的“总统守护宪法”的论调。这样的思想为专制打开了通道。既然排除出了协商与妥协，那么决断也就提上了议程。

决断论的思维内涵大致是，个人意志形成的命令，是法的一种形式或是根本形式，只能以此为依据，才能产生更多形式的法。

施密特的决断论来源于其早年的“法实践”。施密特认为，法实践中法官的决定正确与否，要看法官的法实践，而不是去看法规范。在这里可以看出，施密特认同实践的观点，认为“做出来的比书本更重要”，法实践与法理论的正确性完全不同。

（二）决断与人格性

施密特赞同赋予一个国家以人格性。由于一个法理念无法自动实现，人格性和决断的因素在法的实现中是十分重要的。在一个国家需要作出决定时，施密特并不希望魏玛德国的国民议会中，那个昔日与专制君主抗衡的具有团结统一精神的议会，沦为一个为了自己获得“政治奖赏”的竞技场。[③]因此施密特认为应当由一个具有核心权威的主体来大胆地

---

① [德]卡尔·施密特：《宪法学说》，刘锋译，上海人民出版社2013年版，第99页。

② 赵强：《制宪权起于决断还是协商：民主制宪与共和制宪》，载《学术界》2016年第10期。

③ 彭小玲：《宪法的政治之维——解析施密特的政治宪法学建构》，载《政治法学研究》2015年第1期。

作出决断，而不是每个有权的人都可以表达主张，那样就会没完没了、无休无止，永远达不到一个有效决断。

施密特早期的作品印证了他的观点："扩展法律的外延，以拯救其可推论性。这一念头可以理解，毕竟如果依法推论得不出该当的结果，问题便可能在法条身上；那就是对后者进行改善，直到能得出正确的结果。这正是'自由法律运动'的要旨。它的成员从如道德评价、文化规范等当中提炼出某种超实证的法并将其与实证法并列起来，认为按照它们做出的都是依法判决，从而在形式上维持了合法条性的红旗不倒。"①

可见施密特在本书中，现代的法治国观念是与天主教神学有关的，而结合施密特的生平和本书的名字就可以看出端倪。那么，现代法治国与自然神论有关，自然神论作为一种神学，它不仅拒斥奇迹，拒斥对自然法则的突破，还拒斥对现行有效法秩序干预的行为。

就《政治的神学》看来，人类生活中的政治性有消失的危险，那时主权已经不再作为世界的组成部分了。施密特严厉斥责人们对政治性的攻击，并对未来政治性问题的消失感到担忧。政治意志对于一切反抗精神的事物的排斥，与经济思维的冲突很明显。经济思维对形式的指向性，即对技术的精确性的指向非常明确。经济思维与政治伦理格格不入，因为经济思维更青睐可见、可控的东西。由于排斥了不可见的东西，经济思维的权威性也受到了质疑。施密特认为，一切严重的紧急状态，或者说是非常状态、对立状态，是不可能通过经济手段来解决的。不可能通过单纯的技术就能保住权力，如果丢弃了政治伦理而选择了技术，就没有信念伦理，就没有了权威。②只有普遍的意志使得权威永存，它赋予了权力以伦

① ［德］卡尔·施密特：《政治的神学》，刘宗坤、吴增定等译，上海人民出版社2015年版，第48页。

② ［德］卡尔·施密特：《罗马天主教与政治形式》，载《政治的概念》，刘宗坤等译，世纪出版集团、上海人民出版社2004年版，第59页。

理色彩，赋予主权者决断的权力，赋予国家以人格性，适时作出正确的决断，以挽救国家的危亡，捍卫国家的宪法。

四、施密特制宪权理论的实践层面解读

（一）对魏玛宪法的议会制批判

在《宪法学说》中，施密特对权力分立学说进行分析。他不认同绝对的权力分立，哪怕是实行权力分立的国家也总会或多或少地偏离权力分立形式。在政治的现实中，根本就不可能会出现行政权、立法权和司法权的绝对平衡。施密特对自由法治国进行批判，其中有一点很重要的就是批判议会制。权力分立是自由法治国的组织原则，它原本目的是为了更好地分配国家权力，保障法律良性运行，保障国民能够广泛地被保障权利和自由。自由法治国认为，一个国家若不实行权力分立，让立法者同时担任行政者，这种做法是不可思议的，是绝不应当提倡的。

不过，自由法治国的分配原则和组织原则需要有着有效的规范文本才能得以实现。可是，当国家遇到非常状态时，由谁来作出决断？姑且不论非常状态的出现，即便只是决定基本权利的范围，也需要制定一部普遍有效的宪法问题。这就是由谁决断的问题。自由法治国宪法学关于由谁来决断的问题上，产生出了“议会制”这样的制度。有人认为这是一个正确的、合理的制度，符合“三权分立”原则，有利于代表人民的意志，保护人民的权利。但是，施密特认为这样的制度只是看起来很美，但是并不具有政治性。他认为议会仅仅具有整合能力：国家通过公共舆论、选举、议会辩论和表决而整合起来。结合上文我们知道，魏玛德国的议会是多个党派的角逐场，里面充斥着太过详细、冗杂的条款，正是诸党派纷争和妥协的结果，这样的环境下如何实现有效的政治决断呢？所以施密特得出了

这样的结论，议会制无法回答谁来决断的问题。

（二）制宪权的动用

施密特关于制宪会议的立场，我们可以看原著中的一段话：“西哀士[1]将两种学说结合起来：一种是人民制宪权的民主理论（其所针对的是现存的专制君主制），另一种是以制宪国民议会来代表人民意志的反民主理论。宪法只能由国民议会（因而既不由人民，也不由国王）来制定。若按首尾一贯的民主制原则，原本应该让人民自己来作出决断，因为一旦由某个机构来代表人民的制宪意志，民主制就会转化为贵族制。”[2]在这段话中，施密特并不是真正地认同制宪权由议会来决定的动用形式，这样的形式其实是一种贵族制。在本章中，施密特提到了中世纪的上帝作为制宪权主体，还有国王以及“少数派”组织。世袭君主制是一种受制于家族的王位继承顺序，已获得内在定型的体制，它不是政治生活的根源所在。至于“少数派”组织，除了列举欧洲中世纪的骑士团组织（贵族制），还有俄国苏维埃政权和意大利法西斯政权形式，包含了新式贵族制之要素。

让我们看到第八章“制宪权”的第三小节，动用制宪权。在这一小节中，施密特陈述了几点，但是最重要的是人民如何动用制宪权，即一国人民直接表达其意志的形式是口头表达（喝彩）。第一点是制宪权的动用不可能是经过一个规定程序来的，说明制宪权的动用并不是固定的、死板的，存在灵活多变的非常状态。第二点是君主的制宪权，是基于已有的现存专制君主制而动用的权力。（第三点下文详述）第四点是各种不同的制宪国民议会的产生：包括直接议决、通过宪法法规的国民议会、起草宪法法规的会议（草案由公民投票）、联邦制宪会议将宪法交由各成员邦人民表决同意的形式、制宪草案直接进行全民公投等情形。

---

① 原著中写作“西哀士”，其实就是指西耶斯，这里是翻译的分歧所致。

② ［德］卡尔·施密特：《宪法学说》，刘锋译，上海人民出版社 2013 年版，第 122—123 页。

在关于第三点的介绍中,(其与第一点是有紧密联系的)人民作为制宪权主体并不是一个固定的、有组织的主管机关。当它被设立起来行使日常的、常规的职能,按部就班地履行公务活动时,就已经丧失了人民的独特品质。人民在少数关键时刻要明确表达出自己的果敢意志,敢于对自身政治存在的根本问题作出"是"与"不是"的决断。在大部分国家的政治实践中,人民意志在个别表决或秘密选举的程序中得以确定。但是这并不是民主制的终极规范,相反,这是一个将民主制转化为贵族制的错误。真正的民主制,是一国人民直接意志的自然表达,即聚在一起的人群以口头方式进行赞成或不赞成。这样的喝彩方式是一切民族最为自然、最真实的生命表现。

但是,若是一国的全体人民进行直接的总决断,其实行难度可想而知。历史上关于是否应当有代表的看法,曾出现了两种极端的看法:一是一人代表整个国家,二是卢梭式的,绝不存在任何形式的代表。而施密特提出了新的观念,在《宪法学说》一书第十六章中说明了代表制原则和同一性原则这两种截然对立的原则,但是这两种原则可以进行恰当地混合,产生出新的政治形式。代表制原则中,施密特认为,代表者是具有独立意志的行动者,不受其他利益的约束。而在同一性原则中,假想所有国民都能亲身参与到政治实践中来,这样就不需要任何代表,也即直接民主。不过直接民主制,也即完全的同一性不可能实现。那么到了这里,施密特是如何调和代表制原则和同一性原则之间的矛盾呢?若是实行代表制原则,就会演变为他所提到的"贵族制",但是若实行同一性原则,在实践中又难以做到。在这里,施密特对"平等"进行定义解决了这个问题。只有基于共同体内部的本质相同性,才能确保统治者与被统治者之间平等。正因为人民之间具有同类性质,那么统治者并不具有超脱于被统治者的特殊属性,也不能摆脱人民的制约。那么,看似是由几个代表,由一个总统"统治",代替人民行使决断权,但是实际上,他就是人民,人民就是他,由他人统治也就等同于人民的自我统治。所以统治者与被统治者的同一也就出自此。那么，施密特得出的答案，也就是领袖民主制。这样的领袖，更为施密特所信服，相比于为议会的名利场而角逐的“代表们”，施密特更欣赏这样的领袖，去忠实地捍卫宪法。相比于人民无固定形态、组织的弱点，领袖是相对要稳定的，其意志不容易被曲解、篡改。

施密特的这种领袖民主制，以领袖代为人们行使制宪权的形式虽未在第八章之中直接点明，但是我们可以看出，信仰神学的施密特，在其著作中也掺入了政治的神学色彩。虽然上帝已经不在，但是施密特以自己的方式塑造了属于宪法和政治的“上帝”，施密特要做的，正是为制宪权找回主权概念上的人格性与决断论色彩。

五、结语

施密特是一个复杂的人物，一方面他的制宪权理论曾在历史上被纳粹分子不法利用过，给世界造成了巨大的危害，但是另一方面，基于施密特当时所处的特殊环境，他提出的制宪权学说也确实情有可原，而且为世界公法研究带来了崭新的研究路径和探究方式。在 20 世纪的公法学学说史上，施密特是一位具有罕见勇气和才气的学者。在他的自传性文章中曾说过如下的话：“我是欧洲公法的最后一个自觉的代表，是最后一个生存意义上的欧洲公法教师和学者，我经历着欧洲公法的终结。”尽管他饱受质疑，但是他的思想永远流传。

联合的力量

王小璇*

一

《联邦党人文集》这本书被人誉为是象征美国建国大业完成的标志之作，是一本将实践性与理论性相结合，融政论与政治哲学于一体的鸿篇巨著。只有一字一句去研读才算不辜负其用心良苦，将篇章串联起来反复琢磨才能体会其谋篇布局之精妙。书中，纽约制宪代表汉密尔顿邀请杰伊和麦迪逊共同以"普布利乌斯"为笔名，通过理智犀利的辩论与鞭辟入里的分析，让美国民众意识到共和政体的优越性，从而促使民众信任并拥护新宪法，推进建国大业的完成。

要理解这本书的内容，只有结合其历史背景才能更为通透地理解这本书的内容。1776 年 7 月 4 日，《独立宣言》的发表斩断了原英属北美殖民地与大英帝国的政治纽带，使美国终于在世界上拥有了独立平等的地位。1781 年发布的《邦联条款》建立起"各州保留其主权、自由与独立"，

* 王小璇，西南政法大学行政法学院本科 2018 级学生。

为了“组织共同防御、保卫其自由，并为共谋福利”①的永久联盟。但是，邦联组织的政治构造形式存在的致命缺陷，让这个联盟体缺少统治的能力和正当性，而不足以维持联邦，正如书中所言“来自这个建筑结构上的基本错误，除了改变建筑物的首要原则和更换梁栋以外，是无法修理的”，②于是便召开了1787年的费城会议。这场制宪会议，经过近三个月的秘密探讨之后重新制定了一部新宪法。而在各州批准的过程中，截然对立的两方争执不休，便发生了美国历史上最激烈的论战，《联邦党人文集》就是为了争取新宪法批准而在纽约报刊上发表的一系列论文文集。

这本书开篇引出了一个决定美国命运的关键问题——人类社会是否真正能够通过深思熟虑和自由选择来建立一个良好的政府，还是他们永远注定要靠机遇和强力来决定他们的政治组织。③在这之后所讲述的内容则给了美国民众以参考，让他们能够对“联邦”与“新宪法”有深入了解，从而通过深思熟虑来为国家的命运做出选择。作者从维持联邦繁荣的目的入手，将联邦的优越性以及分而治之的弊害开诚布公地告知读者。接着阐述联邦在商业、海军、征税、薪资、拒斥专制、防止无政府状态等方面显示出的优势，但这些优势在邦联中是不足以显现的。然后对共和政体相比于民主政体所具有的优势，即维持大国规模、有效促进国民认同、发现大国善治模式进行了比较论述。

二

令我深深震撼的是整部作品最基础的部分——论证为何要选择联

---

① 参见美国《邦联条款》第3条。

② 参见[美]汉密尔顿、杰伊、麦迪逊：《联邦党人文集》，程逢如等译，商务印书馆2015年版，第85页。

③ 同上书，第3页。

邦，为何不可分而治之，为何只有紧紧团结在一起才能够使得美国走向繁荣。本书的第一篇到第十篇则深入浅出地阐述了联邦的裨益以及由于联邦分裂各州会暴露出来的必然弊病和可能存在的危险，联合的必要性得以充分展现。

第一，诚恳而公允的态度往往是打开沟通之门的第一把钥匙。游说的一方如果仅靠单纯的观点灌输是不可能令他人信服的，由于立场的差异，倾听的一方总会习惯性地筑起屏障，用带有“立场色彩”的有色眼镜去曲解或者无视对方的观点。所以，作者并没有开门见山地阐述自己的观点，而是选择先向人民以及对立方表明，自己是以无损于真理本意的精神来与之共同抉择美国未来的命运。

在第一篇提出上文谈到的关键问题之后，人们就面临着决定世界上最引人注目的帝国的命运的选择，是选择接受新宪法，还是分裂联邦。有选择，必有对立。然而难能可贵的是，尽管作者与反对者所持立场完全对立，但他却没有像普遍的对立阵营那样，以尖酸刻薄的姿态去攻击压垮对方，而是站在完全中立客观的立场上看待两方立场产生的原因，他认为“随便将哪一路人的反对都归结于利益或野心，不是实事求是的。天地公道，我们必须承认，即使那样的人也会为正当目的所驱使”。[①]因为“我们往往不能肯定，那些拥护真理的人在原理上受到的影响是否比他们的对立面更为纯洁。野心、贪婪、私仇、党派的对立，以及其他许多比这些更不值得称赞的动机，不仅容易对反对问题正确一面的人起作用，也容易对支持问题正确一面的人起作用”。[②]对真理的态度，无论支持还是反对，其实都是基于正邪参半的理由而存在的，只有抱着包容的态度试着去理解对立的一方，正视矛盾产生的根本原因，才是解决争端的最佳路径。

---

① 参见[美]汉密尔顿、杰伊、麦迪逊：《联邦党人文集》，程逢如等译，商务印书馆 2015 年版，第 4 页。

② 同上书，第 5 页。

作者当然希望人民能够通过理性的思考意识到选择联邦才是推动美国未来发展的必由之路。但是达成这个目的的方法绝不是讨好人民，而是让人民发现联邦的优越性从而主动选择。巧言令色地谄媚往往会让人怀疑其目的的单纯性，真诚直率地与人诉说才更容易获得倾听者的信任，因为“危险的野心多半为热心于人民权利的漂亮外衣所掩盖，很少用热心拥护政府坚定而有效率的严峻面孔所掩护”。①对真理的选择无需讨好，煽动“追求真理”的背后所暗藏的阴谋，才需要用无底线的利益去引诱。所以，他坦白地向人民亮出自己态度，“我不会用审慎的态度来讨好你们，我向你们坦率地承认自己的信仰，而且直率地向民众申述这些信仰所根据的理由”。②

第二，基于这种坦率而坚定的态度，作者从正反两方面分析了整本书核心要讨论的问题——“联邦对你们政治繁荣的裨益，目前的邦联不足以维持联邦，为了维持一个至少需要同所建议的政府同样坚强有力的政府；新宪法与共和政体真正原则的一致，新宪法与你们的州宪是相类似的，以及，通过新宪法对维持那种政府、对自由和财产的进一步保证。”③

针对这个核心问题，作者在第二篇陈述了联邦的合理性和必要性。首先，出于地理因素考虑，独立的美国不是由分散和彼此远隔的领土组成，而是一个连成一片、辽阔肥沃的国家。其次，出于文明因素考虑，团结的美国人民拥有相同的祖先、语言、宗教信仰与风俗习惯，他们曾并肩作战，用鲜血捍卫全体的自由和独立。再次，从神权角度来看，人民的紧密联合似乎是上帝的计划，对于被最坚韧的纽带联合在一起的同胞来说，决不应当分裂为许多互不交往、互相嫉妒和互不相容的独立国。最后，当在战争这样的紧急时刻，人们无暇冷静思考，组成的政府便缺陷百出；而如

---

① 参见[美]汉密尔顿、杰伊、麦迪逊：《联邦党人文集》，程逢如等译，商务印书馆 2015 年版，第 5 页。

②③ 同上书，第 6 页。

今，在费城制宪会议中，出于对参会成员德智的信任，以及对大陆会议成功经验的参考，他们有理由相信美国的繁荣取决于自己的联合。事实必然如此，所以他真诚地希望，正如每个善良的公民清楚预料的那样，联合一旦瓦解，美国将有理由引用诗人的名言高呼："再见吧！永远再见吧！我的伟大的一切。"①

从正面分析完联邦的裨益之后，作者便从反面阐述了分裂各州之后会暴露出来的弊病和可能存在的危险。正如富兰克林所言，"从来就不存在好的战争，也不存在坏的和平"。从某种角度来讲，战争的枪口不单单指向敌人，它同时也威胁着任何一个被迫牵连进战争的人民。所以为了保护人民的安全与利益，避免战争、维护和平是必然的选择，而联合是能让国家和人民保持和平状态的最好保证。一方面，在战争没有爆发之前，减少或者消灭战争的正当起因是维持和平最基本的保障。与美国相邻的国家仅同某些州接壤，一旦双方的利益发生冲突，接壤的各州极有可能因为一时的愤怒而感情用事或是由于短期利益的损失做出冲动之举，用直接的侵犯挑起同这些国家的战争。相对于容易被短期利益所鼓动的各州政府，全国政府更能深谋远虑地行动，一个有效的全国政府集结了全国最优秀的人才作为整个国家的智囊团，也会为了周全协调各方利益而选择更为系统、明智的解决方式，所以联合可以最大限度地将威胁人民安全的潜在危险降到最低。另一方面，全国政府所拥有的军队和国家的资源给予了人民制止战争发生的底气。作战的理由不仅限于正当，当其他国家意识到他们想要挑起战争的国家有利可图亦软弱可欺的时候，祸患往往不请自来。外国的态度取决于美国自身国力的强弱，倘若他们看到的是各州互相排挤、彼此拆台，那么迫害的意图便会随之而来；假使他们看到的是全国政府治理有序、蒸蒸日上，交好的想法亦会随之产生。

---

① 参见[美]汉密尔顿、杰伊、麦迪逊：《联邦党人文集》，程逢如等译，商务印书馆 2015 年版，第 12 页。

总之,“全面而完善的合并,将是持久和平的牢固基础”,[1]联合的全国政府相较于分而治之的地方政府,拥有更多的权力调停,更少的理由提出战争,它的强大,能够让敌人不敢对美国的道歉不屑一顾,能够捍卫整个国家的尊严。这一点,美国人民并不陌生,在殖民统治时期,英国推行《航海条例》,禁止北美与其他国家直接通商;颁布“山禁政策”,禁止13个殖民地的发展越出山界,堵住了广大劳动者的谋生之路;甚至颁布了《糖税法》《印花税法》《强制法案》等一系列控制扼杀其经济发展的法案,凡此种种都意图将美国强压于帝国体系的阴影之下。

第三,把美国未来的命运托付给对各州和睦相处的期望无异于太阿倒持。希腊各邦和其他各国的历史告诉美国人民,期盼分裂后的其他政府出于善良去支援另一个政府就像是天方夜谭,作壁上观或是趁火打劫都是合乎自然的选择。相邻的国家被相反的利益和不友善的情感所驱使,往往各有各的立场,它们彼此造成的不便和麻烦,远超过了彼此的互相帮助。所以,《联邦党人文集》第七篇的结尾得出结论,“美国如果完全不联合,或者仅用简单的攻守同盟软弱无力地联合在一起,那么就会由于这种同盟的活动,逐渐被卷入欧洲的政治和战争的一切有害纷争中去,而且由于它所分成的各部分之间的破坏性争斗,他可能变成各部分敌对国家的阴谋诡计的牺牲品。分而治之必然是怀恨或害怕我们每个国家的箴言”。[2]

作者从正反、利弊两方面深刻详实地分析了联合的必要性以及团结的重要性,为人民作出最合理的判断。正如文中所言“邻国自然而然地彼此为敌,除非它们的共同弱点迫使它们组成一个联邦共和国,它们的宪法防止友邻之间彼此产生分歧,消除那种使各国以牺牲邻国来抬高自己的隐藏的嫉妒之心”,[3]联合起来,才能消除邻国之间本能的利益争夺,才能

---

① 参见[美]汉密尔顿、杰伊、麦迪逊:《联邦党人文集》,程逢如等译,商务印书馆2015年版,第23页。

② 同上书,第39页。

③ 同上书,第33页。

不致使外国坐收渔翁之利，从而实现美国的繁荣。

三

《联邦党人文集》所论述的联合的必要性，是在当时特殊的历史阶段决定美国未来命运和走向的最基础的问题，也是决定美国建立何种政体的最根本的问题。本书站在悲观人性的角度，将人性的贪婪、嫉妒最大化，从而构想出对整个国家和民族利益最大化的选择。因为在利益争夺面前，天真地相信对手存有善意，或者抱有“结果总是好的”这样不切实际的想法，都是对国家和人民的轻率与失职。当时的人们受于经验的限制可能无法判断他们做出选择之后将会面临怎样的未来，但七十年后那段极尽疯狂血腥的历史已经证明，分裂只会将所有人的命运推向比所预测的还要黑暗百倍的深渊，只有联合才是人民唯一的救赎。

19 世纪中叶，随着美国工业革命的兴起，北部自由雇佣劳动制度与南部奴隶制度间的矛盾越来越尖锐，直到 19 世纪 60 年代南部奴隶主分裂联邦另建南部同盟，南北战争由此爆发。这场战争并非像南部奴隶主所诡称的“为了保存权力、捍卫州权”，而是将整个国家的处境化作人间炼狱般的存在。1861 年至 1865 年间罹难士兵的数字，相当于独立战争、1812 年战争、美墨战争、美西战争、第一次世界大战、第二次世界大战和朝鲜战争中美国殉难士兵人数的总和。①覆巢之下无完卵，战争对生命的威胁也如同瘟疫一般席卷无数平民，战争在农场和田野间肆虐，流行病在部队营地中蔓延，敌人对妇女儿童施加暴力、进行报复，征兵骚乱中的暴徒将无辜平民当作靶子，南方部分地区也因食物短缺造成了严重的饥荒。②

---

① 参见[美]德鲁·吉尔平·福斯特：《这受难的国度、死亡与美国内战》，张聚国译，译林出版社 2015 年版，第 3 页。

② 同上书，第 4 页。

当美国人民在死亡和生存都极其恐怖的环境中苦苦挣扎的时候，那些与美国有利益牵扯的国家，果然对岌岌可危的联邦加以破坏。西班牙派出军队干涉墨西哥，奥地利对南部同盟表示支持，英国不仅在经济、军事上援助南部同盟，甚至公开承认南部同盟为独立的国家。它们的选择并非空穴来风，欧洲列强也早已意识到，如果美国联合起来，它指日可待的繁荣将严重威胁到欧洲各国的现有利益以及在它世界上的地位。所以“他们更愿意看到美国分裂，甚至希望南部战胜北部，使美国不能在经济上成为欧洲的竞争对手而只能沦为附庸”。①

历史的发展终不遂欧洲列强所愿，不正义的分裂战争最终以失败落幕，而美国也由此迎来了从近代到现代转变的“镀金时代”。四年内战摧毁了奴隶制度，扫除了美国资本主义发展的障碍。分裂各州所带来的毁灭性的灾难，让人民意识到联合的必要性，从而更加紧密地结合在一起。各州人民团结起来重建南部，将南部纳入全国统一市场，推动了资本主义在全国范围内的迅速发展。自此之后，美国工业迅猛发展，全国市场空前扩大，西部开发突飞猛进，科学技术革命也如火如荼地展开。联合的力量让美国焕发出前所未有的生机，更为日后美国成为世界第一强国奠定坚实的基础。

四

以史为鉴，可以知兴替。选择联合，让美国走向繁荣，而这个议题随着时代的发展，早已不仅仅适用于讨论国家是要分裂还是团结的这一个问题。如果我们将视野从国家维度上升到世界维度便可以发现，在全球

① 参见丁则民：《美国通史（第三卷）》，人民出版社 2008 年版，第 14 页。

化的巨大浪潮下，各个国家早已突破国界的壁垒，彼此形成了相互依存、休戚与共的命运共同体。

然而，利益的牵扯却让有些国家在全球化的门前摇摆不定，甚至背道而驰。贸易保护主义的抬头、欧洲难民潮中表现出的民粹主义，都猛烈地冲击着全球化的趋势。我们可以设想，如果世界各国都为了计较本国利益而去提防、排斥他国，推卸本国责任，背弃先前共享资源的承诺，那么“在这样不信任、怀疑和恶性竞争的氛围下，公共精神及互助互利的萌芽开始窒息、枯萎和凋零。就利益协调而言，为共同利益奋斗的团结行动一天天丧失价值，其潜在影响逐渐黯淡；携手并进致力于共享利益的想法渐失吸引力，由此，积极参与对话以求相互认可、相互尊重、真诚理解的动力正在消失”。①

① 参见[德]海因里希·盖塞尔伯格编：《我们时代的精神状况》，孙柏等译，人民出版社2018年版，第41页。

《安提戈涅》中的“自然法”

刘乙瑶*

世界文学史上，除了《安提戈涅》之外没有任何一部文学作品能够让文学或是法学的研究者们如此争论不休，因为在剧中包含了关于性别、法律与宗教的冲突，而这些冲突在一位充满激情并且雄辩的女子和一位成年男子之间展开。成年男子以城邦之名，要求其所颁布的法令能得到严格执行，而女子则以亲情与尊严的名义与之对抗，以平等与宽恕的不成文传统反对颁布的成文法令。①本文主要关注两个相关问题。其一，也就是较为一般性的问题，即自然法概念的历史。其二，较为具体，即索福克勒斯在《安提戈涅》中向主人公构造了一个证明她不服从叔叔克瑞翁的命令为正当的理由，是否可以追溯到自然法的概念？本文不同意亚里士多德在其《修辞学》中提出的主张索福克勒斯的《安提戈涅》是作为在政治辩论中应用自然法概念的早期范例。

* 刘乙瑶，西南政法大学行政法学院 2018 级法学理论硕士研究生。

① [美]西奥多·齐奥科斯基：《正义之境》，李晟译，北京师范大学出版社 2011 年版，第 216 页。

一、亚里士多德对《安提戈涅》中的自然法观

亚里士多德的多数支持者都以《安提戈涅》中著名的几句话作为支撑自然法概念的证据：

> 向我宣布这法令的不是宙斯，那和下界神祇同住的正义之神也没有为凡人制定这样的法令；我不认为一个凡人下一道命令就能废除诸神制定的永恒不变的不成文律条，它的存在不限于今日和昨日，而是永久的，也没有人知道它是什么时候出现的。
>
> 我不会因为害怕别人皱眉头而违背天条，以致在神面前受到惩罚。我知道我是会死的，我当然知道——即使你没有颁布那道命令；如果我在应活的岁月之前死去，我认为是件好事；因为像我这样在无穷尽的灾难中过日子的人死了，岂不是得到好处了吗？①

讨论自然法概念的历史通常可以追溯到公元前5世纪古希腊人的政治思想中，《安提戈涅》为典型代表。对于自然法的概念，正如西塞罗(Cicero)、斯多葛学派(The Stoics)所理解的那样，它是一个放之四海而皆准的最高原则。②人们可以通过它来批判性地评价他们所生活的特定社会的实证主义法则，这一原则实际上并非源于此，而是在古希腊文明的早期政治思想和经验中，甚至在柏拉图和亚里士多德之前，在公元前5世纪伯里克利统治下的雅典民主制度中明显可以找到。在各民族的初始时期，无论是道德规范还是宗教规范二者毫无差别，都以一种神圣

① [美]伯纳德特：《神圣的罪业》，张新樟译，华夏出版社2005年版，第194页。

② [古罗马]西塞罗：《西塞罗文集》，王焕生译，中央编译出版社2010年版，第33页。

秩序作为渊源。[1]

对《安提戈涅》的自然法则的解读最早可以追溯到亚里士多德的《修辞学》。在杰拉德·沃森(Gerard Watson)一篇关于自然法早期历史的文章中提到,一般情况下,法律是必要且有益的,但它不能涵盖所有情况。当其他保障性措施失败时,自然正义也可以用来保护弱者,即自然法赋予我们可以偶尔忽视特定法典狭隘权利规定。不仅如此,他还同意亚里士多德提出的观点,根据亚里士多德的说法,安提戈涅知道她所强调的并非普通意义上的法律,而是良知。[2]她能在某一特定的情况下意识到自己应该受到怎样的惩罚。安提戈涅在面对妹妹的劝阻时说道:

> ……你打算做什么人就做什么人吧;我要埋葬哥哥。即使为此而死,也是件高贵的事;我行了这种神圣的罪,到可以同他躺在一起,亲爱的人陪伴着亲爱的人;我取悦那地下人的时间,要长过取悦在世上的人,因为我将永远地躺在那儿……让我和我的鲁莽为担当这件可怕的事而受苦吧,我不会遭受比卑贱的死更可怕的事情了。[3]

亚里士多德对自然法概念起源的解释,以及与自然法则这一特殊联系的观点,得到一些学者证实,[4]并且将安提戈涅的讲演当作自然法则的提法的古代权威正是亚里士多德,尤其以亚里士多德的《修辞学》为代表。

在亚里士多德看来,索福克勒斯的安提戈涅之意义在于,它象征性地

---

① [德]海因里希·罗门:《自然法的观念史和哲学》,姚中秋译,上海三联书店 2007 年版,第 4 页。

② Watson, G., *The Early History of Natural Law*, Irish Theological Quarterly, Vol.33:1, p.66(1966).

③ [美]伯纳德特:《神圣的罪业》,张新樟译,华夏出版社 2005 年版,第 190 页。

④ Shellens, Max Salomon, *Aristotle on Natural Law*, Nat. LF, Vol.4:72, p.78(1959).

代表了自然法与实证法，这是伯里克利时代的激烈辩论主题的主要矛盾。亚里士多德在这个特定语境中明确地提到了安提戈涅：安提戈涅认为她埋葬她的兄弟波吕尼克斯是正确的，尽管这样的行为已经被她的叔叔克瑞翁的法令所禁止，也即被实在法所禁止。根据亚里士多德的观点，索福克勒斯将安提戈涅口中之所以不服从的行为归因于本性（nature）。正如亚里士多德自己在《修辞学》中，按照自然法则将行动分为正当与不正当，正当与不正当视法律与人来定。从这个观点出发，有一种自然的、普遍的对与错，所有人都是神圣的，即使他们彼此之间没有交往或某种契约。亚里士多德接着用安提戈涅的例子来说明这一点，安提戈涅被发现时，尽管是被禁止的，但是按照自然法则埋葬波吕尼克斯是正当的。①

尽管在5世纪，传统宗法（physis）与城邦立法（nomos）②各自原则的捍卫者之间有不少的辩论。在那时，索福克勒斯的安提戈涅被解读为，通过安提戈涅与克瑞翁的性格特征象征着神法与人法的对抗。因此，剧中安提戈涅的上诉所遵循的原则是神法或者说是不成文法，其原则与传统宗法（physis），也即与自然一致，而克瑞翁的人所制定的法或者法则与城邦立法（nomos）的原则相一致。而安提戈涅和克瑞翁都意识到，他们的错误都是由对一种法律制度的严格遵守而导致的。索福克勒斯的模糊性标志着法学争论中一个僵局，并促使学界一直以来考虑一种更为平衡的观点，即法律包含自然法和实证法的特征。③

从整个剧本来看，并没有可靠的证据来支撑这一论点。因为安提戈涅并没有将神法作为自然法，这是最要害之处。安提戈涅实际上是在从国王立法转向神圣习俗的呼吁，人们常常将它与自然法混淆起来。虽然

---

① 苗力田主编：《亚里士多德全集》，中国人民大学出版社1990年版，第394页。

② 《神圣的罪业》中，将 *physis* 与 *nomos* 译为传统宗法与城邦立法。

③ Susan W. Tiefenbrun, *On Civil Disobedience, Jurisprudence, Feminism and the Law in the Antigones of Sophocles and Anouilh*, Cardozo Studies in Law and Literature, Vol.11:1, pp.35—51(1999).

对于安提戈涅或者索福克勒斯来说,“神圣的正义”是“永恒不变的”。[①]亚里士多德把这个不成文法与自然法则联系起来,安提戈涅这样做是出于她对神的绝对奉献,神的旨意颁布给所有人的个人良心——人类的精神是神圣的,不可侵犯的,直到死亡,或者超越死亡。因此活着的人将通过仪式对死者的关注来展示他们对这种神圣的认识。[②]然而,这部戏剧特别重要的是,“自然”一词没有出现在文章的任何地方,而这又通常被引用来支持安提戈涅的论点涉及诉诸自然法的观点。[③]从一定角度来看,亚里士多德这样做似乎是错误的。真正的问题在于,兄弟的葬礼涉及宗教和仪式上的法律,而非对自然的诉求。[④]安提戈涅的不服从,是因为在精神领域家庭责任必须战胜世俗的公民价值观。[⑤]

可以这样说,安提戈涅在索福克勒斯那,并没有亚里士多德所认为的任何命令她埋葬死去的兄弟的神律都是自然的,在特定的意义上通常与自然律的概念相联系。因为这通常被认为是以一种斯多葛学派的方式,意味着对普遍有效的、世界性的正义原则的呼吁,这一原则可以被理性的能力所替代,并被认为在任何时间、任何地点适用于所有人。但在戏剧本身并没有证据支持我们证成这样一种观点。对安提戈涅来说,也许对索福克勒斯也是如此,它是一个特定社会的古老法律、习俗和传统,而一个人恰好是这个社会的一员,这些法律、习俗和传统被认为是神授的,因此是神圣的。

---

① Rosenfeld, Michel. *Autopoiesis and Justice*, *Cardozo Law Review*, Vol.13:5, pp.1681—1682(1992).

② Ferguson, Alfred R., *Politics and Man's Fate in Sophocles "Antigone"*, Vol.70:2, pp.41—49(1949).

③ Maurice Le Bel, *Natural Law in the Greek Period*, Nat. L. Inst. Proc., Vol.2:3, p.27(1949).

④ Sigmund, P. E., *Natural Law in Political Thought*, Cambridge MA: Winthrop, p.10(1971).

⑤ Rolando Gaete, *Costas Douzinas and Ronnie Warrington*, *Justice Miscarried: Ethics, Aesthetics and the Law*, *Social & Legal Studies*, Vol.6:3, pp.451—453(1997).

索福克勒斯同希腊人一样，其宗教信仰和实践在本质上是一个狭隘的问题。希腊宗教的本质特征是其本土化，每个城邦或者每个人都有自己的独特的神灵。①因此，像安提戈涅那样讨论神的律法，并不一定是讨论普遍适用的律法，甚至是所有希腊人所承认的律法。在民俗信仰中，人们重视某一个神，崇拜某一个神，与他们的职业有很大关系。海上历险的人，对海神波塞冬相当崇敬；在土地上劳作的人，对德墨特耳相当崇敬；在城邦和艺术活动中，人们相当崇敬雅典娜；在音乐、医药和战争中，阿波罗神享有很高的威望。②所以，对于古希腊人来说，他们崇拜的神并不是宇宙的神，或是虚无缥缈的神，而是掌管着他自己的家庭和城市的神灵。

二、索福克勒斯与人文主义

尽管希腊语言中没有人文主义一词，但在这一时期，对人及其尊严的关注成为希腊戏剧、哲学和历史思想的焦点。人文主义首先诞生于希腊公元前5世纪—公元前4世纪，智者学派创造了人文主义。人文主义作为一种文化教育计划，旨在人的才能的多方面发展和创造他所能达到的最高成就。索福克勒斯曾写道："天下奇迹无数，却无一比人更奇妙。"③从亚里士多德对索福克勒斯赞同自然法理论的基本假设出发，索福克勒斯是一个人文主义者，并且他坚持存在某些普遍有效的且适用于世界各地所有社会中的所有人的正义原则。实际上，希腊人文主义尽管包括持久的价值观，但并非适用于全人类。因为这是一项主要为有贵族背景和独立手段的自由贵族精英们所设计的文化计划，它是在希腊各城

① 李咏吟：《原初智慧形态》，上海人民出版社1999年版，第38页。

② 同上书，第69页。

③ Zagorin, Perez, *On Humanism Past & Present*, Daedalus, Vol.132:4, p.87(2003).

市间自相残杀的时代兴起和发展起来，并一直延续到亚历山大征服时期。其理所当然地认为战争的存在和人类奴役制度是人类社会的永久特征。①就公元前5世纪雅典政治辩论的关键而言，索福克勒斯的立场本质上是贵族的，从根本上说是具有宗教性质的，而不是民主的、世俗的。作为一个生于公元前495年前后的人，索福克勒斯体验过城邦对萨拉米斯海战之后的那些年代中所享有的伟大荣耀。索福克勒斯表达了在科罗诺斯的俄狄浦斯的崇拜，他还与其他许多英雄崇拜联系在一起：他是在别处无所不知的英雄海隆(Halon)的牧师；他建立了英雄赫拉克勒斯(Herakles)的神庙；当公元前420年，医神阿斯库雷皮奥斯(Asclepios)的崇拜从埃皮达罗斯传入雅典时，他还作为官方代表前往迎接神主。②亚里士多德对安提戈涅世俗化的自然法则的解释，产生了索福克勒斯对政治的态度，从而完全忽略索福克勒斯认为宗教和神在人类事务中的作用的一切重要性。这一观点通常与前苏格拉底时代的哲学相联系，人类也许能够提供一种对整个世界，特别是对人类社会的完全理性的描述，而神在这种描述中没有任何作用。

对于认为索福克勒斯是一个人文主义者的人来说，一个重要的证据是索福克勒斯在《安提戈涅》剧中的第一合唱歌：

歌队：(第一曲首节)奇异的食物虽然多，却没有一件比人更奇异；他要在狂暴的南风下渡过灰色的海，在汹涌的波浪间冒险航行；那不朽不倦的大地，最高的女神，他要去搅扰，用马的女儿耕地，犁头年年来回的犁土。

(第一曲次节)他用多网眼网兜儿捕那快乐飞鸟，凶猛的走

---

① Zagorin, Perez, *On Humanism Past & Present*, Daedalus, Vol.132:4, p.87(2003).

② [美]西奥多·齐奥科斯基：《正义之境》，李晟译，北京师范大学出版社2011年版，第216—237页。

兽和海里的游鱼。人真是聪明无比；他用技巧制服了居住在旷野的猛兽，驯服了鬃毛蓬松的马，使他们引颈受轭，他还把不知疲倦的山牛也驯养了。

（第二曲首节）他学会了怎样运用语言和像风一般快的思想，怎样养成社会生活的习性，怎样在不利于露宿的时候躲避霜箭和雨箭；什么事他都有办法，对未来的事也样样有办法，甚至难以医治的疾病他都能设法避免，只是无法免于死亡。①

歌词中一系列令人印象深刻的人类成就，不仅包括语言的发展，还包括在航海、农业、社会组织和政治方面同样令人印象深刻的发展。正如其他一些评论家所指出的那样，那些为捍卫他们认为索福克勒斯是人文主义者的观点而呼吁这首颂歌的人，但从来没有注意到的是，他在这首歌尾巴上扎了一针。这一段颂歌实际上是向观众发出的一个警告，即人类最终仍是宇宙神圣秩序中相对微不足道的一部分。尽管人类知识和能力的发展已经取得了巨大的进步，但是人类必须明智地运用这些知识，没有人能够超越自己的地位。维科曾从史诗中还原习俗，把荷马诗看作是希腊部落自然法的法典。人与神的关系，是人与自然关系的歪曲反映，是人对自然至深的恐惧，或者说是对自然的一种神秘主义的解释，这是神学诗人虚构神灵的关键。②

在索福克勒斯看来，道德和政治的首要原则似乎是“各司其职”。我们每个人都必须尊重宇宙神圣存在的原则，就这些原则适用到政治上而言，这意味着我们必须尊重我们自己城邦的制度、习俗和传统，因为这些也是神所命定和认可的，不尊重这些东西就会遭受割礼之罪。

人文主义的概念与人的本性是否平等的问题密切相关，这是雅典伯

---

① ［美］伯纳德特：《神圣的罪业》，张新樟译，华夏出版社 2005 年版，第 192 页。
② ［意］维柯：《新科学》，朱光潜译，商务印书馆 1989 年版，第 440—479 页。

里克利时期的关键政治问题之一。古雅典人对这个问题的回答决定了他们对民主制和奴隶制的态度，这两种制度在公元前5世纪、公元前4世纪的社会和政治生活中占统治地位。①我们从亚里士多德的《政治学》中可以看出，奴隶制的对与错，在当时亦是争论的主题。其争议在于人类的自然平等或不平等，以及由此而来的奴隶制的是非权利的问题，其在逻辑上与是否存在自然法这一问题联系在一起。正如亚里士多德在他的《修辞学》中所暗示的那样，除非我们假设所有人在本质上都是平等的，否则这种关于自然法则存在的主张似乎毫无意义。正是由于这个原因，亚里士多德在《修辞学》中引用了智者派阿尔西迪马斯（Alcidimas）以及索福克勒斯（Sophocles）和恩培多克勒斯（Empedocles）的例子，以此作为一个人对伦理和政治问题采取自然法则方法的例子。②

20世纪的政治辩论，特别是关于奴隶制的辩论，极具代表性的是将索福克勒斯的《安提戈涅》的政治讨论，特别是索福克勒斯对自然法概念的态度与公元前5世纪的政治辩论联系起来。相当多的人认为索福克勒斯是一个人文主义者，也相信人类的自然平等，因为奴隶制与自然法则的基本原则相冲突，所以是错误的。在对索福克勒斯理解的观点中，人生来就是不同的，在某些情况下，法律使这种不平等达到相近。因此，这种平等尽管只是人为的平等，在某种意义上至少是平等的。但值得注意的是，安提戈涅虽然对神定不成文法一心一意地遵从，但她也并没有得到那些她坚定信仰着的神的拯救。因而，对索福克勒斯的这种理解是不正确的。可以承认，当时确实有一些知识分子以人道主义的理由反对奴隶制。亚里士多德主张那些智力低下的人天生是奴隶而不能拥有自己以及自身的财物，这是在亚里士多德的权威之下形成的。实际上，索福克勒斯的意图

---

① 叶秀山：《前苏格拉底哲学研究》，人民出版社1997年版，第20页。

② Burns, T., *The Tragedy of Slavery: Aristotle's Rhetoric and the History of the Concept of Natural Law*, History of Political Thought, Vol.24:1, pp.28—30(2011).

根本不是谴责奴隶制制度，而是相反——宽恕它。索福克勒斯认为，奴隶制的存在是一个谜，是关于人类不可思议的命运的问题，也是根本无法以理性解释的问题。我们绝不可能错误地假设所有人在本质上都是平等的。也许在索福克勒斯那里，与维托利亚（Vitoria）对待奴隶制的态度相似，反对天生的奴隶观的同时又承认某一部分具有较高智商的人，而对较低者实行教化的任务。[①]因为奴隶制自古以来就存在，此时的自由尚未成为人类的基本权，生命保存仍然是最重要的考量因素，也符合基督信仰的人道观点。

三、古老的争议

索福克勒斯在《安提戈涅》中戏剧性地代表的中心冲突，确实是亚里士多德所指出的，被视为两种不同类型的伦理原则或法律之间的冲突。然而，我的观点并不是自然法（natural law）和实证法（positive law），而是我们今天所说的习惯法（customary law）和成文法（statute law）。二者都是实证法意义上的，习惯法的发展掌握在某一特定阶级的手中，他们的传统观点使他们认为习惯法不能满足更普遍的正义要求，从而需要由成文法起到辅助性作用。习惯法又不同于自然法，若将二者传统诉诸一致，那么将会导致人们专注于维护国家的自由，以至于没有人会承认作为一种最高命令所存在的自发秩序。在这种情况下，对每个人在团体中作用的认识是不够的，因为对政府适用的豁免太容易被允许将人原子化地置于其自然环境之外。例如，一个人很可能拥有一项有保障的权利，比如言论自由，而这种权利作为对政府或国家权力的限制是很重要的，这种权利赋

① 高文琦："论萨拉曼迦学派（Salamanca Schule）——以 Francisco de Vitoria 之法思想为中心"，台湾《中正大学法学集刊》2017 年版，第 25 页。

予了对某些个人决定不受政府限制或审查的豁免权。但这些权利或豁免不受国家干涉并不会使人处于不受约束的自由状态。如果社会或自发的秩序是可以容忍的，个人的行为往往需要由道德责任来调节，因为一个人可能是社会的一部分，如一个家庭。与国家不同，父母可能会对孩子的阅读或看电视的习惯施加内容限制。同样地，教会也可能会为了公正对待他人而强制要求对财富进行十分之一的再分配。①文化秩序在很大程度上取决于每个人处于这些中介组织之中，若将自然法与习惯法的传统视为一致，似乎就低估了个人与国家和组织团体与国家差别的重要性。

《安提戈涅》中的自然法解释的弱点之一是它没有意识到这种区分对于我们理解索福克勒斯试图在剧中戏剧化的政治问题的重要性。因为，一旦我们在习惯法和成文法之间作出概念上的区分，在这些条文中提到"国家的法律"的模糊性就极为明显了。根据索福克勒斯的观点，一个城邦的公民应该遵守什么样的法律？是由安提戈涅维护与古代传统相关的习惯法，还是与现代政治统治者克瑞翁的法令相关的新生的雅典民主政体的相关成文法？这个争议是索福克勒斯试图在剧中戏剧化的主要冲突，也是安提戈涅和克瑞翁之间冲突的核心。从安提戈涅的观点来看，克瑞翁禁止埋葬波吕尼克斯的命令实际上根本不是一条法律。根据安提戈涅的说法，克瑞翁的律令只不过是命令，它们不是严格意义上的法律。正是出于这个原因，安提戈涅坚持认为她在道义上没有义务服从他们。

此外，安提戈涅和克瑞翁也代表了公元前 5 世纪雅典的古今战争，当时雅典是一个转型中的城市，致力于建立民主制度。在对《安提戈涅》的解读中，索福克勒斯希望传达给公元前 5 世纪读者的核心政治信息是，警示他的听众可能威胁到公元前 5 世纪雅典已建立的社会和政治秩序的两

① Kmiec, Douglas W., *Liberty Misconceived*: *Heyek's Incomplete Relationship between Natural and Customary Law*, American Journal of Jurisprudence, Vol. 40: 209, pp. 210—211 (1995).

大危险。这种危险是专制与无政府状态。而暴政源于狂妄自大和无限制的政治统治者的无法无天的行为，如克瑞翁；无政府状态也源于狂妄自大和同样无法无天的个人行为，如安提戈涅。尤其在索福克勒斯写这部戏剧时，似乎已经考虑到这样一个问题，即使是由民主选举产生的人，也有可能实施暴政，就像公元前5世纪的雅典那样“多数人的暴政”状态。

可以说，在《安提戈涅》中，索福克勒斯急于指出，即使在一个民主国家，古老的宪法和与传统联系在一起的法治，也应该受到所有人同样的尊重，包括统治者和被统治者。克瑞翁至少在一开始被索福克勒斯描述为不是一个庸俗的暴君，而是一个民主的领袖。克里昂是一个合法的统治者，他的权威得到了所有底比斯人的承认。从这个角度来看，《安提戈涅》几乎是对公元前5世纪雅典民主的本质和理想的一种表述。更确切地说，这是关于雅典民主的弱点，以及民主本身作为一种抽象的政府制度的局限性的表达。[①]

四、结语

在对《安提戈涅》的解读中，安提戈涅的诉求与古代底比斯的风俗和历史传统密切相关。它与理性或自然无关，至少与亚里士多德理解这些术语的意义无关。安提戈涅在剧中为她不服从她叔叔克瑞翁的法令辩护的主要论点是，这个法令与古老的习惯法相冲突，而这是神的旨意。从安提戈涅的观点来看，尽管在这条法令颁布之前，克瑞翁作为底比斯的合法统治者的地位无可厚非，但是拒绝为她的兄弟克里昂举行古老的葬礼确实是出于傲慢和专横，他是一个拒绝与城邦习俗和传统有关的法治原则

---

① Segal, C. P., *Sophocles Praise of Man and the Conflicts of the Antigone*, Arion, Vol. 3:2, pp.44—66(1964).

的统治者。因此，安提戈涅并没有因为克瑞翁的法令是不自然的而声称是不公正的。这并不是说索福克勒斯会宽恕安提戈涅的行为，而他会同情安提戈涅以之来为其辩护的论据的精神。如果像亚里士多德一样，认为安提戈涅是自然法的捍卫者，因为她致力于一种她认为对所有人都普遍有效的世界性伦理理想，所以她反对与现有社会和政治秩序有关的历史惯例。如果说亚里士多德对这部戏剧的解释是正确的，那么我们就很难理解索福克勒斯对安提戈涅的同情，正如我们很难理解黑格尔对安提戈涅的同情一样。可以这样说，就像在黑格尔哲学中一样，索福克勒斯悲剧的目的是向观众展示一种基本的神论。①但索福克勒斯的部分企图是证明上帝对人的方式是正确的，从而在他的听众中促进一种对整个世界，特别是对其社会和政治世界的和解态度。

从索福克勒斯自己的政治信仰的角度来看，《安提戈涅》中对宗教和神圣法则的诉求的意义并不在于亚里士多德对这部戏剧的解释所主张的那样试图颠覆现存的社会和政治秩序。而相反，它试图捍卫这一秩序。在政治辩论和辩论中运用自然法概念的，不是索福克勒斯，而是他的激进政治对手，智者学派表达了一种不同于希腊主流思想将雅典的法律视为纯粹和简单的正义的法律概念，他们将自然正确与法律正确进行了对比，认为不成文的法律是永恒的、不可改变的，其地位比人们不断变化的法令更高。②索福克勒斯更重视实践的智慧，而非亚里士多德在其修辞学中所评论的自然法理论家的抽象推理。就伦理和政治问题而言，他的第一直觉是诉诸历史和现有的习俗和传统，而非任何据称普遍有效的自然法原则。

---

① Stewart, Jon., *Hegel's Influence on Kiekegaard's Interpretation of Antigone*, Personay Derecho, Vol.39, pp.195—218(1998).

② Susan W. Tiefenbrun, *On Civil Disobedience, Jurisprudence, Feminism and the Law in the Antigones of Sophocles and Anouilh*, Cardozo Studies in Law & Literature, Vol.11:1, p.38(2003).

《通过法律的社会控制》读书报告

付承为[*]

一、法律是现代社会的主要控制手段

“社会控制的主要手段是道德、宗教和法律”①，而在不同的时代，社会控制的主要手段是不同的。在古代，道德、宗教、法律几乎是混合在一起的，很难具体区分，它们综合起来发挥社会控制的功能；在中世纪，主要是西罗马帝国灭亡到12世纪，基督教控制了欧洲社会；从16世纪以来，社会控制成为国家职能，法律成为了社会控制的主要手段。

（一）近代之前的社会控制

1. 古代的混合控制

在古代社会，所有的社会控制手段都是一个整体，人们还没有对这些手段进行区分，对它们之间的区别还没有深刻的认识。例如，在古希腊城邦，“人们通常使用同一词来表达宗教礼仪、伦理习惯、调整关系的传统方

---

* 付承为，西南政法大学行政法学院2019级法律理论专业硕士研究生。

① [美]庞德：《通过法律的社会控制》，沈宗灵译，商务印书馆2010年版，第11页。

式、城邦立法，把所有这一切看作一个整体”。[1]古希腊已经有了发达的城邦文明，但是法律一词在这里的运用仍然是混合的，是包括了宗教、道德在内的一种笼统的观念，古希腊人所说的法绝不能用我们现在所说的法律的概念来理解。

在古代社会，“在一个不以个人为单位而以血亲集团为单位的血亲组织社会中，法律的任务只是在各个好战集团之间保持和平这样一个简单任务。……大部分社会控制仍留给血亲集团的内部纪律、共同体的伦理习惯和宗教组织去处理”。[2]也就是说，在古代社会，法律机制的主要作用就是防止血亲复仇。因为这使得每一个人都处在一个血亲集团中，如果一个人伤害了另一个人，那么就不仅仅是这两个人之间的事情，而是两个血亲集团甚至是两个部族之间的事情，血亲复仇就会出现，而这样的复仇会经常演变成两个集团或者部族之间的战争，进而是无休止的战争。因此，“最早设计的法律制度，是通过要求被害血亲放弃复仇行为和规定旨在确定事实的机械的审讯方式，来调节并最终制止私人间的战争。”[3]通过这种法律机制，保证了社会的基本和平和稳定，这也是当时法律的主要作用。相比较之下，人们的日常生活主要是在血亲组织内完成，在组织内部，人们共享着相同的生活经验、物质条件、价值观念、宗教信仰，因而血亲组织内部，人们在家长的领导下，按照习惯展开日常生活，发生纠纷之后依照习惯进行处理，社会的主要控制手段是宗教和道德传统。

2. 中世纪的教会控制

“从西罗马帝国覆灭到十二世纪，教会充当了社会控制的前锋。”[4]蛮族征服了西罗马，而基督教征服了蛮族。从此之后，基督教成为欧洲最强大的势力，中世纪可以说就是基督教承担了社会控制的职能。基督教的

---

① ［美］庞德：《通过法律的社会控制》，沈宗灵译，商务印书馆 2010 年版，第 11 页。

②③ 同上书，第 12 页。

④ 同上书，第 13 页。

教权凌驾于世俗权力之上，基督教的教会法律和教规成为人们的生活准则。基督教逐渐建立了主教法院为主的一整套法院的教阶体系，基督徒们被训诫相互间的争议和纠纷不能诉诸世俗法律，而必须到主教那里去解决。“以圣经文本、基督教教父著作、宗教会议教规以及教皇的决定和诏谕为基础的、供这些法院之用的一套法律，就成长起来。”①形成了以圣经为基础，包括教规、教皇命令和权威著作在内的一整套的宗教法规，基督教控制了整个欧洲，不仅仅是信仰和思想，还包括人们的行为，涉及人们生活的方方面面。宗教组织构成了这一时期的社会控制主体，世俗权力体系臣服于宗教神权之下。

（二）16世纪以来的法律控制

“在近代世界，法律成为了社会控制的主要手段。”②经过了文艺复兴和宗教改革运动，基督教的宗教统治逐渐瓦解，世俗王权逐渐取得控制权，尤其随着近代民族国家的建立，国家成为社会控制的首要主体，国家垄断了社会控制的合法性。可以说，这时的社会控制主要依靠的就是国家的强制力，“我们试图通过有秩序地和系统地适用强力，来调整关系和安排行动”。③而法律这种控制手段符合现代国家的要求，它是世俗控制的工具，调整人们的行为，不再干预人们的思想。法律需要依靠国家强制力来保障实施，不像道德那样依靠舆论谴责，也不像宗教那样控制人们的思想，因而，法律的控制也是有限的、有缺点的，现代社会虽然将法律作为主要的控制手段，但是并不是唯一的控制手段，道德和宗教在现代社会仍然发挥了一定的作用。

“家庭、教会和各种团体在一定程度上起着在现代社会中组织道德的

---

① ［美］庞德：《通过法律的社会控制》，沈宗灵译，商务印书馆2010年版，第13页。

②③ 同上书，第12页。

作用，它们都是在法律规定限度内活动并服从法院的审查。”①政治国家与市民社会的分离，使得社会团体的权利边界止于法律允许的范围之内，法律构成了整个社会规则体系的主体和基础，任何行为都必须在法律的框架范围内进行，法律控制了社会的方方面面。“社会控制首先是国家的职能，并通过法律来行使。”②法律不仅赋予国家职能，同时也保证国家权力必须在法律的框架内运用，从而保证国家暴力是系统的和有秩序的。

二、法律的概念

庞德总结三种关于法律是什么的认识，法律秩序、权威性资料、司法过程和行政过程，庞德将论述的重点放在权威性资料上。庞德认为法律包括法令、技术和理想，法律即“按照权威性的传统理想由一种权威性的技术加以发展和适用的一批权威性法令”。③法令又具体包括各种规则、原则、说明概念的法令和规定标准的法令。由此，庞德构建了他的法律概念体系。

（一）法律的社会控制

“从纪元前6世纪希腊人开始考虑这些事情以来，什么是法律这个问题一直是一个争论的题目。”④这一方面是因为从古到今的思想家对法律的思考都仅仅是从一个侧面反映了法律的特征，可以说是“局部的真理”。更重要的是，法律从古到今是在发生变化的，在古代社会，它是和道德宗教等因素混合在一起的，有时候又是和自然规律混用的，因而，那时人们

①② [美]庞德：《通过法律的社会控制》，沈宗灵译，商务印书馆2010年版，第14页。
③ 同上书，第25页。
④ 同上书，第24页。

对法律的认识在现代人看来是难以理解和把握的。而到了现代社会,民族国家的兴起,政治国家垄断了法律,法律正式独立并且不断壮大成为现代社会的主要规则,人们对法律的认识又发生了变化,不同的思想家基于自己的知识认知和现实经验,对法律是什么的问题给出了自己的解答。启蒙思想家们诉诸自然法,将法律应该是什么的观念和理想状态赋予世人;分析法学家们从制定法出发,将法律实际上是什么作为研究的重点;社会法学家们则更进一步,将社会中实际发生作用的法作为法律而不是作为文本的法律,更不是法律应当是什么的理想。这三种思想源流竞相发展,不断丰富人们对法律的认识。

庞德认为迄今为止人们在三种意义上适用法律这个概念:法律秩序、权威性资料、司法过程和行政过程。[①]具体而言,法律秩序就是通过系统地、有秩序地使用政治组织社会的强力来调整关系和安排行为的制度。它关注的是宏观层面的,它强调的是法律运行之后形成的秩序结果,也可以用法治来进行概括。"法律秩序则是一个非常罕见的历史现象。的确,在现代西方自由主义国家之外,人们不可能再发现一个有说服力的法律秩序存在的例子。"[②]权威性资料就是法律的文本,是司法和行政决定作出的依据和指示。英美法系中,法官需要从各种案例中选出适合案情的判例来参考,当法律出现空缺时还要创造法律。行政过程之所以也会与法律发生联系,主要是现代国家尤其是国家干预资本主义之后,行政扩张运动逐渐成为一种必然,行政准立法行为逐渐增多,行政机关的执法行为与人们的生活越来越息息相关,可以说,人们生活的方方面面都受到行政过程的影响。

庞德认为人们对法律的概念之所以"仁者见仁、智者见智",最主要的

---

① [美]庞德:《通过法律的社会控制》,沈宗灵译,商务印书馆 2010 年版,第 24 页。

② [美]R.M.昂格尔:《现代社会中的法律》,吴玉章、周汉华译,译林出版社 2001 年版,第 61 页。

原因就是人们秉持着这三种法律观念，而在相互争论的过程中虽然都用了法律这个词语，但是意思和所指并不相同。庞德基于此认为，可以用社会控制的概念将这三种观念统一起来。他讲到，“我们可以设想一种制度，它是依照一批在司法和行政过程中使用的权威性法令来实施的高度专门形式的社会控制”。①至此为止，庞德才真正点题，说明了什么是“通过法律的社会控制”。在他的学说体系中，权威性资料是社会控制的规范层面，也就是说，是各种社会控制行为的根据，只有依据权威性资料的社会控制才是合法的，才是现代社会的控制。法律是社会控制的依据。司法和行政过程是法律的实施和运行过程，作为规范的法律只有具体到实施环节中才是具有生命力的，才不仅仅停留在文本阶段。司法和行政过程是法律控制的运行过程。法律控制的结果就是形成了一套高度专门形式的制度，形成了法律秩序，从而实现了社会的有效控制。法律秩序是法律社会控制的有序状态。

（二）庞德的法律结构理论

庞德重点讨论的法律是权威性资料，“这种意义上的法律包括各种法令、技术和理想：即按照权威性的传统理想由一种权威性的技术加以发展和使用的一批权威性法令”。②这里庞德提出了他的法律结构理论：法令——技术——理想模式。

1. 法令

法令是庞德法律概念的核心要素，它具体包括规则、原则、说明概念的法令和规定标准的法令。规则就是对“一个确定的具体实施状态赋予一种确定的具体后果的法令”。③庞德认为规则是法令的最初形式，原始

① ［美］庞德：《通过法律的社会控制》，沈宗灵译，商务印书馆2010年版，第24页。
② 同上书，第25页。
③ 同上书，第27页。

时期的法律都是规则，各种原始时期的法典都是由规则构成的，刑法也主要是由规则构成的。庞德举了《汉穆拉比法典》《萨利克法典》《十二铜表法》作为具体的例子。具体来讲庞德的规则概念由行为模式和法律后果两部分组成，行为模式就是庞德所说的“具体的实时状态”，法律后果就是庞德所说的“确定的具体后果”。需要注意的是，庞德在规则概念中两次使用了“确定”和“具体”两词，庞德强调的是法律规则的明确性，行为模式必须是明确具体的，法律后果也必须是明确具体的，这样的规范才是法律规则。

原则“是一种用来进行法律论证的权威性出发点”。[①]法律原则来源于法律工作者们的司法经验，他们将各种案件加以区分，在这种区分后面加上一个原则，从而作为某一领域处理案件的出发点，在适用这类案件时，就需要从这个原则开始论证。原则和规则的区别是巨大的，原则没有预先假定的具体事实状态，也没有具体的法律后果，规则直接出现在法律推理的三段论的内部证成中，原则一般是作为外部证成的法律论证起点来发挥作用的。原则因为不是具体的确定的，所以可以包容很多当前不能预见的情况，因而在应付社会高速发展出现的新问题时具有优越性。

概念“是一种可以容纳各种情况的权威性范畴，因而，当人们把这些情况放进适当的框子里时，一系列的规则、原则和标准就可以适用了”。[②]概念是权威性范畴，也就是说，概念是规定性的，它的内涵和外延都是规定性的，具有权威性的，或是法律直接进行说明，或是在长期的司法实践中形成了确定的意义，是不可以根据个人的理解随意解释的。概念是一个范畴，它将同一类的事实情况用一个术语来表达，使得法律语言具有明确性和独特性。只有法律概念确定了，法律规则、原则等才能获得一致的理解，法律人才拥有一套共享的语言，法律体系才是完备的。

---

① [美]庞德：《通过法律的社会控制》，沈宗灵译，商务印书馆2010年版，第27页。

② 同上书，第28页。

标准“是法律所规定的一种行为尺度，违背这一尺度，人们就要对所造成的损害承担责任，或者使他的行为在法律上无效”。①如适当注意不使其他人遭到不合理损害危险的标准、受托人善良行为的标准等。标准的意义就在于确定什么样的行为限度是合理的，法律不会对“什么是合理的行为”进行规定，这时候就需要借助标准来补充。

法律具有理性和经验合一的教导传统。首先，庞德驳斥了那种认为法律的本质是权力的观点——权力理论。虽然社会控制需要权力，虽然法律秩序是建构在国家强力之上，但是法律绝不是权力，“它只是把权力的行使加以组织和系统化起来，并使权力有效地维护和促进文明的一种东西”。②也就是说，法律是以权力为基础的，但是权力并不是法律的目的，是权力保障法律的实施，而法律的目的是促进文明的发展。其次，庞德又驳斥了将法律视为权威性价值准则的理论，他尖锐地指出，那些掌握国家强力的人们，在社会上和经济上占统治地位的阶级，为了自我利益，“任意地规定和建立各种价值准则，并强使其他人服从他们”。③所谓的价值准则是带有强烈阶级性的。最后，庞德认为，“在我们的法律中记录着为理性所发展的经验和被经验所考验过的理性这样一种教导传统。文明史中的一个重要现象就是这些教导传统的生命力”。④正是这些传统，保证了法律的生命力同破坏政治制度的力量相抗衡。

2. 技术

庞德所说的技术包括发展和适用法律的技术、法律工作者的业务技术，⑤而且他认为法律技术和法令一样具有权威性，与法令是同等重要的。庞德认为，技术是区分英美法系和大陆法系的重要标志。在英美法

① [美]庞德：《通过法律的社会控制》，沈宗灵译，商务印书馆2010年版，第29页。
② 同上书，第29—30页。
③ 同上书，第30页。
④ 同上书，第27页。
⑤ 同上书，第25页。

系中，法律规则并不是类推论证的基础，法院的司法经验才是论证的依靠。而在大陆法系中，法学家根据立法机关的法律来进行类推论证，并为司法裁判的论点确定方向，作为法律论证的权威性出发点。也就是说，在英美法系，法律技术主要依赖司法经验，而在大陆法系，要严格依据法令来进行司法活动。

庞德所说的技术其实来自他所说的“教导传统”。例如，民法就是从5世纪开始许多学院的教导传统以及各派法学家们的权威观点的沉淀。在大陆法系中，从古罗马开始的民法传统影响深远，虽然罗马帝国早已灭亡，“……可是与第一个恺撒同时代的那些法学家们的著作，至今仍指导着半个世界的司法”。[①]相对应的，英美法系“普通法是在法院传统的基础上成长起来的一种在伦敦各律师学院中的教导传统。它是从十七世纪以来由律师传给见习律师的一种教导传统，它现在正在成为各个大学法学院的教导传统”。[②]正是这种传统形成的法律工作者的技术，使得法律能够适应各种不断变化的时间和社会条件，使得法律制度仍然保持着生命力。

其实庞德所说的技术与我们通常所说的法律方法有相似之处，但是庞德所说的法律技术强调权威性，而通常我们所说的法律方法更多的是学术性的，在司法活动中虽然也被运用，但是并不具有庞德意义上的权威性；其次，庞德所说的法律技术不仅包括法律工作者的业务技术、适用法律的技术，也就是我们通常说的法律方法，包括法律解释、法律推理、法律论证等，而且还包括发展法律的技术，这是英美法系“法官造法”传统的体现，在我们的体系中，法律方法主要体现在司法裁判活动中，而司法过程并不具备造法功能。

3. 理想

庞德所说的理想是公认的权威性理想，是指在一定的社会历史背景

---

① ［美］庞德：《通过法律的社会控制》，沈宗灵译，商务印书馆2010年版，第31页。

② 同上书，第30页。

下，社会秩序是什么以及社会控制的目的是什么的法律传统。也就是说，一个具体社会的法律公认价值或目标是什么，占据主导地位的核心法律图景。这是解释和适用法律的背景，在处理新发现的案件时，这些理想就是论证的出发点。理想根据不同的时间和地点都会有所不同，例如同属于英美法系的英国和美国，在土地所有权上的认识就不同，英国将土地视为永久的家庭占有物，那么在土地侵权上就会要求绝对责任的普遍安全；美国将土地视为做某些事情和创办某些企业的一种财产和地方，美国就会适用过错责任原则。也就是说，当某人土地上的某种东西因疏于管理而给邻人的土地造成损害时，在英国就会基于强烈的物权保护观念而适用无过错责任原则，但是在美国就会基于使用土地的观念而适用过错责任原则。理想也会根据不同的时间变化而发生变化，例如 19 世纪的法律理想是被乡村的、农村社会公认的图景所支配的，而现代社会是被都市的、工业社会的图景所支配的。

总的来看，庞德所说的理想是一种介于法律价值和法律原则之间的抽象认识，它与我们通常所说的法律目的有一定的相似性，但是又不能完全对应，或者说在我国的法律理论中，没有一个可以对应的概念。但是不可否认，庞德所说的理想在我国的法律实践中也是存在的，例如公有制原则，作为社会主义国家，我国对公有制的保护可以被看作是一种理想，它是在我国的一种特殊存在，是基于我国的国家经济制度确立的，在涉及相关法律问题时，它会成为我们适用法律的基础。虽然我们没有庞德所说的理想的对应概念，但是他的阐述对我们也具有很大的启发意义。

（三）法律权威的渊源

在全面讨论了法律的概念之后，庞德开始讨论法律秩序的权威的渊源，需要注意的是，庞德讨论的并不是法律的渊源，而是法律秩序的权威的渊源。将法律权威的渊源分为直接的实际渊源、最终的实际渊源和最终的道德渊源。[1]

直接的实际渊源就是国家强制力。它是由立法机关确立的，由执法机关和司法机关具体实施的，通过国家强制力来保障法律的实施，从而保障法律秩序的权威。这是法律的基本特征之一，法律区别于道德等社会规范的最主要标志就是法律是以国家强制力为后盾的，国家的强制力直接保障了法律秩序的实现。法律秩序是如何形成的呢？从表面来看，是由国家的强制力保障实现的。

最终的实际渊源属于政治学的问题，也就是说法律秩序的合法性来源是什么。古典政治理论给出的答案是同意，也就是社会契约理论。这是古典自然法思想的一个核心内容，人们因为不满足于自然状态的生活，集中在一起，通过签订社会契约的形式，将自身的权力让渡给国家，通过国家来管理社会，避免自然状态下生活的种种不便。正是人们的同意促成了国家的成立，使得法律秩序得以建立。在奥斯丁和梅因的理论中，这个问题的答案是人民的服从习惯，如奥斯丁认为“如果一个特定的优势者，没有习惯地服从一个相似的优势者，相反，倒是获得了一个社会中大多数人的习惯服从，那么，在这个社会里，这个特定的优势者就是至高无上的，而且，这个社会（包括了这个优势者）是独立的政治社会”。[2]又如，梅因写道，“人类最初是分散在完全孤立的集团中的，这个集团由于对父辈的服从而结合在一起。法律是父辈的语言”。[3]在马克思看来，法律是阶级统治的工具，法律的权威来源就是统治阶级的社会经济地位。

最终的道德渊源就涉及法律秩序的合理性和正当性问题，它是一个涉及政治伦理学法律哲学的问题。在分析法学家看来，这个问题是多余的，“法律应当是什么”的问题是没有讨论的价值的。从自然法理论出发，

---

① ［美］庞德：《通过法律的社会控制》，沈宗灵译，商务印书馆 2010 年版，第 31 页。

② ［英］奥斯丁：《法理学的范围》，刘星译，北京大学出版社 2013 年版，第 244 页。

③ ［英］梅因：《古代法》，沈景一译，商务印书馆 1959 年版，第 83 页。

法律可以直接从正义中，从人们的理想关系中推论出来，法律的拘束力正是来源于它所代表的正义的拘束力。而在庞德看来，这个问题是无法回答的，不论是强力说、同意说、正义说都部分体现在法律秩序中，很难区分。

最后，庞德还是采用了实用主义哲学的观点来对这个问题进行总结。也就是说，“不论法律秩序的任何正当权威的基础是什么，它却仍在继续发生作用，而且我还认为，因为它正在履行着（而且很好地履行着）排解和调和各种互相冲突和重叠的人类需求的任务，从而维护了社会秩序，使我们得以在这个秩序中维护与促进文明，所以它自始至终掌握了一种实际的权威”。①庞德在这里其实是避开了问题的讨论，从实际存在的事实来推出法律秩序的合理性，亦即经验正当性。也就是说，只要法律很好地发挥了其社会控制功能，人们自然会普遍服从法律，法律秩序自然会获得权威正当性。

（四）法律控制的局限性

第一，事实确认的困难。使用法律的首要步骤是确认事实，这是司法活动的重要过程。法律规定了行为模式，但是现实的案件事实是否符合法律规定，需要司法确认。事实并不是直接呈现的，需要司法人员去发现，事实判断错误将直接导致法律适用错误，造成冤假错案。

第二，道德义务的法律不能。“许多义务难以捉摸，它们在道德上很重要，但不能在法律上予以执行。”②也就是说，法律面临道德问题时无法作出强制性的规定，法律职能就底线进行规定，而不能规定过高的标准，否则法律将无法适用。也就是说，现代社会将法律作为主要的社会控制手段，必将使得道德问题难以得到有效的控制，道德成为私人问题，法律难以干涉。

---

① ［美］庞德：《通过法律的社会控制》，沈宗灵译，商务印书馆 2010 年版，第 32 页。

② 同上书，第 33 页。

第三，法律不善于处理涉及情感关系的社会问题。尤其在家庭关系中，很难清楚确定当事人的权利和义务。

第四，法律奖惩手段发挥功能的有限性。“法律用惩罚、预防、特定救济和代替救济来保障各种利益，除此之外，人类的智慧还没有在司法行动上发现其他更多的可能性。”①惩罚只适用于为确保一般社会利益而设定的绝对义务，预防性救济往往难以阻止加害行为的发生，特定救济只有在涉及所有权和某些牵涉纯经济利益行为时才有可能。在民事纠纷中，金钱赔偿是法律的主要救济手段之一，然而面对非物质利益，这种救济显然是不够的。

第五，法律的实施最终需要靠人来执行。徒法不足以自行，法律的实施需要靠每个人来执行，在利益纷杂的社会中，人们有时会因为利益的抉择而偏离法律的要求，从而给法律的执行、遵守带来困境。

通过对法律局限性的陈述，庞德总结道：“在我们生活的世界里，如果法律在今天是社会控制的主要手段，那么它就需要宗教、道德和教育的支持；而如果它不能再得到有组织的宗教和家庭的支持的话，那么它就更加需要这些方面的支持了。”②也就是说，现代社会主要是法律控制的社会，但是不能仅仅是法律控制的社会，法律需要道德和宗教等因素的支持。

三、法律如何控制社会

在揭示了现代社会的主要控制手段是法律以及解释了法律是什么之后，庞德进入法律怎样控制社会的问题。在庞德看来，法律对社会的控制

① [美]庞德：《通过法律的社会控制》，沈宗灵译，商务印书馆 2010 年版，第 35 页。

② 同上书，第 37 页。

就是通过承认某些利益，并且确认在什么限度内承认和实现这些利益，而要实现利益，法律就要通过赋予权利来保障合法利益的实现，从而实现社会利益的协调，达成有效的社会控制。

（一）法律承认利益

庞德总结了自耶林以来的利益理论，通常，人们把个人对享有某些东西或做某些事的要求、愿望或需求称为利益。在此基础上，庞德提出了他的利益概念，利益是“人们个别地或通过集团、联合或亲属关系，谋求满足的一种需要或愿望，因而在安排各种人们关系和人们行为时必须将其估计进去。”[①]法律并不能创造利益，法律仅仅是发现这些利益，并且对这些利益进行甄别，确认哪些是合法的，哪些是不合法的，然后保障合法利益，排除非法利益，同时实现利益体系的协调，实现社会的有序控制。那么，法律要实现社会控制，首先需要的就是对利益进行甄别，为此，庞德对利益进行了“门捷列夫元素周期表式”的利益划分。

第一，个人利益。个人利益是直接包含在个人生活中的，包括：人格的利益、家庭关系方面的利益和物质利益。[②]

第二，公共利益。庞德对公共利益的介绍集中在国家的尊严上，包括：“未经国家同意，国家不能被控诉；国家所负债务不能用来抵消它所提出的要求；国家不因其官员的行为而受到妨害；以及国家的各种要求不因官员的疏于提出它们而丧失，也不因任何限制而受到阻碍。”[③]

第三，社会利益。指一般保障利益，具体包括和平与秩序的要求（法律承认的首要社会利益）、一般安全（公共安全）、一般的健康状态、占有物的保障以及买卖的保障。关于保障家庭、宗教政治和经济的各种社会制

---

① ［美］庞德：《通过法律的社会控制》，沈宗灵译，商务印书馆 2010 年版，第 39 页。

② 同上书，第 42 页。

③ 同上书，第 45 页。

度的社会利益，关键在于确定相应的比重，实现利益的调和。一般道德方面的利益，使用和保障社会资源方面的利益，在社会、政治、经济和文化等方面一般进步的利益。个人生活中的社会利益，保障个人获得政治、社会和经济各方面的机会，并使他在社会中至少能过一个合理的最低限度的人类生活。庞德指出，这些各种各样的利益会不断出现相互的冲突，必须加以调整。“必须将这一范畴中的每个项目和许多别的项目摆在一起来加以估量，而不能容许其中任何一个项目达到最充分的程度，不然就会损及整个范畴。”①庞德在这里强调的是从整体来调节各种利益，而不能片面地看待一个问题，需要通过对比，确定一个合适的比重，从而实现利益体系的协调，从而达到有效的社会控制。

（二）法律权利保障合理利益

社会控制的实质就是控制各种利益以实现利益协调，而“我们主要是通过把我们所称的法律权利赋予主张各种利益的人来保障这些利益的”。②法律通过赋予权利来保障利益的合理实现，从而实现有序的社会控制。

权利意味着合理的期望。法律权利就是对各种合理期望或被相信为合理期望的承认，法律从已经形成文明生活的各种假说的经验当中抽取某些观念，把它们盖上法律权利的印记。古希腊人并没有创造出权利的概念，他们讨论的是各种相互重叠和冲突的要求哪些是正当和正义的。罗马人用法律来保护那些正当的事情，权利的观念产生了。但是罗马文字中并没有明确的权利一词，“jus”这一拉丁文在罗马有四重含义：受到法律支持的习惯和道德权威、权力、自由权、法律地位，权利的观念在罗马已经产生，但是法律权利的术语并没有出现。直到 17 世纪，才从自然法

① ［美］庞德：《通过法律的社会控制》，沈宗灵译，商务印书馆 2010 年版，第 46 页。
② 同上书，第 47 页。

观念中演化出自然权利一词。格劳秀斯认为“权利是人作为一个理性动物所固有的道德品质，使人明白何为正当”。霍布斯和斯宾诺莎将权利解释为“一种免受干扰的自由”。霍姆斯认为权利是对行使一定自然权利的允许。耶林则认为“权利是一种受到法律保护的利益”。①权利一词从拥有强烈的伦理道德属性到政治属性，再到现代强调社会属性。

权利的六种意义。第一，权利是一种利益，可以解释为基于伦理的理由应当被承认获保障的利益。第二，权利是法律上得到承认并划定界限的利益，庞德称之为“广义的法律权利”。第三，权利是一种通过政治组织的强力，来强制一个人或所有其他人去从事某一行为或不从事某一行为的能力，庞德称之为“狭义的法律权利”。第四，设立、改变或剥夺各种狭义法律权利从而设立或改变各种义务的能力，庞德称之为“法律权利”。第五，权利指的是法律上不过问的情况，也就是对某些自然能力在法律上不加限制的情况。第六，在伦理上什么是正义的。重要的是权利背后的要求，权利必须被理性承认并划定界限，从而保障权利，这样权利体系才能运行顺畅。

要实现社会的控制，首先要剖析社会中的各种利益，对社会的控制就是对各种利益的协调。而要实现利益的有效协调，就需要法律理性地承认、划定和保障利益，也就是赋予合理的利益以权利的资格，通过规范权利体系，实现权利体系的顺畅运转，从而保证利益的协调，实现社会的有效控制。

四、结语

庞德《通过法律的社会控制》的论证思路是，首先指明法律已经成为

① ［美］庞德：《通过法律的社会控制》，沈宗灵译，商务印书馆 2010 年版，第 51—52 页。

现代社会的主要控制手段；其次阐明什么是法律，包括说明法律的概念为什么一直以来总是引发争议、法律的结构形态、法律权威的来源是什么以及法律的控制有哪些局限性；最后论证怎样通过法律实现社会控制，亦即社会控制的关键是调节各种利益，要实现利益的调节就需要通过法律权利来承认、划定、保障合理的利益，从而实现利益体系的协调，实现整体利益最优化，从而实现有序社会控制。

法律究竟是什么

——读《法律的概念》

陆锡诚*

“别把不属于我的思想跟我混为一谈！”尼采曾这样说道。我想，不仅仅是尼采，对于所有的学者大家，明确他们的思想理论，不作曲解误读，都是绝对必要的。只有以准确的解读为基础，我们才有资格对他们的观点作出评析。对于《法律的概念》一书的理解需要较为深厚的法学功底，对我而言，目前能够准确理解书中呈现出来的观点还存在一定困难，希望通过本次书评的写作以及未来对法学知识的不断积累与思考，能够进一步加深对作者阐述观点的理解并进行思考。

书的开端，哈特就以“恼人不朽”来形容“法律是什么”这个问题。若是不深入的思考，我们好像对法律的定义没有什么太大的疑问。“法律就是法律嘛！”可一旦开始深究法律背后的东西，以及对“法律”这个词的解构，许多的问题就随之产生。法律具有怎样的原理机制？如何准确解释定义“法律”二字？前者是法理层面的问题，后者则在逻辑上涉及范畴解释，有些“文字游戏”的意味。哈特着力要解决的是第一个问题，这也是能

* 陆锡诚，西南政法大学行政法学院本科 2018 级学生。

回答第二个问题的基础。为了解决法的原理这一问题，哈特论述了三个议题：法律与由威胁所支持的命令有何区别和关联？法律义务和道德义务有何区别和关联？什么是规则，以及在何种程度上法律是属于规则的问题？对这三个问题的论述构成了本书的主要的部分。

哈特对第一个问题的论述，是结合着对奥斯丁"法律命令说"的批判进行的。奥斯丁认为，法律是来自主权者的命令，并且在大多数时候，民众具有"普遍服从的习惯"。哈特主要从四个方面批判这一观点：第一，作为与命令模式最相近的刑法，也同命令模式有面向上的差异，即刑法通常亦适用于那些将他们制定出来的人，而不是如命令一般，只具有向下的面向。第二，授予法律上权利的法律、裁判或立法的权力，创设或改变法律关系的权力，无法被解释为强制性命令。第三，有一些法律并不是通过命令而诞生的，如由习惯而生的法。第四，以习惯性的被服从和主权者概念这两个模型来分析法律，无法解释现代法体系所特有的立法权威机构的连续性，拥有主权的人或群体不能等同于现代国家中的选举人或立法机构。哈特对奥斯丁观点的批判否定，我是赞同的。因为正如哈特论述的一般，将法律机械的等同于主权者的命令这一观点具有致命的漏洞，从法律内容上看，命令般的法律只占到了法律的一部分，从法运行原理上看，法律的模式又区别于命令。于此，哈特就完成了对第一个议题的回答。

按照行文顺序，哈特接下来回答的是，法与规则的关系。从这一部分开始，哈特提出了自己的主张：法律是一种社会规则体系，由指导和评价行为的初级规则，与确定、执行、变更初级规则的次级规则组成；在诸多的次级规则中，以适用初级规则为目的的习惯性实践为承认规则，它通过确定何种行为创设了法律来提供确认法律效力的判准；由此，一个法体系的基本结构建立在"由法院、政府官员、个人……复杂的实践"创造的习惯性社会规则的基础之上。很容易可以看出，哈特是从社会构建的角度出发，通过贯彻分析实证主义对法律的概念作出界定。但哈特也强调了，他的

“规则说”只是处于法体系的中间地位，它并不是全部，无法阐明每一个问题。接下来，哈特对“规则说”会面临的一些问题作出了自己的答辩。对于“规则说”，我在一定程度上持肯定的态度，但我同样拒绝将“规则说”覆盖法律的全部，作为法的概念。我的这一拒绝不同于哈特所说的“规则只是处于法体系的中间地位”，我认为在法体系的中心，应该有着别的什么，作为法律的概念的补充。

本书的最后一个部分，即哈特对第二个问题，法律与道德的关系的论述。

“在这本书中，我所主张的是，虽然法律与道德之间存在许多各种各样的偶然性连接，但是在‘内容’上，法律与道德彼此之间并不存在概念上的必然联系。”这是哈特的原话。由此看来，哈特在这一层面上跟传统的分析法学派保持了一致，坚持了法律与道德的相分离。但在偶然性的连接上，哈特从三方面探讨了法律和道德的关系。第一，从法律的目的上来说，法律的目的是否需要满足道德？哈特的观点是，对于法律体系来说独一无二的目的并不存在，法律的目的即使失败了，法律也仍将是法律。第二，法律与道德间的关联体现在正义上。哈特认为，法律的持续性本身，便是一种程序上的正义，即每一个法体系本身都会追求某些正义。第三，尽管道德原则不必然是法律的渊源，但得到其他法律的渊源授权，他们就有可能成为法律的渊源。对于法律和道德之间无必然联系的观点，我不能赞同，因而就哈特关于偶然性的论述，我认为也就不再有考虑的必要，尽管这是一些十分有趣的问题。

“直接作为法而存在的自由的定在，在自我意识的反思中被规定为善，现在，这里要过渡到的是第三个阶段，它是这个善和主观性的真理，所以同时也是主观性和法的真理。”这是《法哲学原理》中的一句话。虽然黑格尔是哲理法学派的代表人物，但若仅仅只看这一句话的话，似乎更有自然法的意味。对我个人而言，在“法律是什么”这一个问题上，我会永远为自然法的精神留下空间。无论如何，法律在我心中，永远会带着对正义、善的追求，并且这一追求——尽管不能说它将指引所有法律——占据着法体系的中心位置。虽然道德不能与理性的法完全重合，但重合的那一部分，必然将与法律有着紧密的联系。正如西塞罗所言："正义的来源就应该在法律中发现，因为法律是一种自然力；它是聪明人的理智和理性，是衡量正义和非正义的标准。"

确实，在当今还谈论如此古典的自然法精神，似乎显得有些过时，想要研究解决当今各种实在的法律问题，实证法学派显然会具有更大的作用。但自然法的精神之所以必不可少，不在于实现，而在于拥有，在于保持这一种追求。《法律的概念》这本书对我有很大的启发，其中对法律实证分析的思想，"法律规则说"让我对"法律是什么"有了更深入的理解。那么法律究竟是什么？就我个人而言，不妨站在哈特的肩膀上，结合我自己的思考，这样回答：法律是社会构建的规则和自然精神的结合。

浅析《社会契约论》中的自由观

冉　倩*

读完《社会契约论》，感触颇多。从卢梭的辩论中，我学习到很多。无论是论原始社会，或是论最强者的权利，还是论奴隶制，书中的很多章节都值得反复阅读。整本书围绕着两点进行论证，一是自然权利论，二是人民主权论。但总体让我印象最深刻的莫过于“自由”二字，而时至今日，“自由”仍然是一个历久弥新的话题。研读《社会契约论》，会让我们对“自由”产生一些新的看法。

一、自由之思想

谈到自由，就不得不提及书中的名言——“人是生而自由的，但却无往不在枷锁之中。自以为是其他一切的主人的人，反而比其他一切更是奴隶。”①这种对自由的思考，源于卢梭吸收了近代思想家的契约理论。在我看来，卢梭所说的自由并非行为上的不受限制，而是一种意志上的自

* 冉倩，西南政法大学行政法学院本科 2019 级学生。

① 参见[法]卢梭：《社会契约论》，何兆武译，商务印书馆 1980 年版。

由。而人为什么却“无往不在枷锁之中”呢？因为人一出生，就要进入集体，接受属于文明的一切东西。这些文明可能是养分，也可能是思想的枷锁。而如果人被固有的一些思想所禁锢，就会缺乏创新，失去活力。正是如此，卢梭对现代文明极其反感。他在《爱弥儿》中曾写道：“无论何物，只要出于自然的创造，都是好的，一经人手就变坏了。”①人们为了生存创造文明，文明反过来却成了束缚人的枷锁，成了人所必须接受的东西。卢梭是偏激的，也是深刻的。人是生而自由的，我们刚来到这个世界时，心灵就是一张白纸，没有任何先入为主的成见。动物靠遗传生存，而人是靠经验和文化生存。我们在依靠文明的时候，可能也同样受限于此。“人是生而自由的，但却无往不在枷锁之中。”这句话在生活中也颇富哲理。生活中，我们会碰到各种各样的问题和选择。如果我们富有想象，随心而为，的确会有无数选项和无数可能。但现实和理性又会时刻提醒我们，不能轻易越过自己的舒适圈，所以我们又无往不在枷锁之中。那些看似有无穷解的问题经过我们严谨运算后也终究会得出唯一解。我们向往自由，所以会肯定“自由之思想，独立之精神”的说法。同样，卢梭在书中也有对自由思想的肯定。正如《社会契约论》中所追求的真正自由就需要有两种可能性。一是出于现实的可能，即国家和政府的卫护；二是理想的可能，即道德自觉：人出于自愿而遵守自制的约定，精神富足而独立自由。这里的精神富足、独立自由就是自由思想的一种体现，是尤为可贵的。

二、卢梭社会契约下的自由观

（一）奴隶制度、殖民体系的荒谬

谈到自由，就必须提及历史上人们对自由的探寻，试着从“自由”的角

---

① 参见[法]卢梭：《爱弥儿》，李平沤译，商务印书馆 2017 年版。

度看待社会制度、社会体系。历史长河中，无论是奴隶制度还是之后的殖民体系都是对自由的漠视，这两种情况都有着不合理的地方，它们也注定不能长久存在。在论奴隶制中，卢梭谈到奴隶制有两种情况，一是转让自由，成为奴隶；二是战争后，被征服者用自己的自由为代价来赎取自己的生命。但事实上，这两种情况自身都存在谬误。第一种情况的错误在于：人没有出卖自己的理由，长期地无偿奉献自我更是毫无理智可言。第二种情况的错误在于：战争绝不是人与人的一种关系，而是国与国的一种关系。而无论我们从哪个角度来考察，奴役权都是不存在的。不仅因为它是非法的，而且因为它是荒谬的，没有意义的。正是因为奴役权的荒谬，人们才会奋起反抗。同样地，殖民体系也是不合理的，它对人的压迫也终究会造成其自身的灭亡。匈牙利民族就曾在奥地利的统治下做过斗争，诗人裴多菲曾大声地疾呼："难道我们要世代相传做奴隶吗？难道我们永远没有自由和平等吗？"也是在那一时期，他写出了"生命诚可贵，爱情价更高，若为自由故，两者皆可抛"的最具代表性的革命箴言诗。威廉·华莱士是苏格兰独立战争的重要领袖之一，尽管他曾被英格兰人抓获并遭受严刑拷打，但他一直怀有一颗无畏的心，不断激励着自己国家的人民。华莱士最喜欢的一首诗也流传至今，原文为："告诉你，我的孩子，在你一生中，有许多事情值得争取。但，自由无疑是最重要的。永远不要戴着镣铐，过奴隶的生活。"在历史的长河中我们可以看到，被奴役、被压迫的人是无从谈论自由的。人类不可能脱离社会，人们之所以受奴役，其根源在于不独立性。而其私有财产又需要保护，那么只能依靠一个新的结合形式即"社会契约"。人们可以通过社会契约重新获得一个社会人应享有的自由，从而达到社会状态下的政治自由，进而努力实现道德的自由。

（二）道德自由

谈到自由，就得说明如何实现个体自由的最大化，说明道德存在的必然性。读完《社会契约论》，我意识到社会契约能实现自己心目中的群体自由，使人更看重道德。人类以政治的自由和法律的平等取代自然的自由和平等，理性取代本能，使人类从仅仅服从于自己欲念的奴隶变成了道德自由的人，因而达到人类精神、道德自由和平等的更高阶段。[①]而这一变化，在我看来，就是在实现个体自由的最大化。我们将所有权力集中寄托给社会共同意志，从而形成社会契约，使它以全部共同的力量来维护和保障每个结合者的人身和财富。这种契约不同于服从契约，它强调主权。个人在自己完全依附于共同体的同时，也可拥有属于自己的一切，因此个体是自由的。此外，社会契约将自由提高到更高的层次，排除了个人无拘无束的"自然的自由"，而使人具有"社会的自由"。"社会的自由"受制于公，但依照社会契约，服从公意就是在服从个人的意志。所以，人们没有理由违反社会中存在的合理的规则。人人守则，这样，人就获得了道德的自由。人们能够辨清好坏并严格要求自己，自律的形成也使人成为真正的自己的主人。相反，如果没有社会公意来约束人们，没有道德意识警醒人们，就会有一部分人开始违规乱纪，无限地夸大使用自己的自由权利，从而导致社会动荡，全体人民也会因此渐渐失去自己原本可以享受到的社会自由。所以，规则和道德的存在是必要的。就像书中所说"由自然状态进入社会状态，人类便产生了一场最瞩目的变化：在他们的行为中，正义就取代了本能，而他们的行动也就被赋予了前所未有的道德性"，这无疑是一种进步，是值得我们称赞的。现如今，人们在日常生活中也会严格要求自己。毕达哥拉斯曾说，"不能制约自己的人，不能称之为自由的人"。自律带来自由，能够严于律己的人往往也更加接近成功。所以，社会在进步，人们对自由的追求也在改变。总的来说，规则和道德意识的出现，是历史的进步，它们的存在也在更好地帮助我们实现最大程度的自由。

---

① 魏茹芳、张惠瑀：《从〈社会契约论〉〈爱弥儿——论教育〉看卢梭的人的自由全面发展思想》，载《时代文学月刊》2009 年第 8 期。

三、国家治理中“自由”的体现

一些国家追求自由主义，强调个人的自由与权利，并尽可能地限制国家权力。从经济学角度出发，自由主义认为只要能够维持自由贸易、自由投资、自由竞争，国家其他什么都可以不用做。一定程度上，自由主义的确能够促进经济快速发展，但它也有自己的缺陷。在全球化的大背景下，它也会面对经济发展不平衡、不均衡的困境。2020 年的新冠疫情就引起了美国股市的暴跌，2 月 24 日，纽约道琼斯工业平均指数大跌近千点，到 3 月 13 日，不到二十天下跌 6 200 点，跌幅达 21%以上。[①]如果疫情得不到稳定，消费无法正常，其金融市场肯定也难以稳定。所以，很多人也在呼吁美国政府应及时进行强力干预。由此，我们会发现国家的干预是有必要的。就像中国经济的快速发展，离不开市场经济的竞争，更离不开政府的支持。如果没有政府牵头的公共投资，仅凭市场导向，像高铁、移动互联网等基础设施建设是不可能实现的。因此，国家对自由主义的取舍、运用都需要谨慎，需要斟酌。就像卢梭在《社会契约论》中所说，“征服一个国家要比治理一个国家容易得多。有一根足够长的杠杆，人们只需用一个手指头便能够动摇全世界；可是要负担起全世界，却非得有赫居里士的肩膀不可了”。

总的来看，由于时代的局限，卢梭的社会契约论并没有超出近代资产阶级的政治文明思想范畴，他描绘的自由、平等和全民幸福的理想国家，理论上带有乌托邦色彩，实践上是为资产阶级共和国的政治体制勾画了一幅比较完善的设计图。[②]但值得肯定的是，书中所体现的思想被马克思

① 李超民：《美国经济近期陷入衰退几率陡增》，载《第一财经日报》2020 年 3 月 16 日。
② 姚介厚：《略论卢梭的社会契约论》，载《济南大学学报》（社会科学版）2018 年第 4 期。

主义者所借鉴，并为当代中国民主政治建设提供了重要的理论支持。①

自由，与我们每个人都密切相关，它所涵盖的内容也十分广泛。无论是过去还是现在，无论是个人还是国家，无论是理论还是实践，各种形式的它都值得我们深入研究、不断探寻。《社会契约论》在讲解自然权利论和人民主权论的同时，带给我更多的是关于自由的思考。卷末文止，受益良多。

① 王云、刘亚平：《卢梭〈社会契约论〉中的自由观及其启示》，载《西安石油大学学报》（社会科学版）2018 年第 3 期。

对现代言论自由的重新审视

——读密尔《论自由》随感

查佳鑫*

自欧洲文艺复兴至今数百年来，自由一直是一个经久不衰的话题。及至启蒙运动，以卢梭、孟德斯鸠等人为代表的启蒙思想家更是引经据典，从各个角度雄辩地论证了公民自由神圣不可侵犯的原则，成为后世人们追求自由独立的强大思想武器。中国近代西学东渐，自由主义思潮传入中国，1903年，和弥尔顿的《论出版自由》一起被誉为"英语世界中捍卫自由的经典之作"[①]的《论自由》被严复以《群己权界论》为名翻译出版，对推动当时中国近代社会进步起到了不可磨灭的作用。在那个大多数中国人对"自由"这个概念还十分陌生的年代，严复以"群己权界"一词生动阐释了"自由"的含义：所谓"群"，"众人为群，一个个人为了生活的需要而聚集在一起形成群体"[②]，也就是社会；而"己"则指的是自己，是个人。"群己权界"，即社会与个人权利的界限划分，也就是密尔书中所言"社会所能合法施与个人的权利的范围和限度"[③]——也就是"自由"。

---

* 查佳鑫，西南政法大学行政法学院本科2017级学生。

① [美]乔治·萨拜因：《政治学说史》，邓正来译，上海人民出版社2008年版，第641页。

② 费孝通：《乡土中国》，北京大学出版社2012年版，第157页。

③ [英]约翰·密尔：《论自由》，彭正梅、析友进译，上海人民出版社2012年版，第1页。

在这本篇幅不长的小册子中，密尔对自由进行了全面而深刻的阐述，成为19世纪欧洲自由主义的集大成之作。其中许多思想，对于当今仍然具有重要的借鉴意义。

一、密尔及《论自由》简介

约翰·斯图亚特·密尔是19世纪英国著名的经济学家、哲学家，其父是边沁创立的哲学激进派的重要人物。受家庭环境的影响，密尔虽然从来没有上过正规的学校，但是自小就接触各种丰富的知识。密尔三岁时便已开始学习希腊语，八岁学习拉丁文并广泛阅读各种希腊、罗马的文学、历史及哲学著作。由于其父的关系，密尔很小的时候便能够接触到边沁、李嘉图等一批当时最优秀的哲学家、经济学家。这些经历对密尔思想的形成产生了极重要的影响。

在与边沁等人的接触中，密尔渐渐受到了功利主义哲学的影响。功利主义是英国在18世纪末19世纪初由以边沁为代表的一批哲学家提出的哲学理论，它强调的是“为了最大多数人的最大幸福”[①]。1821年，年仅十五岁的密尔就阅读了边沁的代表作《立法论》，边沁作为功利主义哲学的创始人，他的思想深刻影响了密尔，对后来密尔自由观的形成有着重要的作用。密尔作为边沁的学生，继承了边沁的衣钵，在他的《功利主义》一书中，密尔首次将“功利主义”一词带入大众的视野。他进一步发展和完善了功利主义的理论体系，强调张扬自由的重要性，实现了功利主义与自由主义的深度融合。[②]

---

① [英]边沁:《政府片论》，沈叔平等译，商务印书馆1995年版，第92页。

② 刘佳:《方法论、辩护与反思——论密尔的功利主义自由观》，载《天中学刊》2018年第4期。

《论自由》作为密尔的代表作，集中体现了密尔的功利主义自由观，1859年，《论自由》首次出版。此时的英国，光荣革命已经结束一百多年，资产阶级已经牢牢掌握了英国的政权，第一次工业革命的完成极大地推动了社会生产力的提高，资本主义经济在英国获得了迅猛的发展。伴随着资本主义的发展，资产阶级力量不断壮大，资产阶级追求个人独立自由的社会思潮也在随之扩散。以亚当·斯密为代表的自由主义经济学派，不仅仅影响了人们对政府在经济活动中的看法，更启发了人们重新思考政府在社会管理中的作用，唤起了人们对自由的追求。

《论自由》正是在这种特殊的时代背景下应运而生的。在这本书的创作过程中，密尔的妻子哈雷特也同样发挥了重要的作用，然而在出版前一年，哈雷特不幸去世，因此在开头的献词中，密尔毫不讳言地指出"本书既属于我，也属于我的妻子"。[1]全书一共分为五章，在第一章引论的第一段，密尔便开宗明义地指出了"本书的主题是探讨社会所能合法施与个人的权利的范围和限度"[2]，并在接下来的四章中围绕这一主题展开了深刻的讨论。

二、两种"暴政"——言论自由泛滥的危害

在引论中，密尔开篇便提出了关于两种"暴政"的观点——政府本身的暴政以及主导的观点和情感的"暴政"。在今天，随着人类社会政治文明的不断进步，第一种"暴政"正在逐渐减少，趋于消失。那么，后者呢？是否也和前者一样，趋于消失呢？令人感到遗憾的是，在现今，后者这种"暴政"似乎不仅没有减少，反而有逐渐增加的趋势。一方面，过分放纵的

① [英]约翰·密尔：《论自由》，彭正梅、析友进译，上海人民出版社2012年版。
② 同上书，第1页。

言论自由，配合当代信息通信技术的迅速发展，以及各种新媒体，特别是网络自媒体的发展，使得各种思想的传播比以往更加迅猛。另一方面，现代快节奏的生活使得民众不愿意停下来独立思考，于是他们更愿意直接接受那些看起来更权威、更专业、更主流的观点，而那些被认为是小众的思想的生存空间则一步步被挤压直至被彻底消灭。

在欧美等资本主义民主产生较早的国家，资本主义民主思想早已深入人心。言论自由，被视为公民与生俱来的一项固有权利，是形成人民意志的基础，在公民各项政治权利中居于首位。正是由于言论自由权的独特地位，一个自诩为民主的政府一般不愿意也无力对其加以限制，只要不违反法律的强制性规定或者公序良俗，政府和司法机关一般不会主动介入干涉公民的言论自由。然而，不违反法律是否一定就意味着具有正当性呢？公众的意见不一定是正确的，甚至很有可能是错误的，这一点自古至今已经被无数法学家、政治学家所论证，此处自然无需赘述。可如果说容忍他们的错误是发展民主政治、维护公民自由所必须要付出的代价的话，那么，如果大众的言论自由成为侵犯少数人自由的工具呢？

尽管从法律上来说，所有公民都拥有表达自己意见的权利，然而，那些处于支配、主流地位的人，他们和那些所谓的“异端”相比，他们的言论自由是平等的吗？很显然，并不是的。主流可以通过各种渠道对与他们相左的意见进行攻击，对人民进行说服。而那些“异端”，甚至都难以找到一个表达自己观点的渠道，更不用说和主流意见进行平等交流了。

多数对少数的迫害，一个最为典型的例子便是“苏格拉底之死”。雅典，一个多么美丽的名词，在人类绵延几千年辉煌的历史长河中，她以其在奴隶制时代发达的民主制度而掀起一片绚丽的浪花。在雅典奴隶制民主的鼎盛时期，其对公民权利和自由的保护，其科学文化之发达，足以令同时代还处于专制状态中的其他地区的人民羡慕不已。公元前 469 年，苏格拉底，这位对后世西方哲学思想产生了极其深远影响的大师在雅典诞生了。

他和徒弟柏拉图，以及柏拉图的徒弟亚里士多德被称为古希腊三贤。就是这样一位哲学大师，生于这样一个饱含个人崇高性的时代和国家，在和那个时代的公共舆论的冲突中，却被法庭以不道德和不敬神而处以死刑。面对强大的公共舆论，即便是深邃如苏格拉底，也只能败下阵来。

如果说如此令人心痛的悲剧发生在两千多年前民主尚处于萌芽状态的雅典尚且能够理解的话，那么当时资本主义民主已经相当完善的英国又是怎样呢？的确，他们已不再像当初对待苏格拉底那样对待异见了，他们换了一种更“文明”的方式。

密尔在书中记载了这样一件令人感到十分荒谬的事：1857 年，在早已完成资产阶级革命和宗教改革，确立了君主立宪制政体，产生了洛克和霍布斯这样伟大的思想家的英国，在康沃尔郡的一个巡回法庭上，一个据说在生活的一切关系上都是平淡无奇的人，仅仅是因为在门上写了几句触犯基督教的话，竟然被判处了二十一个月的有期徒刑。在同期的英国，甚至还发生了仅仅是因为自己无神学信仰而被拒绝进入法庭作证的荒唐事。

在今天，主流舆论对异见的迫害更多地通过“政治正确”的形式表现出来。这一现象在以民主高度发达自居的美国尤为典型，美国前总统特朗普在参选总统时的辩论中就曾说过：“这个国家最大的问题就是政治正确。”在美国的语境中，所谓的政治正确“一般是指美国人在公开措辞以及行为中构建的规则，即要求人们在言辞与行为中保护脆弱、边缘化以及历史上的受害群体，避免侮辱、激怒对方使之产生自卑的自我认知。”①而在今天的美国，所谓的“政治正确”早已超出了政治范畴，牵涉到社会生活的方方面面，有时甚至成了超越宪法和法律的存在，不仅是政客需要在各种公开

① Dan Moller, “Dilemmas of Political Correctness,” Journal of Practical Ethics, Vol. 4, No. 1, 2016, pp. 1—22，转引自祁玲玲：《选举政治的逻辑——美国反政治正确的归因分析》，载《世界政治与经济》2017 年第 10 期。

场合甚至是私下注意“政治正确”，连普通民众也会有随时被牵连的危险。

三、舆论的分化——言论自由需要限制

舆论从某种程度上来说也是一种权力，而且是一种比政治权力更为强大，更具有威慑力的权力。当大众的意见汇聚成流涌向那所谓的异端时，没有人可以阻挡，无论你是伟大如苏格拉底，抑或平凡如一个普通民众，如若与之相抗，必然会被其所吞噬。我们可以逃避司法的裁判，却逃不脱舆论的谴责。那些所谓的主流，所谓的权威，所谓的多数派，“他们宁可忙于探讨何事为社会所应该好、应该恶，也不去考察社会的好恶是否应当成为个体行为的法律”①，正是因为舆论拥有如此巨大的力量，舆论与政治权力一样需要被制约，需要被监督。如何监督，如何制约？著名的启蒙思想家孟德斯鸠早在几百年前就已经向我们解释过了——分权与制衡。

如果我们对政府都缺乏信任，为何我们要选择相信舆论？相信那所谓的“权威、主流、多数”？他们并不比政府拥有更多使我们信服的依据。“假设除一人之外的所有其他人都持有相同的意见，只有他持有相反的意见，那么其他人让这个人闭嘴，并不比这个人让所有其他人沉默（如果他有这样一种权力的话）更为合理与应当”②。在这本被西方称为“对个人自由最动人心弦、最强有力的辩护”的著作里，密尔一针见血地指出保障所谓异端的言论自由的重要性。如果有一天，占据主流的声音极尽各种手段打压其他意见，那和专制又有什么区别呢？要想使舆论发挥出它应有的作用，就必须对其加以限制，决不能出现一种舆论意见占据主流的情况，而要尽可能多地允许各种观点不一的意见共存，让各种观点相互之间

---

① [英]约翰·密尔：《论自由》，彭正梅、析友进译，上海人民出版社2012年版，第7页。
② 同上书，第16页。

进行充分的论争。这样，在让公众有机会充分了解各种观点，比较各种观点的异同的同时，也增加了公众对于不同观点的容忍度。

不同观点的争论就如同市场经济中的竞争一般，市场经济的良好运行依赖于充分的公平的自由竞争，同样，各种观点的争鸣也是推动社会发展的重要动力。然而，市场调节总有失灵的时候，当出现处于绝对垄断地位的市场主体时，整个市场的自发调节便会趋于失效，此时便需要政府科学的宏观调控的介入。同样，在大多数时候，舆论应该是通过各种观点的论争自发调节的，然而，当自身的调节失灵时，便需要政府对其进行干预了。

当然，要想彻底避免出现主流对异见的迫害和攻击，最根本的方法还是逐渐提高国民素质，让每个人都拥有独立思考、独立判断的能力，而不受舆论的影响，所谓“出淤泥而不染”是也。即使所有人都是亚里士多德的信徒，伽利略也敢于向其发出挑战；即使经典物理学已发展了数百年，爱因斯坦依然突破了牛顿的框架。我们不能奢望每个人都是伽利略、爱因斯坦，但是我们可以做到不攻击每一个伽利略、不埋没每一个爱因斯坦。

四、结语

“压制一种意见的表达则是一种特殊的罪恶，因为这是在掠夺整个人类；这既是对当代人的掠夺，又是对后代人的掠夺；既是对持有这种意见的人的掠夺，更是对这种意见的异见者的掠夺。因为如果该意见是正确的，那么他们便被剥夺了以谬误换真理的机会；如果该意见是错误的，他们同样失去了一种宝贵权益，因为他们本可以在真理与谬误的冲突中，更加清晰地感知真理，并对真理获得更加生动的印象。”[①]毫无疑问，要使意

① ［英］约翰·密尔：《论自由》，彭正梅、柝友进译，上海人民出版社2012年版，第16页。

见能够得到充分的表达，就必然要对公民的表达权加以保障，确保公民的言论自由，然而正如前文所述，过分的言论自由的泛滥必将反过来导致社会上一部分群体的不自由。如果依然按照传统观念，对于言论自由，不进一步加以限制的话，那么自由的尽头只能是不自由。如何平衡限制与保障自由之间的关系，不至于使自由成为侵害他人自由的工具，在舆论影响力越来越大的今天，具有更为重要的意义。

论人的追求

——由《西方哲学史》所感

龙芷谕*

人终其一生在追求什么？我们活一辈子是否只是在走过场？每个生命最终都会走向消亡，这是否意味着我们所做的都是徒劳？这里所说的"追求"是指一种超脱本能对某种状态或其他非物质层面的强烈向往。探讨人的追求，换而言之就是寻找我们该怎么活在世界上，什么是我们的"生存"指南以及我们要如何去实现的答案。

一、关于追求本身

我认为人是有追求的，并且追求为人所独有。人区别于其他生物的一个重大特点是人被赋予了思考的能力，正如帕斯卡尔所说："人是会思想的芦苇。"①头脑有所思，心中有所想，使人们对生命的反应不再只是出于本能。那么对生命的向往可否认为是一种追求呢？仅仅为了活着仿

* 龙芷谕，西南政法大学行政法学院本科 2019 级学生。

① [法]帕斯卡尔：《思想录》，贾雪、胡戎译，中国法制出版社 2015 年版，第 339 页。

佛是一切生命体的本能。变色龙根据环境改变自身颜色只为保护自己，这不就是为了生存吗？当你拍打蚊虫它们会迅速逃离不就是为了生存吗？含羞草受外力触碰立即闭合不也是为了保护自己更好的生存吗？诚然，对于其他生物而言，免遭侵害好好活着是一种本能反应，然而对具有思考能力的人来说，对于生存和死亡的反应，对于生存或死亡的向往已不再纯粹，一旦有思想的介入，人的行为便被各种潜在的或者明晰的因素所影响。因此，尽管同样是对于某种状态的向往，其性质也会有所不同。

不同的人生经历和不同的处世态度会导致不同的追求。我们不妨把人们共同追求的价值都称作“幸福”。这种幸福是指每个人对所要达到的状态的愿望，是指每个人所憧憬的状态。这里的幸福是具有终极性和持久性的。终极性在于它是人们向往追求所达到的目的；持久性在于它是一种持续的状态。于此，它区别于某个阶段所要实现的满足感，区别于某种具体的快乐。

二、我们所追求的幸福是什么及如何追求

个体的独特性决定了我们所追求的幸福存在差异性。人们对追求有着自己的见解。

（一）苏格拉底的哲思

苏格拉底追求的幸福与德性相联系。这种德性与心灵平静、良知和自尊息息相关，并且是一种与知识紧密相连的美德。他认为我们可以通过知识去获得美德，而且懂得美德、懂得善，就必然导致正当的行为，也就是说，追求幸福的唯一道路就是懂得幸福，这种幸福是指美德。由此看来

懂得就相当于实现，听起来似乎容易，因为它仿佛少了去追寻去实践的步骤。然而，懂得并不是狂妄自信，不是自以为是，不是主观上所认为的知道，懂得需要经得起质疑和反驳。热衷与人辩驳并常常把他人驳斥得哑口无言的苏格拉底也承认自己有所不知，但是他高于他人之处就在于其“知道自己的无知”①。由此看来，懂得似乎被置于一个高台阶之上。再者，懂得幸福也不等同于实现幸福。懂得必然导致正当行为，必然导致幸福，但并非表示二者之间就直接画上等号，前者与后者之间存在过渡性。

（二）伊壁鸠鲁学派

伊壁鸠鲁追求的是一种快乐的感觉。“快乐是幸福生活的起点和目标，一切善的根源来自口腹之乐，就是智慧与文化也与此相关。”②单单从这句话看来，伊壁鸠鲁总是难以避免地被人贴上“享乐主义者”的标签，他们被误解为是纵情声色之徒，被误解为贪图享受，骄奢淫逸。然而，伊壁鸠鲁对于快乐是有选择的，他指出并非所有快乐都值得选择。他提出了三种类型的快乐——自然和必须的快乐；自然但不必须的快乐；既不自然也不必须的快乐。第一种快乐符合人的天性，是人生存的必需品。第二种快乐虽然是自然的，但已经超出必要的需求范围，因而可以舍去。第三种不具备人所真正需要的快乐的两个标准，追求这样的快乐有时反而是一种累赘，反而得不到内心的平静，享受不到快乐的本真。③由此看来，伊壁鸠鲁追求的是一种内心的平和，是一种稳定的安详，是一种从容不迫的生活态度。他反对夜夜笙歌的骄躁，反对骄奢淫逸的浮躁，反对平庸的无聊。我们会疑问，同样是快乐，为什么我们要放弃有着普遍吸引力的奢侈生活而去追求朴素平淡的快乐？伊壁鸠鲁的回答是，因为精神上的快乐

---

① 参见[美]弗兰克·梯利：《西方哲学史》，贾辰阳、解本远译，光明日报出版社 2018 年版。
② 周濂：《打开：周濂的 100 堂西方哲学课》，上海三联书店 2019 年版，第 684 页。
③ 参见唐代兴：《利益伦理》，北京大学出版社 2002 年版。

优于肉体上的快乐。有了精神上的快乐，我们可以学会欣赏快乐而并非痛苦。精神快乐大于肉体快乐，精神痛苦大于肉体痛苦。[①]总而言之，伊壁鸠鲁追求的是规避痛苦的稳定持久的快乐。

（三）康德的绝对道德

康德所追求的是一种正确的行为，一种实现理想社会的道德准则。为实现这一追求，我们要遵守道德法则。什么是道德法则？道德法则包含着善良意志，也包含了理性。康德的道德法则强调一行为的道德价值在于其动机与目的而不在于其结论与后果。善之所以为善只是因为它本身的意图是纯粹的善，无需其他目的与动机。这是一种动机论，与结果论相对应。他认为要成为一个有道德的人就要怀着善念行事，而不是出于不纯粹的其他利益的目的去行动。即使这样得到了看起来善意道德的结果，也不能改变其非善意的性质。因此，这种道德是绝对的。这种绝对道德即绝对命令有三种形式，有三个必须满足的条件，分别为普遍化原则、目的原则和自律原则。普遍化原则让我们更好地了解真正的道德，持一视同仁的态度考量普遍的情况，不以个别取代大众，不极端化。目的原则让我们注重每个个体，尊重每个人，如果是出于对人的尊重，不管是自己还是他人，都是道德的。自律原则告诉我们自律才带来自由，提出这一点是为了强调遵守这一准则是发自内心的，无需外力强迫。

鉴于此，康德追求的就是道德本身，不是为了幸福，不是为了德性，不是为了其他利益。

（四）功利主义

功利主义追求的是快乐，这种快乐不同于伊壁鸠鲁的快乐，功利主义

---

① 参见安德智：《伦理道德理论探索》，中国经济出版社 2007 年版。

要追求的是最大程度的快乐，强调的是最大程度和最多。这种快乐并非立足于个人，而是立足于社会整体。很多人对功利的误解是认为它是自私自利的，认为它在某种程度上会忽略人的个性，丢失了正义。其实，功利主义是站在整个世界考虑的，出发点是为了维持整个社会的秩序，为了让人类更好的生存。实现利益最大化是要求人们无私的体现。为了追求最大化的快乐，经过功利主义的不断探索，他们提出几个考量因素：强度、持久度、确定性、继生性、纯度、范围、时间的远近。然而我认为基于这些因素的考量还存在着许多疑惑，如是否有其他因素？基于这几种因素的理由是什么？这些因素如何具体考察？毕竟世界万物不可简单地量化为某一形态，因此其间的比较难以达到统一。

三、对追求的进一步思考

不同的追求都是指引我们如何活在世上的指南。苏格拉底和伊壁鸠鲁学派都在追求这一种内心的平静，他们的追求方式有所不同，前者依靠知识，后者依靠选择必须而自然的快乐。康德追求的是一种善，一种绝对的道德准则，人们只需遵守实行，因为它本来就有着自身存在的合理性。功利主义虽然看似难以实现，但是其理论目的值得我们深思。我们不能否认在实践应用中，每种理论都有着让我们难以接受的方面，值得注意的是，这些难以接受容易使我们产生这样的迷思：我们应该在此时坚持某种处事理论，在彼时遵循另一种法则。有人认为这是灵活运用，不死板。但是我们所要寻求的是一种普遍的永恒性的世界观，它是稳定的，经得起检验的。倘若出现对某种追求的疑惑，则说明了这套理论还没有完备。对于个人而言，心中认定的追求应当可以成为其一生的行为准则，且对这个准则的坚持相对来说是比较容易的。而我们在发表、推广我们的哲学理念时，心中已有所针对，我们希望这种追求可以成为社会尤其是我们所处时代之社会的普遍法则，成为社会的行动指南。因此面对还不完备的追求理论，我们应该加以改进，致力完善。

有共同追求和行动法则的人可自成一派，使自己的见解发扬传承。然而自古哲学又有着众多流派，这证明人们的追求有着差异性。不同的追求并存让对方反思自己在实践时的不足，这种不足不一定是其理论的缺陷或者错误，可能只是在当时解决某一具体事物时有一定困难。哲学本身无对错，它们的差别只是因为人们看待世界的方式不一样罢了。对于先后产生的追求哲学，我们不能认为后产生的优于先前的，不能认为我们现在的追求比先前的追求更具价值和意义。每种追求理念都以各自的时代为基础而产生，都是各自应对所处时代的行动指南，都是探索各自时代幸福观所得的成果。它们的一个重大共同点在于其都希望自身能成为适用于永恒的普遍准则。而验证“永恒”是个难题，通常难以实现，使我们不能明晰哪种追求理念具有终极权威性，这样看来，平等对待各种追求、允许不同追求共存是具有合理性的。

无论我们持何种追求理念，都是为了抵达幸福的彼岸。只要我们心中已有念想，那就顺着这个念想去实践。实践追求不仅体现了对生命的尊重，也在为人生增添价值和意义。在生命的历程，即使磕磕绊绊，但倘若没有偏离内心追求的轨道，幸福便从未远去。

追求幸福

古鹏博*

在《社会契约论》一书中，卢梭认为：在自然状态下，人生而自由、平等。人们订立社会契约，形成政治共同体，成为其主权者。立法权和行政权只是主权的派生物，前者掌握在人民手中，后者由政府行使。到底是否存在“自然状态”于此暂且不论，单是卢梭的这些观点，在我个人看来，其实质是人对幸福的追求。幸福虽是难以定义的，但在自然状态下，人们舍弃原始的自由与平等，订立契约，成立政治共同体，通过立法权和行政权的行使来维护和实现人民主权等的行为体现了他们想要更好的生活、想要追求他们的幸福。

一、追求幸福的开端——自由平等从无限转有限

卢梭认为：“大家生来都是平等的和自由的，每一个人都只有在对自己有利的时候才转让自己的自由。”①

* 古鹏博，西南政法大学行政法学院本科 2019 级学生。

① [法]卢梭：《社会契约论》，李平沤译，商务印书馆 2019 年版，第 5 页。

从政治社会的原始模型——家庭——的角度分析，为了生存，孩子才将生来的自由转让给了父母，以获取生存所需。而在国家之中，公民转让生来的自由，是为了在社会中生存，但不能因此否定其转让的自由是生来就有的这一事实。亚里士多德所持的观点：人不是天然平等的，有些人生来就是做奴隶的，而另一些人天生就是来统治的。但卢梭并不认同，他认为亚里士多德只是对既有事实的描述，而且倒置了其中的因果关系。卢梭认为："如果真有什么天然的奴隶的话，那是因为先有了违反天然的奴隶。强力造出了早先的奴隶，他们的懦弱使他们永远当奴隶。"也就是说，是因为先有了强力造出来的奴隶制，才有了天生的奴隶，是奴隶制剥夺了他们天生的自由与平等，但不能因此而否定人生而自由、平等的事实。

"卢梭认为，在人们进入社会之前，存在一个自然状态。"[①]在这种自然状态下，人们为了自己的幸福而进行自我保护，通过订立社会契约成立政治共同体。社会契约是人民利益的最大公约数，代表的是公意。"而公意则是公共人格的体现，是一个具有道德人格的共同体。"[②]每个公民个体在政治共同体面前都是平等的，因为他们都要遵守社会契约的规定。"人民成为集体的一员，借用集体的力量来保护个人，同样，成员享受集体所给予的保护以及权利的同时也对集体和其他成员负有义务。"[③]人民虽然因为社会契约而损失了他们天然的自由和他们企图取得和能够取得的一切东西的无限权利，但是他们得到的是社会的自由和这种自由的保障，以及他们对他们拥有的一切东西的所有权。因此在社会状态下的人依然是生而自由、平等，只不过这种自由与平等是相对的。而通过订立社会契

---

① 刘秉铃：《卢梭的社会契约思想：内涵与启示》，载《中国集体经济》2019 年第 15 期。

② 王云、刘亚平：《卢梭〈社会契约论〉中的自由观及其启示》，载《西安石油大学学报》（社会科学版）2018 年第 3 期。

③ 李天昊：《从"社会契约论"看西方近代国家起源学说》，载《法制博览》2019 年第 24 期。

约，使无限的自由转变为有限的自由，在我看来是人们追求幸福的开端。因为他们已经意识到了，在无限的自由和平等的状态下，虽然每个人的社会地位平等，但由于人的趋利性，冲突难以得到合理的解决，个体自身的利益是难以得到维护的，生活也是难以得到保障的。而社会契约的订立、主权的出现则有利于维护个体自身的利益，为自己的生活提供保障。

二、实现幸福的关键——人民主权神圣不可侵犯

主权，是在受公意指导的条件下，政治共同体对自己的成员拥有的一种绝对的支配的权力。“卢梭指出，社会契约的本性在于人民作为整体来说就是主权者。”①它是永远不可转让的，也是不可分割的。

对于主权的不可转让性，卢梭认为，公意体现的是人民意志的最大公约数，代表的是共同的利益，是总是倾向平等的。而个人意志虽然存在与公意相一致的情况，但这种状态并不是长久的和经常性的，而且是总是倾向偏私的。因而如果把主权转让给他人，那么主权体现的便不是公意，而成为个人意志实现的工具，主权也就不成为主权了，也即“因为主权是公意的运用，是人民利益的直接体现，主权一经转让，极可能变成私人意志而非公意”。②但是，主权是可以委托他人行使的。因为权力的运用总要通过人来实现，但被人民委托行使主权的人所实施的主权行为仍需是体现公意的。

对于主权的不可分割性，卢梭认为，主权是公共意志的政治载体，公意只能以整体的形式存在，那些所谓的分割形成的主权的一部分并不是公意，而是个别意志。那些政治家在理论上对主权进行分割而得的立法

---

① 姚介厚：《略论卢梭的社会契约论》，载《济南大学学报》（社会科学版）2018年第4期。
② 董爱琳：《试析卢梭的〈社会契约论〉》，载《戏剧之家》2019年第29期。

权、行政权等只不过是主权的派生物，这些权力只不过是最高意志的行使罢了。因此，主权作为最高意志——公意的载体，也只能以整体的形式存在，不能分割。

从主权的不可转让性和不可分割性可以看出，主权是相对于个体之上的绝对的支配力，对个人的统治力和影响力极大，一旦被转让和分割，主权便不复存在，政治体也成了维护私利的工具，人民的幸福将永不可实现。因此，主权必须体现的是人民公意，必须与人民追求幸福生活的目的相一致。

三、幸福生活的保障——政府形式的选择

政府，是介于臣民和主权者之间，使这两者相互沟通的中间体。它是国家这个大政治体中的小政治体。它的目的是保障人民的幸福生活。而它的任务就是执行法律和维护自由。既维护社会的自由，也维护政治的自由。

对于政府的形式，卢梭根据行政官与人民的比例，将其划分为三种形式，即民主制、贵族制、君主制。

民主制，是全体人民或者大部分人民掌握政府职权的政府形式。在民主制下，立法权与行政权是结合在一起的，政府的意志是与公意最为一致的。但因为立法者就是执法者，所以法律制定一旦发生错误，将会带来巨大的危害。除此之外，民主制下的行政官的数量过大，会对集会议事造成很大的困难。而且，美德也是民主制必备的社会风尚，如果缺少美德，社会自身的不平等将刺激人自身的欲望，助长人的贪婪之心，使国家丧失了它的全体公民。

贵族制，是由一小部分人掌握政府职权的政府形式。而贵族制又分

为自然形成的、选举形成的和世袭的三种。但实际上，第二种才是最好的，也是严格意义上的贵族制。相较于民主制，贵族制下的行政官组成的政治小团体的团体意志与公意是相互独立的。也就是说，行政权与立法权是分离的。政府虽然在符合公意的情况下才能向人民发号施令，但其意志的独立性也意味着其能够在公意被误导的情况下，避免危害的进一步扩大。而且，由于贵族制下的行政官的数量较少，所以集会更方便，对事务的讨论更详细，办事更便捷和更有条理。而严格意义上的贵族制是采用选举的方式选出行政官的，这在很大程度上能够保障选出有能力的人担任执政官。但这种政府形式并不是完美的，政府意志的独立性意味着，政府的意志并不能最完整地反映人民公意。

君主制，是由一个行政官独自掌握政府职权，而其他行政官又从他那里获取权力的政府形式。君主专制政府实现了个人意志与政府团体意志的结合，是最具活力、效率最高的政府形式。但这种形式下，政府意志的高度独立性也使得它与人民公意之间的距离是最远的。而个人专制政府的最大的不利之处，是缺少其他两种形式政府所具有的那种连续不断的继承性。而这种继承性的缺失极易可能出现朝令夕改的情形，“而在其他形式的政府里，君主始终是同一的，所以这种变化就不会发生”。“在共和国，由于人们的观点比较稳定，而且大家都遵循这种观点，所以总是向着自己的目标前进。”①除此之外，在君主制的政府中，很难保证登上王位的那个人恰巧就是那个具有管理国家的才能的那个人。

而实际上，单一的政府形式是很难存在的，它们只是理想的政府模型。现实中，由于政治运行的需要，国家通常会在某一种政府形式中嵌入其他的政府形式的某些职能，从而弥补单一政府形式的先天缺陷。而对于每个时代有关最好的政府形式的争论，卢梭给予的回答是：并没有一种

---

① [法]卢梭：《社会契约论》，李平沤译，商务印书馆 2019 年版，第 84 页。

可以适用所有时代和所有国家的政府形式。但在每个时代，对于每个国家，都有适合它们的不同的政府形式。

无论选择哪一种政府形式，都是为了维护和实现人民主权，进而达到保障人民幸福生活的目的。政府是离人民生活最近的政治权力机构，同时也是人民公意的执行者。只有政府将人民公意执行到位，人民的幸福生活才有保障。

虽然卢梭《社会契约论》一书中有许多观点极具争议性，在现代人看来有些观点是错误的，甚至是不可理喻的，但我们应该考虑到卢梭写这本书的时代背景："社会政治领域方面，社会等级森严，矛盾尖锐"，"思想领域方面，启蒙运动兴起，价值观念冲突严重"。①在多重因素的影响下，卢梭写下的《社会契约论》的时代局限性是不可避免的。而不可否认的是，这本书中"人生而自由、平等""人民主权神圣不可侵犯""政府论"等思想，无论对于当时还是现在都极具价值，而且体现了人们对幸福生活的不断追求。

---

① 邵宛云：《卢梭社会契约论产生的时代背景及其理论渊源研究》，载《营销界》2019年第28期。

一场寻根溯源的治学之旅

——读《美国宪法的高级法背景》有感

金　胤*

《美国宪法的高级法背景》注释详尽、旁征博引之余，文辞隽永、思路严谨。作者爱德华·S.考文教授以自然法的视角追溯美国宪法“高级法观念”的源头，甚至回溯到了古希腊，读来令人惊叹之余亦收益颇丰。

考文教授在序言中开篇便提出一个问题：美国宪法的合法性与至上性从何而来？他列举了三种学界观点①，并肯定了如下的理论：“宪法的内容本身具有超然的优越性，其‘与理性本身却相互浸透融通’。制定宪法的行为与其说是‘制定’，不如说是‘发现并宣布’，如同牛顿之于经典力学三大定论。”又或者说，如《庄子·知北游》所述：“天地有大美而不言，四时有明法而不议，万物有成理而不说。”宪法便是其中那四时明法，万物成理。考文教授通过对美国宪法至上性与合法性由来的阐述，确定了美国宪法具有一种“高级法”的性质：“人们相信有一种法，高于人间统治者的意志。”对此，考文教授提出了数个问题：这种高级法的观念从何而来？它

---

* 金胤，西南政法大学行政法学院2017级学生。

① ［美］爱德华·S.考文：《美国宪法的“高级法”背景》，强世功译，北京大学出版社2015年版，第6—9页。

何以能够持续存在，其中又经历了哪些转变？它的哪些特殊形态对美国宪法史和宪法理论史更有意义？这种观念经由何种原因才传到美国？而该书也正是围绕着这些问题，展开逻辑严密的论述，将美国宪法高级法的渊源娓娓道来。

该书正文共有五小节。第一小节从古希腊安提戈涅以"神法"对"人法"的叛逆开始，到中世纪为止，讲述了高级法观念的萌芽及其早期发展。高级法的观念在这段时期经历了以下几次转变：由最初的习惯法，在亚里士多德之后逐渐转变为"自然正义"；而到了中世纪，高级法又蒙上了神权的色彩。笔者以为，要理解这样的转变，不妨将其投入当时的历史背景中来看。最初安提戈涅对国王命令的不满，是由于王命违背了世世代代的传统习俗。他将古老的习惯法置于人类制定的规则之上。而高级法观念从习惯法向自然理性的转变，在古罗马《万民法》中体现得最为淋漓尽致。《万民法》的颁布，是为了适应当时随着罗马日益扩大的版图，罗马帝国的外邦人无法可依的现状。而外邦人自然与罗马人有着不同的习俗，要求他们遵守罗马的习惯法是不恰当的。但是"人同此心，心同此理"。尽管习俗不甚相同，人类的理性却是相通的。因此到了《万民法》的阶段，高级法便转化为了自然理性。中世纪的自然法观演变为了另一番模样："自然法从外部制约和限制王权。"[①]念及当时教皇统治与世俗统治相抗衡的历史背景，这样的转变也令人不难理解了。时光荏苒，中世纪的古罗马这一观念，在之后处境类似的美国联邦与州的统治权的争论中频频出现，也因而直接被美国宪法理论所继承，吸收为其重要的一个部分。

该书讲述了高级法在英国民族国家形成之后，到启蒙运动之前的这段时间内的发展。在英国，有一个很有趣的现象：普通法有时兼具着高级法的一些特性。《自由大宪章》就是一个十分典型的例子。《自由大宪章》

① ［美］爱德华・S.考文：《美国宪法的"高级法"背景》，强世功译，北京大学出版社 2015 年版，第 31 页。

最初只是国王给特定贵族的特许，仅仅是一部普通法。但是随着国王的反复，贵族结合各阶层一同维护大宪章来要求国王履行他的诺言，使得王权受制于法成为一种思潮。由此，《自由大宪章》不再仅仅是普通法，而成为这种思潮的一个信物，具有了一种高级法的象征意味，之后到了柯克爵士那里，甚至具有了自然法的先验性地位。有趣的是，《自由大宪章》的辉煌时代却似乎未能长久持续。在理查德二世被废黜后的一百余年内，《自由大宪章》便很少再为人提及了。经过扎实的考究，对于大宪章辉煌一时之后却渐渐落寞的缘由，考文教授创造性地提出这样的观点对之加以解释："随着英国人民渐渐认识到大宪章象征的内容已经在司法实践中得以实现，人们将对大宪章的崇拜转加到了对整个普通法体系的崇拜上。"[①]这道破了英国普通法具有高级法色彩的原因。

本书中，考文教授将笔墨集中在柯克与洛克这两位大家身上，来探寻美国宪法高级法的渊源。

在斯图亚特王朝时期，王室不满于自身权利的受限，议会派便以普通法至上的名义抑制王权。爱德华·柯克爵士认为："在许多情况下，普通法会审查议会的法令，有时会裁定这些法令完全无效，因为当一项议会的法令有悖于共同权利和理性或自相矛盾，不能实施时，普通法将对其予以审查裁定该法律无效。"此中"以制定法与高级法相矛盾为理由否决他们的权力"以及"合理性"验证标准在现代的美国仍被沿用。考文教授认为，"共同权利和理性"就是高级法，其中就包含以下信条：制定法应当前瞻而不应溯及过往；任何人不应因同一过错而两次受罚；自己的代理权不应当委托他人代理……而这些被美国早期的法官、律师们屡屡援引的公理、信条都来自柯克的著作中。除了柯克提供的一种语词形式成为美国司法审查概念的一个重要源泉外，他提出的基本法学说也对美国宪法意义深远。

---

① ［美］爱德华·S.考文：《美国宪法的"高级法"背景》，强世功译，北京大学出版社2015年版，第71页。

柯克并不主张普通法院可以有彻底的权力撤销议会的法令，而是主张最高法规则——《大宪章》，同时约束议会和普通法院。而从《自由大宪章》到《权利法案》，再到《人权法案》，柯克爵士的基本法学说的影响力一以贯之。

书中柯克爵士与詹姆斯一世的冲突最令人印象深刻。对于詹姆斯"法律是基于理性的，而国王同法官一样具有理性"的论断，柯克指出诉讼并非依照自然理性来决断，而是"依人为理性和法律的判断来决断"。在这里，高级法不再是罗马时期的自然理性了，而是上文提及的"共同权利和理性"。高级法观念在这次转变之后，其内核便稳定了下来。而反对让国王和议会来裁定什么是共同权力和理性，是柯克一以贯之的坚持。柯克在君王震怒之际所展现出的机敏、从容与坚守，也着实令人敬佩。

随着18世纪自然科学的发展，人们发现理性存在于万物之中，并且可以通过人类的探索而理解，觅得其中真谛，于是上帝便成了可被人理解的自然界。自然法也由此复兴，并得以剔除其中的中世纪神学色彩。而将自然法思想传到美国的宪法理论中的，正是洛克。洛克《政府论》中的自然权利与社会契约的观点，其内核在于对立法权的限制与对财产权的重视，随着《政府论》传入美国而深入人心。洛克为立法权设定了界限，确定了其至上性是在法律的范围之内，必须依照长期有效的法律进行统治。值得注意的是，根据社会契约理论，政府只是接受了人们的委托而拥有了权力，故立法权不能被转委托，而可以被收回。[①]此外人民始终仍然保有权利使自己(和自己的私有财产)不受包括立法者在内的任何力量的攻击。

比起柯克对于王权和议会权力的限制，洛克更注重于个人权利的保护。在美国宪法中，对应的有"私有财产神圣不可侵犯"的表述，想来也有英美法系在这点上受到洛克影响颇深的缘由。财产权在此融入了人类的

---

① 参见[英]洛克：《政府论》，刘晓根译，北京出版社2007年版。

自然权利，作为共同权利中的一种，充实了高级法的内涵。

在前四章中，考文教授着力于美国之外的西方文明，只在偶尔荡开一笔，将之同美国法中的相似之处、派生出的部分相类比，并于每章结尾处进行总结。正如本书序言中所提及的，这固然是由于考文教授的谦逊——认为美国文明不过是西方文明中的一员——也考虑到本地读者对自身文化有一定的了解而未作赘述。但是身为美国文化圈之外的异国读者，在我们对这些章节进行阅读之际，除了对其本身发展衍化的思索之外，我们还应当思考其在美国的土壤上生根之后，开出了怎样的花。譬如在第三章提及“英国法礼赞”时，考文教授提出英国国家的繁荣也支持着其发达的法律制度，如福蒂斯丘所言，当时世界上没有一个其他国家能由陪审团来审理案件，因为邻里间没有足够多正直能干之人来担当陪审员。时至今日，随着欧洲“自由心证”理论的兴起，英美法也将其引入自身的陪审团制度，以应对陪审员缺乏相应的法律知识的情况。这样的思考与联想，在加深我们的理解的同时，也会提高之后第五章的阅读体验。

到了第五章，考文教授开始收尾。他于最后一节考察了柯克、洛克的学说在北美大陆的本土化历程，探寻了美国宪法何以发展成了现在的模样。考文教授抓住了几个重大的事件：奥提斯在 1791 年的论辩[①]、1768 年的《马萨诸塞通讯》[②]和随后的美国革命。英国国会通过的法令一步步在美国失去了效力，美国人也开始探寻他们的权利。而经由布莱斯特的探寻，立法权至上的观念也引起了美国人的注意。

美国早期受到英国先例的影响，司法权与行政权的地位是受到抑制的，而盛行一种立法至上的观点。但是美国在从英国的控制下争取独立的时候，其个人自由与地方自治的争取同时并行，相互补充发展。美国人曾意图用宪法来控制英国议会的权力。这样的尝试，也为日后美国发展

---

① Quincy(Mass. 1791), pp.51—57.

② 10 Adams, Life and Works 248.

司法审查制度，实行“三权分立”，走向一条与英国有所不同的道路奠定了基础。

该书绝对不是一本读来轻松的书，特别是在读到第五章时密集出现的史实、典故着实令人目眩，而有些典故因为中文资料的缺少在搜索引擎上难以找到由来。但该书读来令人受益匪浅这一点毋庸置疑。每次重读、每次交流会后，甚至在我写下这篇读后感之后，我都会有些新的思索、新的收获。

亚普罗式文化和浮士德式精神探究

周华瑞*

中国人是那样的依恋土地，而世世代代生活在一片土地上，成就了一种熟人关系。在这样的熟人关系下孕育出来的社会，是没有契约的。人与人之间的信任并不是对契约的重视，而是发生于对一种行为的规矩熟悉到不假思索的可靠性。所以稳定中国乡土社会的力量，不是感情，而是了解。这种对中国社会的理解就自然而然地引出了西方出现的两种文化模式：亚普罗式和浮士德式。

在《乡土中国》中，作者用亚普罗式文化来概括乡土社会，而现代社会则对应着浮士德式精神①。进而将中国传统社会情况与西方文化对应起来，以此来论证和更鲜明地表现出中国乡土社会和现代社会的特点。作者是如何想到用两种西方文化来比喻中国社会的，二者有哪些相似之处？本文通过探究了解究竟什么是亚普罗式文化和浮士德式精神，研究这两种文化与中国社会的对应关系以及对于当下又能带来怎样的启发。

费孝通先生是这样介绍亚普罗式精神的：亚普罗式的文化认定宇宙的安排有一个完善的秩序，这个秩序超于人力的创造，人不过是去接受

---

* 周华瑞，西南政法大学行政法学院本科 2017 级学生。

① 费孝通：《乡土中国》，中华书局 2016 年版，第 49—55 页。

它，安于其位，维持它。[1]亚普罗式精神，又称日神精神，是一种理性主义，其实质就是认识到人生的悲剧性和人类自身的局限性之后的一种接受和释然。与日神精神相对的就是酒神精神，酒神精神的实质在于突破局限性，释放人的生命力，是一种令人激动亢奋、似醉酒一样的恢复本性的精神。

在《悲剧的诞生》中，尼采深刻探讨了日神精神和酒神精神的关系。日神精神讲求实事求是、理性和秩序，这一特点源于神话中光明之神阿波罗的形象特征。阿波罗的智慧就是克制、平和、理性、静穆，光明之神照亮一切，使一切都显现出清晰完美的"外观"。日神精神的意蕴是用一种平和超然的心态，以个体化的形象存在于世间。而尼采把日神精神所产生的个体化表象只看作是一种幻象，认为酒神精神是一种最本源的艺术本体。[2]酒神精神与狂热、过度和不稳定联系在一起，它喻示着情绪的发泄，为了追求一种解除个体化束缚、复归原始自然的体验。对于个体而言，个体的毁灭是最大的痛苦，但正是这巨大的痛苦解除了其他一切痛苦，从而获得了极大的愉悦。

笔者认为，从日神精神的文化特征来看，费孝通先生在《乡土中国》中，将亚普罗式精神直接理解为西方古典的精神，未免有些片面。西方古典精神应该是丰富的，是由日神精神和酒神精神混合、协调的，它们都是人类的本能，二者相互融合。

结合中国社会特点来看，中国乡土社会中的熟人关系使得人们形成一种超然的理性，那些有关亚普罗式精神的特点都呼之欲出。他们不是没有激情的，而是不需要有。世世代代，在同一个地方生活，用一套流传下来的生活方式。所以，就不需要有那种冲破阻碍和抛弃传统的突破，他们只要继续按照早就有的生活方式生活下去，一代代一辈辈，平静、静穆

---

① 费孝通：《乡土中国》，中华书局 2016 年版，第 50 页。

② ［德］弗里德里希·威廉·尼采：《悲剧的诞生》，周国平译，上海译文出版社 2009 年版，第 88—92 页。

而克制。所以人们本能中的酒神精神被压抑住，长久得不到释放，当现代社会经济、政治、文化等方面高速发展之后，这被压抑已久的本能爆发，使得现代社会欲望迅速膨胀。

再到浮士德式精神，其源于著名歌剧《浮士德》中的主人公的形象特点。在整个歌剧中，主角浮士德一直在追求，不停地突破自我。浮士德的理想难以具体表明，它仿佛只是一种永恒的否定，因为否定，所以一直追求。

寻找美好事物和永不停留的强烈矛盾冲击造就了浮士德精神的魅力，它是一种积极实践的入世精神，也是一种不甘堕落、永不满足的追求精神。无论是多么新鲜的东西，都不会将浮士德长久地吸引，很快他就会去追求更新的东西，就像人类的欲望，永无尽头。当他达到第一个理想目标的时候，马上就又有了新的目标，生命不息，追求不止。

用浮士德式精神来概括现代社会文化，实在是再贴切不过。“他们把冲突看成存在的基础，生命是阻碍的克服；没有了阻碍，生命也就失去了意义。”①人们近年来不断地追求技术革新进步，真的没有停止过，这在某种程度上契合了浮士德精神。单从科技发展这一方面就能很明显地看出来，我们从最初对自然的敬畏，到对新大陆的探索，然后是海洋，后来我们就把目光放到了天空，到现在我们在探索宇宙。不停的探索，是基于“不了解”，这也是对社会稳定的一种挑战。自然浮士德精神对现代社会的消极影响也不言而喻。人们过分盲目地追名逐利，甚至忘记了做一件事的初衷。极度的追求造就了金钱主义，唯利是图，社会风气浮躁的现象。

结合当今社会背景来看，这两种精神很难再分开来单独探讨了。现在的社会情形不再是简单的城乡分离模式，就没有了彼此独立的亚普罗式社会或浮士德式社会。由于社会的高速发展，乡下的人越来越少，城里的务工人员越来越多，这就使得乡下原本平静、静穆的环境氛围被打破

---

① 费孝通:《乡土中国》，中华书局 2016 年版，第 51 页。

了，换言之，就是浮士德式的精神开始向乡下蔓延。再回到书中的“男女有别”问题，原本亚普罗式的文化促使他们认为，男女之间不必求同，在生活上加以隔离，也就是男女授受不亲。但现在文化的改变，就使男女之别不再那么明显，人们的求同欲望被激发出来，也开始希望与对方心理上的契合。但的确，因为克制，社会才能长期稳定，当人失去了克制，社会的稳定也必然被打破，这也可以解释现在乡村中也弥漫着一种浮躁的气息。两种文化相互融合，必定是有摩擦的，但就像日神精神和酒神精神那样，在矛盾中，相互补充、丰富，最终这两种精神同时得到升华。随着社会的变革发展，最终也将走向大融合。这也是文化发展的必然趋势，没有一种完全强势的伟大文化，而都是在多种文化相互渗透融合中，逐渐改变、发展壮大的。

时代背景不断发展变化，文化也跟着发生了改变。文化思想引领着人们前进的方向，反映着时代的特点。透过一种文化，去了解一个时代，结合文化来启发和反思当下。对亚普罗式文化和浮士德式精神的研究，能够让人们意识到，文化不因地域而隔阂，相反“他山之石，可以攻玉”，多方结合也能发现和解释当下社会的种种问题。人们在高速发展的生活，可以通过亚普罗式文化找到一份平静理性；而当徘徊不定之时，又可以利用浮士德式精神拼搏奋进。两者有机结合，互相补充，合理利用，才能在当今社会，发挥出巨大的作用。

假荷马之“眼”观古希腊文明之一二

白佳欣*

我第一次接触《荷马史诗》是高中历史课上的一张荷马头像和寥寥几行看似轻描淡写，实则给予了《荷马史诗》至高评价的文字。坦白来说，当时我对这本被称为古希腊最伟大的作品，也是西方文学最伟大作品之一的《荷马史诗》并没有更深入地去了解，甚至连史诗的定义是什么都不知道。只有“《荷马史诗》与城邦制有何种关系？”的疑问在我脑海中一闪而过，最终这种疑问随着对高中其他考点的学习而沉寂。当时我与《荷马史诗》只能称作是“一面之缘”罢了。

初读《荷马史诗》，最直观的感受莫过于文中的希腊人名拗口又难记；诗中个别部分语言生涩，语句亦晦涩难懂，前后句之间似乎毫无逻辑上的关联。不仅如此，诗中还充斥着许多匪夷所思的形容词，重复叙述的内容时有出现。不得不说，《荷马史诗》与现当代的文学作品相比起来特点十分显著，初读时让人感到难以适应。

阅读继续进行，就好像一个人买了一台新车，开始时对车子的性能和操作感到陌生，需要时间去慢慢磨合熟悉车况一样，我也试着去细细揣

---

* 白佳欣，西南政法大学行政法学院本科 2017 级学生。

摩、慢慢品味《荷马史诗》中生涩的文字，与其磨合。当我尝试这样做的时候，最初因为徘徊在作品世界之外而无法适从的我的内心也因渐渐融入诗中所描绘的世界而趋于平静。

细读《荷马史诗》我发现它文字朴实流畅、简洁明快有别于其他许多文学作品的深奥语言，加之其以人人喜闻乐见的讲故事的方式展开叙述，一卷读完接着一卷，使人阅读起来津津有味，并不断期待着其后故事的发展，不知不觉中便也完成了阅读。值得一提的还有荷马所建构的严密而奇特的卷章结构。特洛伊战争已进行了十年之久，然而本书却只记叙了战争进行到第十年的最后几十天之内所发生的大事件，将阿伽门农与阿喀琉斯争吵结怨作为全书的切入点展开叙述，其后每卷所描写的事件看似无关实则都与他们之间的争吵有着密不可分的因果联系，并且，荷马还将战争进行过程中的其他事件在适当的时候添加进诗中，不断丰富、完善整个战争故事。好似一副躯体，荷马先是建造了支撑整个躯体的骨架，并巧妙地造出各个关节使骨头各处相连接，在此基础上，荷马又不断丰富其血肉，最后呈现出来的已是一副有血有肉的完整躯体。他正是这样通过对各个事件的巧妙架构和描写使读者最终对整个特洛伊战争的大体过程以及其间发生的重大事件全都了然于胸。也正是这时我才体会到托尔斯泰对荷马的评论是多么贴切——“无论荷马与我们的相距多么遥远，我们可以毫不费力地进入他所描绘的生活”。其次，还要称赞荷马作为一位生活在古希腊时代的人所具有的高超的描写技巧。他很少采用白描而更多是通过描写人物的心理、语言、动作以及周遭环境来突出自己想要表达的东西。例如，诗中将海伦称作是世间最美的女子，然而纵观全诗，却没有一处对海伦的外貌进行直接具体的描写，而是借助特洛伊领袖们的话语，“为这样一个妇人长期遭受苦难，无可抱怨”，以此来衬托出海伦的绝美，亦给读者留下了自由想象的空间。再如荷马笔下的死亡，他并不直接宣告，那样太过简单粗暴，他将死亡称作是“黑色的命运”，说是“黑暗罩住眼睛”“灵魂从伤口流出，前往哈得斯，放松了他的肢体”，委婉而凄美。

像是一杯外表看来平淡无奇、朴实无华的茶，你怀着并不看好的心情小嘬了一口，刚入口只有茶的苦涩抵达，将其在口腔内稍作停留，待到进行了更加细致的品味之后，蕴藏在茶中的香醇开始发挥作用，随之而来的是甘甜抵达每一个味蕾，甚至直到你已将这一口茶咽下，仍然有悠长绵延的回甘和清新的茶香在你的唇齿间停留，让你久久不能忘怀。《荷马史诗》正是如此。它的甘甜不仅在于叙述方法的精巧，更在于从文字之间涌溢出来的古希腊文明。

犹如一张巨大的渔网撒入湖泊，随着渔网的沉入，湖泊表面趋于沉寂，但此时湖面之下渔网正一刻也不停歇地进行着捕捞，当渔网再次被拖出湖面时，人们便可以看到渔网沉入湖泊所带来的惊喜收获。阅读之下随之增长的是我从书中汲取到的知识。正如西塞罗所说，荷马虽是盲人，但在他的描述带领之下，我们却可以借助他的文字轻而易举地看到古希腊的世界。我的心境大抵如此，在阅读过程中追随着荷马的脚步，踏入了曾在人类童年时代大放异彩的古希腊。

古希腊的物质文明在诗中得到了充分的体现。史诗中篇幅最大的便是关于战斗的描写。借助荷马对战斗的描写，从诗中我们可以窥见古希腊时代社会生活的许多方面。例如，一个古希腊时代的战士形象应该是这样的：身体高大而强壮，四肢健美，肌肉发达，头部戴有鬃饰的头盔，身穿由动物毛皮、青铜和锡所制作的铠甲，下半身穿戴胫甲，脚踩绳鞋，其中一只小腿旁系挂有剑鞘，一把利剑插在其中，手持铜质长枪，肩挎等径圆盾，正等待着战斗号角的吹响。战斗的形式一般有个人之间的对决、双方部队之间的群攻、车战等。可利用的武器有长枪、长剑、弓箭、石头等。兵种则有普通步兵、弓箭手、车战将士，等等。除此之外尤其是在第十八卷，赫菲斯托斯为阿喀琉斯制造铠甲的细节描写，特别是对其所制造的盾牌的细致描写，不仅反映出当时惯用的金属材料为青铜，也反映出了当时金属制作工艺技术的成熟。从诗中关于盾面图案的描写,间接地反映出了古希腊时代有关婚礼宴饮的习俗、发生纠纷时长老们解释法律作出裁决的场面、农人利用牛来耕耘劳作的场面,以及奏唱音乐、伴随乐曲跳起圆舞的场面。无一不细致生动且真实。

一个城邦制奴隶制社会亦展现在我眼前。阿伽门农贵为迈锡尼首领;他的弟弟墨涅拉奥斯是崇尚战斗的城邦斯巴达的首领;奥德修斯是伊塔卡王,阿喀琉斯则是米尔弥冬人领袖佩琉斯的高贵儿子。希腊联军正是由这些希腊主要城邦的将领率领士兵与其他小城邦结盟,集体进军特洛伊。对于城邦制来说具有标志性的集会和演讲也在诗中被提到。史诗第二卷,宙斯暗示阿伽门农将带领全体希腊人赢得战争并成功返回自己的家乡。阿伽门农听取了宙斯的启示,召开全营大会,试探军心。于是在集会开始前阿伽门农与长老们组成的议事团秘密商议,由阿伽门农先煽动希腊人强烈的归家情绪,试探众人,之后由各位长老进行劝说制止,阿伽门农再次出面发表振奋人心的话语鼓励大家积极作战。最后通过这个计谋,他成功地鼓舞了希腊军队,军中士气大增。这体现出了阿伽门农作为国王,对臣民心理的精确把握,以及对于演讲时机和演讲内容的恰到好处地把握,他巧妙地借助演讲的力量达到了召开集会想要达到的目的。此处无不体现着古希腊城邦之中演讲的艺术。除此之外,每每在战争中遭遇重大事件,城邦就会常常召开集会,各个城邦首领和长老们竞相发言、讨论激烈的场面亦频频出现。

根据诗中的描写,战争胜利的一方总是对失败一方的城池进行财富的掠夺以及俘虏城中的妇女儿童作为自己的奴隶。这些可以统称为“战利品”。例如被阿伽门农抢去的本属于阿基琉斯的女子布里塞伊斯便是当初阿基琉斯攻城略地时阿开奥斯人的敬献。再如诗中所描述的当时以物易物的流通方式,女仆或奴隶可以同其他物品进行等价交换,奴隶在这样的交换关系中仅仅是客体。阿伽门农、阿基琉斯、赫克托尔等权力巨大的城邦领袖,亦是城邦中财富最多的奴隶主,拥有无数财富,奴隶众多。

除此之外得以显现的是古希腊的精神文明世界。史诗描写的故事大约发生在公元前11世纪至公元前9世纪。生产力水平低下，人们的生产生活对自然的依赖程度极高，即“靠天吃饭”，在这样的大背景下，萌生了敬重天上神灵，祈求天神保佑的神明观。并且，这样的思想观念在古代人民的精神世界中占据了重要地位。

首先，古希腊人的神明思想中，不仅敬神，而且还有着各个神明之间的细分。宙斯是众天神之父，赫拉为天后，雅典娜是智慧女神，阿波罗是光明与预言之神，阿弗洛狄忒是爱与美女神，波塞冬则为海神，此外还有其他掌管不同职能的神。其次，古希腊天神与凡人联系紧密，他们似乎贯穿于战争的整个进程中、日常生活里，无处不在，而在古代中国人观念里，虽然上天也会倾听凡人的祈祷，保佑凡间事件的进展顺利，但天是至高无上、遥不可及的。除此之外，在史诗的描写之中，古希腊的天神们并不是完美无缺的，他们各自都有着各自的缺点，类似于人，例如赫拉的儿子匠神赫菲斯托斯身体有残疾，是个瘸子，再如特洛伊战争的起源正是因为几个女神关于名誉的争夺以及嫉妒、报复心理的发作。史诗反而侧重对人的价值的肯定以及美好品性的赞扬。例如阿喀琉斯与帕特罗克洛斯之间至深的友谊而誓死为友报仇，为友举行盛大的葬礼和竞技、赫克托尔作为特洛伊领袖之子对守卫本国城邦妇女儿童的担当而毅然决然地投入战斗，等等。甚至凡间的人可以对天神做出的事情表达自己的不满或指责，可以向天神提出要求。由此看来，古希腊中的天神形象更加人格化。而在古代中国，“天”这一神明的代名词的形象却是虚无缥缈且完美无缺的，凡人不可能同天相比，只有天可以根据人的行为对人做出奖励或惩罚，人要绝对听从于天且不可能指责上天。

古希腊文明犹如存在于令人窒息的黑暗中的一幅壮丽壁画，《荷马史诗》则是黑暗中给人以无限光明的一束火把。古希腊文明则是被这一束强烈的火光逐渐照亮，越发清晰地呈现在世人眼前，深刻震撼着人的心灵。

第二编

温故知新

略论“夜无故入人家”

——以《刑案汇览》为蓝本

陈媛媛*

“杀人偿命”是我国自古以来就形成的生命是非观，是中国传统法律观念之一。昔汉高祖刘邦初入关中，尽除秦苛法，与老百姓约法三章：“杀人者死，伤人及盗抵罪”，将“杀人者死”作为首要的律法予以保留。自此，“杀人者死”作为俗语一直延续至今。但中国古代在“杀人者死”的传统法观念下仍然存在例外情形——“格杀勿论”。《唐律疏议》是我国现存的第一部内容完整的法典，在唐律中关于“格杀勿论”的规定也较为完备，主要包括以下三条：第一，“夜无故入人家”，事主“登时”杀死侵入者的，“勿论”；第二，捕役可以对持杖拒捕的罪犯“格杀勿论”；第三，允许“旁人”在捕格贼盗、强奸、和奸案时将拒捕者格杀。针对唐律中的“夜无故入人家”一条，法史学界一般认为其是现代刑法正当防卫制度的典型代表之一。

“夜无故入人家”，顾名思义，即夜晚时分在没有正当理由的情形下侵入他人住宅，“主家登时杀死者，勿论”，事主在仓猝之下登时杀死侵入者的免除死刑。在今天，夜幕降临才正是年轻人“夜生活”的开始，但在古

---

* 陈媛媛，西南政法大学行政法学院2019级法律史专业硕士研究生。

代，宵禁制度十分严格，禁止人们夜游，清人薛允升曾言："苟无罪人与奔丧……古无夜行之人也。"[①]因而在这种背景下，"夜无故入人家"成为刑法重点打击的犯罪行为。本文拟对"夜无故入人家"一条进行渊源和发展上的梳理，并结合清《刑案汇览》中的具体案例对这一条文进行更深入的探讨。

一、"夜无故入人家"的渊源及律条分析

关于"夜无故入人家"一条最早可以追溯到西周时期。西周时期是礼刑时代，据《周礼》记载："凡盗贼军乡邑及家人，杀之无罪"[②]，但凡偷盗、抢劫、杀人，攻略乡邑村落及老百姓私人住宅的，杀之无罪。及至汉朝，《贼律》记载："无故入人室宅庐舍，上人车船，牵引人欲犯法者，其时格杀之，无罪"[③]，没有正当理由进入他人的私人住宅房舍、车、船的，通过劫掠人来犯罪的，侵害行为发生时杀侵害人，无罪。北周《大律》记载有："盗贼群攻乡邑及入人家者，杀之无罪"[④]，该条显然和汉《贼律》一条有直接的渊源关系。

至唐朝，《唐律·贼盗》记载："诸凡夜无故入人家者，笞四十。主家登时杀死者，勿论。若知非侵犯而杀伤者，减斗杀伤二等。其已就拘执而杀伤者，各以斗杀伤论，至死者加役流。"夜晚没有正当理由无故侵入他人住宅的，处以笞刑四十。被侵入住宅的事主在登时杀死侵入者的，免除死刑。【疏】议曰："'夜无故入人家'，依刻漏法，昼漏尽为夜，夜漏尽为昼。

① 薛允升：《唐明律合编》卷十八，怀效锋、李鸣点校，法律出版社1999年版，第466页。
② 《周礼·秋官·朝士》。
③ 程树德：《九朝律考·汉律考》，中华书局2003年版，第63页。
④ 《隋书·刑法志》。

谓夜无事故，辄入人家，笞四十。家者，谓当家宅院之内。登于入时，被主人格杀之者，勿论。若知非侵犯，谓知其迷误，或因醉乱，及老、小、疾患，并及妇人不能侵犯，而杀伤者，减斗杀伤二等。若杀他人奴婢，合徒三年，得减二等，徒二年之类。”[①]疏议中对“夜”“家”“登时”“非侵犯”作了详细的阐释说明。“夜”，根据唐朝的《刻漏法》，昼尽即为夜。“家”，指的是私人宅院之内。“登时”，指“登于入时”，即侵入他人住宅的行为正在发生时。“非侵犯”包含走错路、醉酒、年老、幼小、患病、妇女五种侵害危害性、紧迫性较低的情形，事主若明知侵入者属于这五种情形仍杀伤侵入者，则按照斗杀伤罪减二等处罚。【疏】议曰：“问曰：外人来奸，主人旧已知委，夜入而杀，亦得勿论以否？答曰：律开听杀之文，本防侵犯之辈。设令旧知奸秽，终是法所不容，但夜入人家，理或难辨，纵令知犯，亦为罪人。若其杀即加罪，便恐长其侵暴，登时许杀，理用无疑。况文称‘知非侵犯而杀伤者，减斗杀伤二等’，即明知是侵犯而杀，自然依律勿论。”[②]该条是关于事主主观方面的规定，若事主已经明知有“外人来奸”而故意杀害侵入者，因为不构成“知非侵犯”，所以不适用减斗杀伤二等的罪刑，而应该“勿论”。这是对于事主主观方面的特殊规定，体现了对夫权的绝对维护。

【疏】议曰：“已就拘执，谓夜入人家，已被擒获、拘留执缚，无能相拒”[③]，该条解释了“已就拘执”，即指侵入者进入他人住宅后被事主擒获、用绳索捆绑而失去抵抗的力量，在这种情形下，事主殴打侵入者的，以斗伤罪论处，殴打致死的，事主处以流刑。

根据唐律的规定，可以总结出事主对“夜无故入人家”者“格杀勿论”的五个前提条件：

第一，起因条件。面临现实的不法侵害，即有不法侵入者夜晚无故闯入家中，“无故”指没有正当理由，事主对于侵入者的侵入事先并不知情。

---

①②③ 《唐律·贼盗》该条律疏。

第二，时间条件。“夜间”，即侵入者必须在夜间而不是白天闯入住宅；“登时”，即正在实行侵入行为之时，不法侵害正在进行并且尚未停止。如果入侵者“已就拘执”，即已被擒获控制，则不得杀伤，否则以犯罪论处。

第三，场所条件。需在“家”中，即他人的私人住宅，而不是他人的车、船等地，该点与汉律不同，地点条件似有所限缩。

第四，主观（意思）条件。主观条件上，唐律要求事主具有保护自身合法利益不受侵犯的防卫意图，但在某些特殊情况下（疏议中的杀奸情况），唐律并不要求防卫者具有防卫意图，即使是出于报复，也不妨碍正当防卫的成立。如疏议规定，即使是在预先知道外人来奸，有采取其他办法解决问题时，仍然允许主人将欲“行奸”者杀死。

第五，限度条件。该条只要侵入者“夜无故入人家”，事主就可以杀之而勿论，因此该条属于无限正当防卫。

明《大明律·刑律·贼盗》记载：“凡夜无故入人家内者，杖八十。主家登时杀死者，勿论。其已就拘执而擅杀伤者，减斗杀伤罪二等。至死者，杖一百、徒三年。”

清律同明律，但增加了条例三则，第一条规定邻佑等人因为盗贼等侵入者夜晚犯偷窃罪，或者白天入室盗窃，携带赃物逃离而进行追捕的，因为贼盗者进行反抗，没办法将其抓捕送官的，如若在这一过程中因仓猝而导致殴打贼盗者致死，处以杖刑一百、徒三年刑。但如果贼盗者已经放弃赃物逃走，而事主仍对其进行抓捕殴打，将其打倒在地使其丧失反抗能力后依然殴打不停，或者多人围殴贼盗者的，按照擅杀罪论处。但如果是贼盗者持杖拒捕的情况，就可以格杀勿论。第二条规定事主（包含奴仆雇工）因为贼盗者黑夜偷窃或者白天侵入事主私人住宅偷盗，抑或在市野偷盗有人看守的器物，登时追捕并殴打贼盗者致死的，不管贼盗者是否已经离开犯罪场所、追捕人数的多寡、贼盗者是否实际获得财物，都处以杖刑一百、三年徒刑。而若是殴杀偷盗无人看守的器物的贼盗者，则按照擅杀罪判处绞监候。贼盗者持杖拒捕的可以格杀勿论。第三条规定贼盗者白天在旷野偷盗田园谷麦蔬菜水果之类，被邻佑等殴杀，不论是否登时、所偷盗器物有无人看守，都对事主处以擅杀罪。但贼盗者持杖拒捕的可以格杀勿论。

通过这三条则例，“格杀勿论”的主体从事主本人扩大到邻佑等人，防卫的时间也从黑夜扩大到不论白天黑夜都可以进行防卫行为，防卫的地点从“家”扩大到了旷野。但同时，三条则例也对防卫行为进行了限制：只有在侵入者持杖拒捕时，事主、邻佑等人才可以“格杀”而“勿论”，其余情形都不可以“格杀”，否则将受到处罚。

清末《大清新刑律》中“夜无故入人家”条被取消，代之以“对于现在不法之侵害，而出于防卫自己或他人权利之行为，不为罪。但防卫过当者，得减本刑一等至三等”。近代的正当防卫制度确立。

二、“夜无故入人家”条的发展变化

“夜无故入人家”条，最早的明文规定始于唐律，据此可将其发展变化分为西周至唐以及唐至明清两个发展阶段。

（一）西周至唐的发展变化

第一，时间条件的变化：从西周、汉至北周时期，对于侵入者的行为时间都没有进行限制，至唐律，首次将侵入行为的时间限定在夜间。

第二，地点条件的变化：唐律将地点限制在“人家”的范围，不再包括车、船等领域。

第三，时间限度条件的变化：唐律中“登时”成为“格杀”而能“勿论”的限制条件。

总体而言，自唐律始，对于“夜无故入人家”的侵入者，事主“格杀勿论”“权利”的限制更为严格。有学者认为，这是由于随着君主集权的不断加强，“国家、君主对人民个人的私力救济行为的限制越来越严格，以避免可能发生的假阻止侵犯之名而行报复、滥杀之实的情形”①。

（二）唐至明清的发展变化

明律规定的变化如下：

第一，对夜无故入人家者的刑罚加重：从杖四十升格为杖八十。

第二，对主人杀伤“已就拘执”的侵入者的处罚有所减轻：唐律对于事主杀伤已经被拘捕丧失反抗能力的侵入者，以斗杀伤论罪，而明律则减斗杀伤二等处罚。

第三，在律文当中不再出现“知非侵犯”的情形，意即不再包含事主因为明知侵入者不具危险性仍然将其殴杀要判处斗杀伤或者加役流刑罚的规定，这实际上是对侵入者处罚加重的体现。如此一来，事主即使明知侵入者不会对自身安全造成紧迫性的威胁，仍然可以将侵入者击杀。对比唐律中关于“非侵犯”的描述，系指迷误、醉酒等情况，那么在明律之下，倘若某甲因迷误而误入人家，主人可登时杀之而勿论，而在唐律中是要判处斗杀伤罪的。由此可得知明律实为加重对贼盗等侵入者的惩罚。

而这一修改似与明清时期中央集权不断加强，法律对于犯罪行为的处罚更为严格的大趋势是一致的。

清律规定的变化如下：

第一，防卫行为的对象扩大：从事主扩大到邻佑等人。

第二，时间地点范围扩大：不再仅限于黑夜、家内，白天、旷野也可对侵入者进行防卫。

---

① 闵东芳：《唐律“夜无故入人家”条源流考》，载《法学研究》2010 年第 6 期。

第三，限度条件更为明晰：列举了几种侵入者已不具备实施侵害行为的具体情形，属“擅杀”，不适用刑罚减免。同时也表明侵入者“持杖拒捕”属于无限防卫的情形，登时格杀者勿论。

三、《刑案汇览》中有关“夜无故入人家”相关案例的研究

通过上文关于“夜无故入人家”条文的发展变化的梳理，并结合司法实践中出现的问题，对条文中涉及的几个问题探讨如下：

（一）关于“登时”的解读

何谓“登时”？“登时”的标准如何判断？这是事关事主是否可以“格杀”而“勿论”的关键依据。事主“登时”杀贼盗等侵入者而“勿论”的法理依据，可能出于仓猝之间事主由于情势紧迫而做出的保护自身安全的杀人行为具有正当性的考量。“夜无故入人家”，极大的可能是非奸即盗，事主由于突然遭受贼盗者的侵入，又正值黑夜，惊慌恐惧之下为了保全自身而杀之，亦属情有可原。在这种情况下依然要求事主保持敏锐的洞察力判断侵入者的来意到底是谋财还是害命，是强人所难，不符合期待性。

然而，关于“登时”的判断标准，历朝法律似乎都没有进行详细的解释说明，只能依据现实中的司法实践，具体案件具体分析之。

据嘉庆四年刑部议复福建一案的申明，黄亚仔殴死窃贼许兴早案属于事主邻佑于隔日殴打贼盗犯致死的案件，事主按擅杀罪论处。根据此案，是否可以得出“隔日”就是判断“登时”的标准？显然，既已“隔日”就不属于“登时”杀之，但只要尚未“隔日”，在同一天内发生的殴杀就可以视为“登时”了吗？现根据《刑案汇览》“夜无故入人家”门类下的两个案例“熊璧义殴杀乞丐案”与“刘起等共殴无名贼人受伤身死一案”，试探讨“登时”

的判断标准。

案例一：熊璧义殴杀乞丐案：赃已获，贼已逃走，事非仓猝

事主熊璧义将其布褂晒晾于院中，旋即外出，一不知名乞丐入室盗窃，被熊璧义的堂兄熊璧杰撞见，将所偷之物夺回并打跑了乞丐。恰逢此时，熊璧义返家，熊璧杰告知发生的事情缘由，熊璧义即用扁担殴伤乞丐的右前肋骨，乞丐用手臂格挡，熊璧义用左手拉乞丐的胸衣，右脚踢乞丐的肚子，最终导致该乞丐死亡。一审判决认为该案属于白天入室盗窃被主人殴打致死的案件，应据此判决。而二审认为，该乞丐被事主殴打时，仅仅是举手臂进行格挡，是一种防卫行为，而非回殴的行为，且事主熊璧义亦未受伤，因此乞丐拒捕的说辞难以令人相信。况且熊璧义已经夺回乞丐所盗赃物，也已经将乞丐殴打驱逐，仍要尾随其后殴打致死，这正与"罪人不拒捕"而事主擅杀的律条相符合，因此驳回复审。复审认为，熊璧义返家的时刻，乞丐刚刚逃出门，熊璧义一经了解原委立马追捕乞丐，这就是"登时"，因为乞丐转身拒捕而伤其右前方肋骨，乞丐举手格挡的行为就是拒捕的行为，与束手就擒毫无格斗的情形又不相同，因此对事主熊璧义科以"罪人不拒捕"而擅杀的罪名不妥当，仍维持原判。后复经二审查证认为，殴死窃贼的案例是指事主当时立刻追捕，情况十分仓猝。如果贼犯已经放弃赃款逃跑，事情已经了结，事主在事后才知晓事情原委并再行追捕殴打贼犯致死的，应该判以绞刑。而本案中，熊璧杰夺回财物后乞丐逃跑，这个时候正值熊璧义走回，听闻被偷而实行追捕，事情尚未完结。若按照擅杀罪判处绞刑，则熊璧义追捕盗贼刚刚逃离，终究与"隔日"是不同的，且该乞丐曾举手格挡，也和已经被捆绑束缚完全丧失反抗能力的贼盗犯不同。即使追捕刚逃跑不远的罪犯也不能视为"登时"，也不可以依据隔日殴死不服拘执的贼犯从轻减免，依此原则判此案，似乎有情节轻微而量刑过重之感，因而将熊璧义比照白天入室盗窃事主追捕殴打致死案，在其刑上加一等处理。

“人命不可轻纵，擅杀不可不严”，事主登时殴死贼盗犯而可免刑是由于当时情境仓猝，公力救济难以保障防卫人的利益，而不得不使用私力救济。如果不是登时殴杀，则不属于仓猝的情况，是可以将贼犯送至官府寻求公力救济的，然逞凶殴杀之，就应该对此科以擅杀之罪处以绞刑，是为了在惩戒窃贼犯罪的同时仍然慎重人命……恐外省司法中拘泥于“隔日”二字，在办案时将当日而非登时殴死的案件按照登时断案，恐定罪过轻，鼓励事主逞凶杀人。因此，但凡事主登时追捕殴死者，杖一百徒三年，事后殴死的就按照擅杀罪判处绞监候。今案熊璧杰夺回财物乞丐逃跑则事业已息，熊璧义闻之追捕殴死，属于事后追捕，不是登时，应判以绞监候。

该案司法官认为，“隔日”确是判断登时的一个标准，但不能拘泥于此，将发生于今日的追捕殴杀都归类于“登时”，以此断案将导致刑罚过轻，实际上将导致鼓励事主逞凶杀人之风的后果。熊璧义案中其在乞丐逃跑后再行追捕，显然已经属于事后，其殴杀行为并没有正当防卫的正当性基础。赃物已还、盗贼已跑，贼盗者对于事主的现实的紧迫的威胁已经不复存在，熊璧义事后追捕殴打的行为事实上纯粹是一种报复的行为，正有逞凶杀人之意。司法官对于“登时”的解释“事业已息”虽不够具体明确，但已能把握住情况转变的时间节点，亦能凭借“惩警犯贼之中仍寓慎重人命之意”的司法观公正审案，实属难得。

案例二：刘起等共殴无名贼人受伤身死一案

道光九年八月二十二日午后，刘起虚掩房门与妻子、妻弟到房屋后面的枣园打枣，回家时发现房门已开，进屋发现屋内的床上有两个小偷正在偷盗衣物。刘起大声叫喊，其中一个小偷放弃赃物逃跑了，另外一个小偷手里拿着皂布马褂逃到院子里，还没有逃出院门就被刘起追上了。刘起顺手拿起木杆殴打小偷的脊背致其倒地。刘起大声叫喊捉贼，其妻弟刘奉刚从枣园回来，就帮忙刘起一起将小偷拿下，夺回衣物，并追问小偷的姓名住址同伙等，小偷不说话，刘起又将小偷拉到门外用绳子拴在树上，刘奉拿粪叉手柄殴伤小偷的左脚腕、左胳膊、左脚踝，小偷向二人求饶，刘起又问其姓名，小偷仍然不回答，于是刘起又拿起木杆殴伤小偷的右脚腕、右后方肋骨、左右臀部、右脚踝等部位。后村民刘明、刘帼林接踵而来，询问事情原委后嘱咐刘起不要再殴打该小偷了，并将小偷释放。小偷随即向刘明等人磕头道谢，因为伤势过重不能行走，称脊背疼痛，因此在刘起家的场院草房内休息调养。等到当月的二十四日，该小偷因为伤势过重死亡。勘察此案，因为该无名小偷已经死亡，没有口供可以参考，但是根据村民的证词可以确定小偷对自己偷盗的行为并无异议，且小偷向村民刘明等人磕头道谢的举动也佐证了其偷盗的事实。需要查证的是该小偷已经被刘起捆绑起来之后，又被刘起、刘奉所殴伤，每一处伤口都不是致命的，也没有重伤。而在小偷没有被刘起打倒在地之前，脊背上所受的伤才是致命伤，该小偷生前称其脊背疼痛，应是死于脊背之伤处无疑。因此刘起应承担杀人的责任。经查证脊背一伤是刘起在追捕的过程当中所殴伤的，而不是在小偷倒地之后打伤的，所以应该对刘起以小偷白天入室盗窃主人登时殴打致死定罪，拟判杖一百、徒三年。刘奉则处以杖八十的处罚。按照清律所附条例，事主因为贼犯白天入室盗窃，登时追捕殴伤贼盗的，不管贼盗是否已经离开犯罪场所，追捕贼盗的人数的多少，贼盗是否已经实际获取财物，都对事主处以杖一百、徒三年的刑罚。其余从犯杖八十。而如果贼犯已经被事主殴打至跌倒在地并且已经被捆缚丧失反抗能力，事主仍然对贼盗进行殴打致其死亡的，对事主判擅杀罪以绞监候论处。从犯杖一百。因此，事主因事发仓猝而登时追捕殴打贼盗者致死的，必须是在贼盗者倒地就擒之后就没有再行殴打过的，才可以依照则例处以徒刑。在贼盗者已经倒地就擒的情况下，事主大可以将其送至官府，在倒地就擒之后仍然实施的殴杀行为，是擅自杀害的行为，按照故例应该处以缳首之刑。在该案中，关于该无名小偷的致命伤是哪一处，后经尸检发现脊背的伤虽然很严重，但尸体右脚踝有一伤处与脊背上的伤处颜色、大小等情况都很相似，难以确定到底那一处才是真正的致命伤。最终出于"昭平允而免轻纵"的考虑，刑部定下通例：但凡是贼盗者已经倒地就擒而仍对其殴打致死的，勿论死者伤痕的先后轻重，都依例拟判绞刑，不可以依照登时殴打致死判徒刑。

在这个案件的审理过程中，司法官对事主在追捕过程中的殴打行为和制服盗贼之后的殴打行为进行了分别评价，对这两个阶段的殴打行为的定性不同，前者属于防卫行为，而后者属于擅杀报复的行为。据此二者行为的不同定性，但凡实施了后一种行为即殴杀倒地就擒的盗贼的行为，不论死者的客观实际情况即致命伤到底是由于哪一阶段的行为产生的，都按殴伤倒地就擒的盗贼致死定罪。这体现出司法官员审理案件时对于客观情况、因果关系的关注，同时也反映了刑部注重实体正义的价值取向。

（二）"夜无故入人家"在司法实践中适用范围过于狭窄

据学者统计，在《刑案汇览》"夜无故入人家"罪名下的 32 个"防卫杀人"案例中，没有一例最终适用"勿论"。虽然有取样较少的原因，但仍然可以反映出司法官对于依据"夜无故入人家"判处事主登时杀人"勿论"的谨慎态度。这同时也反映了一个问题："夜无故入人家"在司法实践中是否有"闲置"之嫌？

究其因，或许是由于对"无故"的解释过于狭窄，导致司法实践中难以根据"夜无故入人家"条实施防卫行为而"勿论"。据《刑案汇览》记载，"成继富殴伤王杨氏身死一案"中，王杨氏与成继富素不相识，某夜，王杨氏疯病发作，掀开成继富家的竹篱笆门，手持木棍走进屋内，成继富梦中惊醒用木枋殴打王杨氏左胳膊致其倒地，又殴打其右后肋骨等处。后邻居点灯，认出了王杨氏，过了一会儿王杨氏就死亡了。最终司法官对成继富按"已拘执而擅杀"判处杖一百、徒三年，理由是"黉夜进屋即非无故，倒地复殴已非登时，与夜无故入人家被主家拘执而杀之律相符"，这说明司法官认为王杨氏患有疯病就是她进入成继富家的正当理由，因此不构成“无故”。现实中，事主在仓猝恐慌之下往往无法及时发现侵入者有精神疾病，对其正当防卫理所当然，而司法官首先肯定疯病是“入人家”的正当理由，其次还要求事主将侵入者制服后应辨认出其精神状态，不可擅杀。因此，司法实践中被认定为“夜无故入人家”而“登时杀之勿论”的情形极少。

固然有从严控制、审慎“出入人命”的考虑，但在事主与侵入者二者的法益保护上似有所偏颇。

（三）关于事主主观上“知非侵犯”条件的删除是否不当

唐律中有关于事主“知非侵犯”的限制性规定，即事主在明知侵入者系迷误、醉酒、老幼妇女等危害性较小的情况，仍殴杀伤的，减斗杀伤二等论罪。而明清律文当中删去了“知非侵犯”的情形，如此一来，事主即使明知侵入者不会对自身安全造成紧迫性的威胁，仍然可以将侵入者击杀。这似乎鼓励了事主肆意杀人的行为，在情理上有所不妥。

四、另一个视角：“夜无故入人家”与住宅安宁权

“夜无故入人家”条其实包括两大部分，其一为“夜无故入人家，笞四十”，其二为“主人登时杀死进入者，勿论”。法史学界通常将关注点放在后半部分“主人登时杀死进入者，勿论”，视之为现代正当防卫制度的渊源，具备正当防卫的精神特征。然对前半部分“夜无故入人家，笞四十”的关注较少，实际上该条似隐含对住宅安宁权的保护。

在中国古代，“夜无故入人家”深入人心足以与西方谚语“风能进，雨能进，国王不能进”相媲美。曾有学者将之归纳为中国古代的“私宅不受侵犯”观，该说法值得更进一步的关注与探讨。

五、结语

“夜无故入人家”条体现了中国传统法律中对于“杀人者死”的例外情形“格杀勿论”，具有现代刑法中正当防卫的精神特质。历史的传承至关重要，完全脱离一个文化传统而倾心投入另一个文化传统，无论成功与否，结局都将是一个悲剧。中国传统的法律文化有精华糟粕之分，不断发掘古代法中对现实发展的有益成分，以此推动现实法治的发展，是我们这一代人的历史使命，也是我们研究中国古代法的意义所在。

宋代馆职储才论

郭雨姿*

"在政府论，应该要有一个储才之所，把下一辈的人才培养在那里。培养他的学识，培养他的资望。如是才可以接上气。"钱穆先生在《中国历代政治得失》这本书中关于人才培养的这部分讲述，引起了我的深思。

在作出一番结论后，钱穆先生紧接着举例，"汉代培养人才的是掾属"。此因掾属在地方政府"实习"期间眼观耳听，自可获取经验增长见识。又说，"唐代培养人才在门第"。①古代科技水平有限，书本难得，故世代簪缨不易，世代经学却是有的。门第之家多世代经学，门第子弟受其家风熏染，并时常接触而早已懂得许多政治掌故，从政后处理实务的能力自然较强。且唐代时，门第势力虽因科举制呈衰败的趋势，但总体而言还正处于较兴盛之时。至于明清，"进士与翰林成为政府一个储才养望之阶梯"。进士及第以后，需留在中央政府读三年书，之后再参加一次考试，成绩优秀的人入翰林院。这些人考取进士后留在中央的这几年，一面读书

* 郭雨姿，西南政法大学行政法学院 2018 级本科生。

① 也有人认为，唐代的储才系统由翰林院、三馆等文学顾问机构构成，翰林学士与三馆学士的职位也是人才培养之途径。参见俞任飞：《南宋中央文官储才制度研究》，山东大学 2017 年硕士学位论文，第 14 页。

修学，一面也就积渐了解了些政事。而对于宋代，钱穆先生虽提到“宋代培养人才在馆阁校理之职”，其中缘由却并未细说。那么宋代馆职在培养人才方面究竟有何功用，其效用如何，原因又是为何呢？

一

馆阁制度，肇于唐而盛于宋。唐初设弘文馆（昭文馆）、史馆，唐玄宗开元十三年（公元725年）设集贤院。北宋前期，因此三馆“命名虽殊，而所以崇文之意一也”[①]，故将昭文馆、史馆、集贤院三馆合称为崇文院。并在此基础上增设秘阁，合称三馆秘阁，即馆阁，为宋代国家图书文献管理机构。崇文院设官分职，其馆阁官，通称馆职。

馆职在人才培养方面的主要功用有二。一方面，通过聚书、修书、校书[②]等馆职人员的专职工作，可以增其见识，提高学识，提升其写作能力，而此种能力在由馆职迁除两制词臣的过程中是十分必要的。因为在一定意义上，其皆为文字之职。如欧阳修在《上执政谢馆职启》中所云：“择聪明俊乂之臣以游其间，因其校雠，得以考阅，使知天地事物、古今治乱，九州四海幽荒隐怪之说无所不通，名曰学士。一日天子阙左右之人，思宏博之彦，出赞明命，入承顾问，遂登宰辅，以釐百工，一有取焉，多从此出。”[③]且宋代文士如若想要成为高级文臣，通常必须经历由馆职选任两制词臣这一步，“不由馆殿直升纶阁”[④]者比例极小。

---

① 《群书考索续集》卷35，转引自刘洪霞：《北宋官府藏书机构和官职的设置——北宋藏书文化研究系列之二》，载《河南图书馆学刊》2007年第5期，第1页。

② 昭文馆掌经史子集四库图籍修写校雠之事，集贤院掌同昭文，史馆掌修国史日历及典图籍之事，秘阁掌缮写秘藏供御典籍图书之事。

③ 欧阳修撰、李逸安点校：《欧阳修全集》卷九五《上执政谢馆职启·康定二年十二月》，中华书局2001年版，第4册，第1446页。

④ 参见《次续翰林志》：“先公（苏易简）自太平不国良辰岁首登上第，不由馆殿直升纶阁，从释褐凡七年召入翰苑。”

另一方面，馆职人员也会参议政事，研究一些朝廷典章礼仪方面的问题。因为这些问题，都在比较专业的职事范围之内，况且馆阁本身提供了参考文献资料的方便。[①]这使宋代馆职不仅仅是单纯的学者或文人，其政治能力更是有所提升。但馆职以儒学之臣为主，而儒学之臣毕竟不同于精晓钱谷刑狱的才能之士[②]，其知识结构的限制使之很难满足政府对官员的要求。这就产生了文辞学术与吏能政事之间的矛盾。虽馆职确实发挥过保护古籍、弘扬传统文化以及辅相养才，作为宰执官后备队的作用，但其或因偏重文辞而造成"士风与文风的华而不实，颓堕流宕"，或因去华务实矫枉过正而致使"馆职的文学色彩日益淡薄""贴职浮滥、馆职素质低劣"[③]，偏离了政府"延天下英才，使之直秘庭，览群书，以待顾问，以养器业"[④]的本愿，最终还是退出了历史舞台。

二

正如钱穆先生所说，制度虽像勒定为成文，其实还是跟着人事随时有变动。一项制度的创立必有其渊源，消失也必经一流变的过程。馆阁制度之所以盛行于宋，与北宋太祖、太宗所定的右文国策导向有很大关系。之所以右文，又与当时中国社会已饱经五代军人之祸有很大关系。当然，也有人认为宋朝实行右文国策、重视收夺武将兵权，是为了巩固中央禁军，弱化地方军队。[⑤]这是从"中央与地方的固有矛盾"这一不同的角度出

① 陈元峰：《北宋馆阁翰苑与诗坛研究》，复旦大学2003年博士学位论文，第39页。

② 参见欧阳修《上英宗进馆阁取士劄子》："若夫知钱谷、晓刑狱、熟民事、精吏干，勤劳夙夜，以办集为功者，谓之材能之士；明于仁义礼乐，通于古今治乱，其文章论议，与之谋虑天下之事，可以决疑定策，论道经邦者，谓之儒学之臣。"

③ 陈元峰：《北宋馆阁翰苑与诗坛研究》，复旦大学2003年博士学位论文，第2页。

④ 范仲淹：《答手诏条陈十事》。

⑤ 参见聂崇岐：《宋史丛考》，中华书局2013年版。

发，也有其道理。宋太祖作为一位靠兵权登基的开国君主，起初也带有明显的鄙薄词臣与文章的倾向，不过，其作为一个有谋略有远见的政治家，后还是确立了“宰相须用读书人”的观念，还利用五代旧址“首辟儒馆以育人材”[①]。太宗亦崇尚儒学，重文教，兴科举，聚图书，组织名流大规模纂修类书，培养人才，儒馆之职，应运而生。

但除此之外，在宋王朝建立之初，馆阁及其文化事务有着更为重要的政治目的。新旧王朝更迭，天下议论纷纷，宋太宗利用三馆秘阁作为国家图书馆拥有着丰富藏书这一优势，揽天下英俊之士于馆阁中埋头著书，以少发不利于朝政的言论[②]。李昌宪在《宋代文官帖职制度》中也说：“宋太宗于即位之初，即建三馆与秘阁，宠文臣以学士之名，盖欲借唐代三馆学士之清名，稍示风向，以牢笼天下英雄，惩唐末五代海宇分崩、斯文扫地之祸，存封建纲常之体，以消除动乱，扭转世风，稳定社会，维持宋王朝的长治久安。”[③]

故在北宋前期，“有文章，有学问，有才，有行，或精于一艺，或长于一事者，莫不蓄之馆阁而奖养之”[④]，培养出了欧阳修、司马光、王安石等著名政治家。

馆阁制度的创立有其渊源，其消失在历史长河中，也决不是无端消失的。神宗元丰年间，对官制进行了全面改革。元丰改制后，崇文院改为秘书省，秘阁归之，三馆取消，不过“馆阁”之习称却一直沿用。元丰改制拆分了馆阁代得职事与品位功能，其顾问职能也有所削弱，馆阁的储才意义

---

① 陈元峰：《北宋馆阁翰苑与诗坛研究》，复旦大学 2003 年博士学位论文，第 2 页。

② 参见李昉等编：《太平广记》之谈恺《按》。“按宋太平兴国间，既得诸国图籍，而降王诸臣，皆海内名士，或宣怨言。尽收用之，置之馆阁，厚其廪饩，使修群书，以修文御览。”

③ 李昌宪：《宋代文官帖职制度研究》，第 2—3 页，载《文史》1988 年第 30 辑。

④ 赵汝愚撰、邓广铭主持、北大中古史研究中心点校：《宋朝诸臣奏议》卷五九《百官门・馆阁》，欧阳修《上英宗进馆阁取士劄子》，第 649 页。转引自龚延明：《宋代崇文院双重职能探析——以三馆秘阁官实职、贴职为中心》，载《北京大学学报》（哲学社会科学版）2016 年第 4 期。

开始退却。且随着“磨勘”制度的确立与完善，“不次升擢”受到限制，“以年授职”成为常态，馆阁已很大程度上失去了仕途捷径的意义①。再加上受王安石重吏事轻文辞的政治观念与神宗“去华务实”的思想倾向的影响，馆职的文学色彩日益淡薄，熙宁以来，贴职浮滥、馆职素质低劣的现象极为突出，馆阁储才的政治职能被极大削弱。②后哲宗、徽宗虽屡次改革馆阁制度，但成效不大，馆阁无可避免地走向衰落。陈元峰在《北宋馆阁翰苑与诗坛研究》中提到：“馆阁的荣损系于国运的盛衰。”的确，到靖康之变，馆阁的图书遍地，被践之如泥。这是一场北宋王朝的灾难，同样也是一场民族文化的灾难。

三

在宋代右文国策的驱动下，三馆秘阁配置了大量馆阁官，他们既通过整理三馆秘阁图籍文献而增长学识，同时也参议政事，兼具政治素养，成为了具备深厚儒学修养的官僚人才。故馆阁官，被视为是升迁捷径，是宰执官的后备队，是辅相养才之地。但任一制度，决不会绝对有利而无弊，也不会绝对有弊而无利。馆阁的文化功能与政治功能之间既相辅相成又互相矛盾，在使其兴盛的同时也埋下了隐患，并最终走向了消亡。

钱穆先生虽看到了馆职在人才培养方面的功用，却并未注意到其在培养官员学识、增长官员资望，使其“接上气”的同时，也使得这些官僚人才知识结构受到了限制，精晓文辞学术却于钱谷刑狱之事不大精通。故其培养的人才，虽精通儒学，却多因吏能政事方面的不足而难以满足政府对官员的需求。

---

① 李更：《宋代馆阁校勘研究》，凤凰出版社 2006 年版，第 75 页。

② 陈元峰：《北宋馆阁翰苑与诗坛研究》，复旦大学 2003 年博士学位论文，第 2—3 页。

另外，宋代具有储才功用的机构实不止馆阁一处。譬如宋代官学系统，其办学宗旨便是培养各种封建统治人才，以供朝廷之用。除去中央与地方的官学系统，宋代的书院也为培养人才作出了不小贡献。虽说北宋石鼓、白鹿洞、应天府与岳麓四大书院均反对以追逐科举及第为直接目标的社会风气，但其客观上为国家培育了不少人才，确实是无可辩驳的。

故“宋代培养人才在馆阅校理之职”一说有其合理亦有其不当之处，唯明确馆阁于历史中的兴衰得失之理，方可取其精华去其糟粕，以垂法后世。

阴阳自然法思想中错误逻辑的纠正

——以海外中国文学为视角

赵敏嘉*

在传统中国，女性的法律地位通常都被认为是低下的、附属的。这种结论的理论基础通常被认为来源于中国古代的阴阳自然法理论。在普遍认知的阴阳自然法理论中，“阳”处于支配地位，而“阴”处于附属地位。同时，“阳”又与“男性”一词相关联，而“阴”又与“女性”一词相关联。因此，由“阳尊阴卑”得出“男尊女卑”的结论，这看似是一个正确的自然法逻辑。这种阴阳自然法理论为中国古代男尊女卑的阶级秩序提供了一定的理论基础，长期植根于中国法律思想、哲学思想与民众的心中。

然而在20世纪90年代，海外中国女性主义学者在研究法律文化上的女性主义的同时接触了被认为是造成中国男尊女卑根源的阴阳自然法理论。在经过研究后，他们却认为——中国古代“男尊女卑”的概念与中国古代的阴阳自然法理论并无实际的联系，甚至一些海外中国学者还试图从中国古代阴阳自然法的核心哲学理论出发来论证中国古代具有男女平等法律意识的可能性，进而为世界范围内的女性主义提供理论支撑。

* 赵敏嘉，西南政法大学行政法学院2019级法律史专业硕士研究生。

然而，在海外中国学者对于阴阳自然法思想的态度产生变化时，当代中国却仍有许多人认为男女不平等的根源来源于中国古代的男尊女卑思想，而男尊女卑思想的理论基础正是中国古代的阴阳自然法理论。这种错误的因果关系阻碍了中国当代男女平等法律思想的发展。因此，本文通过对海外中国文学著作《儒学与女性》的概括与总结，阐述"阳尊阴卑"与"男尊女卑"之间并无实际的因果联系，阴阳自然法思想与中国古代男尊女卑的法律地位的结合只是一种偶发现象。进而改变长期植根在中国人心中的对中国古代男女平等思想的错误认知，同时为女性主义提出的男女平等思想提供理论支持。

一、"女性"一词在中国的法律地位

（一）"女性"一词的传入与发展

"女性"一词的定义来源于 20 世纪早期。①从根本上来说，当代中国"女性"一词并不是一种严格意义上的法律地位观念，而是一种类别概念，是对于社会关系差别恰当性的表述。"女性"一词被视为一种"生物""社会范畴"与"法律地位"的结合。在中国，女性的地位通常与其家庭角色联系在一起。然而，世界范围内"女性主义""女权运动"中的"女性"一词通常为一种女性气质——一种超越了受限制的、传统亲属角色的宽泛名词。这种女性气质通常与男性气质相对应，构成了男女关系的基本要素。在中国，这种女性气质往往又不能跳出中国传统意义上的亲属角色，进而使得"女性"一词在当代中国呈现出超越亲属角色和融入亲属角色并存的矛盾状态之中。

① 文章所阐述的"女性"的定义来源于历史上第一次女权主义运动。1791 年法国大革命的妇女领袖奥兰普·德古热发表《女权与女公民权宣言》，女性主义运动拉开序幕。

在1919年五四运动之前,“女性”一词从未出现,当时用“妇女”一词。而“女性”一词本身也是20世纪20年代的一项发明,[①]它其实具有两种含义:1.它将妇女从传统意义上的“家庭”与“社会”中解放出来。2.它象征着自由女性主义运动的开启,女性在法律上与社会中开始具有独立的地位。在五四运动中,女性一词首次与西方的“Woman”一词相关联。这说明五四运动中,中国自由女性主义运动达到了一个高潮。中国女性开始寻求自己在法律中与社会地位中的地位。“女性”——“women”一词成为西方化、现代化和自由女性主义法律化的一种符号。

(二)“女性”一词在中国古代

然而,将女性表述为一种女性气质和生物上的与机理上的区分,在近代中国之前从未出现。古代中国的女性地位被划分为礼法结合的“外领域”之内。在古代中国,代表女性群体的“妇女”一词总是和家族、社会、亲属角色同步进行,与之相伴随的是一种礼制和美德的培养。[②]古代中国将现在意义上的“女性”分为两大类,一类为未结婚、年轻的女性,中国古代称之为“女”;一类为已结婚的女性,中国古代称之为“妇”。有关“女性”的描述最早出现于《诗经》中的《关雎》篇中。《诗经》中刻画的女性形象并不是一种礼法框架下“外领域”的代表,取而代之的是一种优雅、温柔、侍夫的理想状态——“窈窕淑女,君子好逑”[③]。同时,在《说文解字》中,“女”与“妇”的含义也区别开来,这说明中国社会早期不存在极度的性别差异与内领域外领域的权利差异,其仅有年龄方面的差异——女子出嫁后就称之为“妇”,未出嫁则称之为“女”。

---

① Tani E. Barlow, Politics and Protocols of Woman, The University of Chicago Press, 1994, p.95.

② 参见[美]罗莎莉:《儒学与女性》,丁佳伟、曹秀娟译,江苏人民出版社2015年版。

③ 王秀梅译注:《诗经》,中华书局2015年版,第70—80页。

然而，在以儒家文化为核心的中国传统文化和礼制发展的过程中。“女性”整体的概念慢慢地由年龄差异演化为性别差异，其通过礼法思想与男性的法律地位进行了区分，并确立“男尊女卑”的礼制与法律地位。同时，这种性别差异与法律地位的变化仅仅适用于中国古代的人类社会，而不适用于动物界。在中国古代对于性别差异的定义中，用来形容此种性别区分的词语不仅仅只有“男女”一词。《墨子》中就这样阐释：“圣人有传；天地也，则曰上下；四时也，则曰阴阳；人情也，则曰男女；禽兽也，则曰牡牝，雌雄。”①因此，在古代中国，除有“男女”一词外，还有“牡牝”“雌雄”等词来表示性别差异，但是其并未能适用于人类社会。显然，在中国古代“男女”一词不仅仅代表了性别差异，同时又被赋予了法律地位和社会地位的标签，“男性”与“女性”性别差异同时被认为其所处的或者二者相互作用在社会中的角色和义务，而动物并不进入人类世界承担社会义务，因此其形容性别差异的词并不适用于男女关系。

在汉以后以儒家为核心的礼法结合的社会中，女性基本上是被排除在社会关系之外的，其与男性之间存在“内领域”与“外领域”之间的差别。②这一思想来自先秦时期儒家思想中以“仁”为核心的社会观念，即将人际关系的产生与发展（人与人之间的关系）作为社会发展与变化的根源，通过社会关系的不断扩大进而获得实践成就。但是，这种社会关系和实践成就的取得又与前述“将男女都视为人类社会的一个要素”相矛盾。因此，女性这一社会角色逐渐脱离社会的原因便出现了两种猜测：其一，传统先秦儒家观念的确将男性与女性都纳入社会的范畴，但是后来的儒家学者将传统的儒家经典进行改造，导致女性这一性别角色慢慢脱离了

---

① 参见方勇译注：《墨子》，中华书局 2015 年版。

② 罗莎莉在其著作《儒学与女性》中的第四章谈到了女性与男性“内领域”与“外领域”之对比。她在第 80 页提道：“‘内外’的冲突通常等同于以下两组概念的对立，即家与国、女性与男性。”

中国古代社会关系这个范畴。其二,传统先秦儒家学说自开始的记载与学说中就未将女性角色纳入中国古代的社会关系中。

第二种设想基本可以予以否定,因为,四书五经中有关女性社会地位与法律地位的描述并未脱离社会,四书五经中对于女性社会地位和法律地位的要求具有其不同于男性的独特描述。例如,《大学》倡导君子的第一特质在于培养自身的礼制和美德,这种概念同样适用于女子,"德者本也,财者末也。外本内末,争民施夺"。①同时,中国礼法结合的社会一直倡导的对于女子礼制与美德的培养也是先秦时期女子并未脱离社会的一种侧面表现。汉以后,中国的女性角色虽然不存在于社会中,但是却存在于家庭关系中。并且相较于男子来说,中国古代女子在家庭关系中受到礼制与美德的制约与塑造要深刻得多。因此,海外汉学家桂时雨得出了这样一个结论:"在经典中,女性很少被视为个人,她们几乎完全被塑造为理想化之生命周期的女儿、妻子和母亲等角色。"②因此,女性在先秦时期的地位并未完全脱离社会。其具有家庭属性与个人属性的双重属性,并不是自由女性主义中被定义为独立于社会关系之外的超然存在。

然而,自汉代儒学被确立为主流思想并作为中国礼法结合思想的核心时,女性的独立地位便从中国礼法社会中剥离开来,呈现出礼法结合下家庭属性与男人附属地位的结合。这种思想观念一直存在于中国古代社会中,甚至当代中国女性本身都难以将自己的性别个体从她的家庭角色、社会关系角色中独立出来。海外汉学家卢蕙馨曾做过一项深刻的调查:当让中国女性介绍自己时,其通常会说:"我是××的妻子,我是×××的母亲。"③这

① 王文锦译:《大学中庸译注》,中华书局2019年版,第18—20页。

② Richard W.Guisso, Thunder Over the Lake: The Five Classics and the Perception of Woman in Early China, Historical Reflections, Aug 1981, p.95.

③ 罗莎莉在其著作《儒学与女性》中第54页引用了卢蕙馨的调查结果:"要使一位中国女性向你描述正常女性应有的特质几乎是不可能的,她会立刻将你询问的目标转换为妻子、母亲或者儿媳等角色。"

就说明，中国女性的观念之中，性别特质、家庭角色、社会角色地位这三者之间的融合已经根深蒂固——这种思想通过儒家思想的后天教育与对于女性礼制与美德的培养深深地植根于中国每一代女性的心中，甚至变成了中国女性心中的价值观。

古代中国不仅将这种价值观通过教育、礼制与美德的培养延续下去，并且将男尊女卑的观念通过法律上升为国家意志、通过著书立传来阐释其合理性。传统中国将性别视为家庭的认知方式最早记载于 18 世纪的女性指导用书——《教女遗规》中，在《教女遗规》中，脱离社会的女性角色的塑造和在家庭角色中女性礼制和美德的培养被发挥到了极致："夫在家为女，出嫁为妇，生子为母。""有贤女然后有贤妇，有贤妇然后有贤母，有贤母然后有贤子孙。"[①]这就表明《教女遗规》中女性被披上厚重的家庭关系和宗法关系的外衣。

因此，在汉以后的中国古代社会中，女性沦为男性的附庸，其家庭角色与社会角色长期处于低下被动状态。而在先秦时期，男女关系并未呈现出汉代之后的地位差和阶级差，那么在先秦—汉这一段期间便出现了"男尊女卑"的不平等的男女法律关系，而这种低下的、附属的社会关系状态则与先秦—汉代时期的文化与思想有着密切的联系。

二、从"阳尊阴卑"到"男尊女卑"的逻辑错误

当代中国的通说观点认为：男尊女卑的理论来源于阴阳自然法学思想的"阳尊阴卑"观念，而阴阳自然法学思想的核心与主要内容则集中在中国先秦时期的经书《易经》中。"阴阳"观念已经被视为中国性别体系的

① 陈宏谋译：《教女遗规译注》，中国华侨出版社 2015 年版，第 35 页。

标识，即“阳为尊，阴为次”，而持阳则代表男性、阴则代表女性这种观念的人将对立二元的“男女之别”与中国古代的“阴阳”观念相等同。认为“阴阳”即“男女”，“男女”即“阴阳”，这两者是相伴相随而生的，在逻辑上就是一种完全等同的观念。这种观念至今仍然被多数中国专家、学者所认同。然而，20 世纪 90 年代海外中国女性主义学者在研究中国“男女之别”和“男尊女卑”观念产生的根源时，对于男女之别和阴阳之别的等同性产生了质疑。这些学者不但反对将阴阳观念与男女之别等同起来，甚至“反其道而行之”，从中国古代传统的“阴阳”观念中去寻求男女平等的合理性。进而以“举重以明轻”的方式阐述中国古代存在平等的男女观。

首先，海外中国女性主义学者从阴阳自然法理论产生的基础——中国的两大学派——儒家思想与道家思想的关系来类比阴阳家思想中“阴”与“阳”之间的关系。海外中国女性主义学者认为：在中国传统文化史上，儒家思想与道家思想是两种对立统一的思想体系——一种在对立中出现融合的对立统一的状态。这种对立中出现融合的观点与中国先秦时期阴阳自然法的观点与理论十分相似。道家思想的核心思想为“无为”，即倡导一种“柔性统治”，其思想内核和观点十分类似于阴阳中的“阴”，具有一定的消极性与被动性；而儒家思想的核心思想为“仁”，即追求人类社会关系的不断发展，其特点类似于阴阳中的阳，具有一定的主动性。因此，海外中国学者一直认为，中国古代道家思想具有一定的女性气质，而中国古代儒家思想则具有一定的男性气质——这与古希腊时期将“真理”“绝对”“本原”等男性气质词作为一种图腾与信仰十分类似。①

然而，这种男性气质、女性气质、儒家思想与道家思想的结合是基于西方法理学思想中的形而上学思想产生的，其带有浓厚的西方气质与西方思想模式，不能作为中国儒家、道家思想内核比喻、评判的标准。并且，

---

① 参见［英］李约瑟：《中国科学技术史》（第二卷：科学思想史），何兆武等译，科学出版社 2019 年版，第 80—90 页。

海外中国女性主义学者通过引用并反对勒内·笛卡尔的“身体精神二分法”理论来证明，性别气质与学派思想核心的结合是没有理论基础的，并且是没有逻辑意义的。在笛卡尔的身体精神二分法观念中，男性与女性是完全独立的两个范畴：男性与女性不仅是有区别的、有等级的，而且是相互对立的，彼此否定而非互相补充。然而，女性主义者在引用笛卡尔的身体精神二分法观念的同时，又否定了笛卡尔的部分理论。部分海外中国女性主义学者认为，在人作为这一主体的过程中，“男性”与“女性”作为性别特质与性格特质是可以同时存在于作为“人”的机械主体中的。一个“人”作为主体可以同时拥有男性性格与女性性格。同时，在这两种性格中，代表男性性格的“阳”并不一定代表典范，代表女性性格的“阴”也并不一定代表缺陷，其两者之间只是一种相对互补、相对融合的关系，并不是完全排斥的。海外女性主义学者吸收了笛卡尔“精神身体二分法”的同时又否定了带有西方气质与形而上学思想的性别气质的对立，进而得出了男女平等的结论。这是一种非严格意义上的创新。然而，相比于海外中国女性主义学者对于中国、外国思想与性别气质的对比与研究，中国则呈现出完全的趋同状态，即性别气质与思想理论之间存在着完全的联系。因此，作为阴阳自然法理论的儒家思想与道家思想构成了汉以后“阳尊阴卑”理论对立二元的理论来源，但真正的阴阳自然法理论却被抛弃了。

（一）阴阳自然法的来源——一种地理概念

先秦时期，阴阳理念最早被描述为一个循环往复的天文学观念。《说文解字》中载：“阳者，高明也；阴者，幽暗也，水之南山之北是也。”①同时，阴与阳又表示山的两侧。《穀梁传·僖公二十八年》载：“山南为阳，水北为阳。”可见，阴阳概念最开始是一个地理概念与天文学概念，并不是一种

① 许慎：《说文解字》，中华书局2013年版，第76页。

哲学概念或自然法概念。“阴”表示山的南面、水的北面，而“阳”则表示山的北面、水的南面。其出现的原因在于古人对于自然的崇拜以及随着生产力的发展而不断发展的天文学：古人根据太阳的移动观测到的阳光与阴影的更替来确定季节与时间，进而定义了“阴阳”概念。在可供参考的有记载的史料中，“阴阳”一词首先出现于《诗经·公刘》中。《诗经·公刘》载：“笃公刘，既溥既长。既景乃冈，相其阴阳，观其流泉。其军三单，度其隰原。彻田为粮，度其夕阳。豳居允荒。”①其中“相其阴阳，观其流泉”使得“阴阳”一词第一次作为词组（在此之前，阴阳二字几乎是单个出现或者是独立出现）出现。对于这句话的解释，有的学者认为：“相”一字有“查看”“观看”的意思。例如同样是记载于《诗经》的《诗经·鄘风·相鼠》中就载：“相鼠有皮，人而无仪。”其意为“查看”“观看”。而《诗经·公刘》中的“相”应与《诗经·鄘风·相鼠》的“相”含义相同。因此《诗经·公刘》中“相其阴阳，观其流泉”的意思为：“看山的阴阳两面，观看泉水的流动。”再配合整篇《诗经·公刘》的大意来看，（《诗经·公刘》一篇其实讲述的是公刘在考察山川地形之后率领族人迁居的故事）这句话其实是代表了公刘在迁徙过程中通过山的阳面与阴面光影的变化后确定了即将迁居地区的天气。因此，《诗经·公刘》中的阴阳应为晴天与阴天的交替行为——也就是气候四季的变化，即通过阳光照射在山的方位来判断天气、四季和时间。同时，阴阳一词在《诗经·公刘》中不仅仅和地理方位连接起来，并且加入了气候的要素——即“阳”代表晴天，“阴”代表雨天。因此可见《诗经》中对于“阴阳”一词的解读是一种完全的、不带有任何社会色彩的自然地理概念。

由此可以看出，《诗经》中对于阴阳的解释与《说文解字》中对于阴阳的解释基本上是一致的。只是《说文解字》将“阴”与“阳”单独进行解释，

---

① 骆玉明解注：《诗经》，三秦出版社 2018 年版，第 87 页。

而《诗经》则将“阴阳”放到一起作为一种组合的地理概念加以解释。然而，在“阴”“阳”的字形概念——地理概念——气候概念这一变化的过程中，为什么“阳”被赋予了“山南水北”“晴天”的概念，而“阴”被赋予了“山北水南”“阴天”的概念？海外中国女性主义学者认为，这其实是一种偶发现象——也就是说，“阴阳”概念的产生其实是一种偶然，是一种对于地理位置和气候变化“第一次”的描述。因为在气候范畴中是不存在正反相对的观念的，正如阴天与晴天这两种天气之间并不是一好一坏、一对一错这种对立二元的组合。在海外中国女性主义学者看来，好与坏这种二元概念是彼此排斥的，而这种彼此排斥是恒定不变的，这其中具有“西方主义”的真理元素。气候在天文学的整体观念中并不是静止的，而是不断变化与转化的，阴天可以转为晴天，晴天也可以转为阴天。海外中国女性主义学者通过气候的变化类推出阴阳自然法中的阴阳元素也是可以相互转化的。

同时，海外女性主义学者通过阐释学和类似于中国古代训诂学的角度去类推“阴”与“阳”并无对立关系。海外女性主义学者首先将“阴”“阳”观念类比为“好”“坏”的观念。也就是说，“好”之所以“好”并不是因为其与“坏”之间存在着某种关联，而是因为其存在着一种固有属性。即使事物中存在“坏”这一理念，但是“好”仍然是好。“阴”“阳”二者相较于好坏而言，是一种更加独立的非对抗性观念。而作为一种非对抗理念，阴阳理念更是在延续至周代以后被划分为“四季”“五变”“六气”等这种自然现象，但却从来没有被描述为一种男女之别。因此，阴阳自然法观念与男女性别差异地位差异并无实际联系。

（二）阴阳自然法观念在医学上的运用

传统医学观点通常认为：男人与女人体内存在的阴气与阳气的数量是不同的，即女性属于“阴”属性，因此体内的阴气要远远多于阳气；而男性属于“阳”属性，体内的阳气应该远远多于阴气。因此在医学上有一种观点认为，如果性别差异与阴阳差异互相倒错（例如一个男性体内阴气多于阳气），那么他就会产生一些疾病，并且被俗称为“没有阳刚之气”。这一观点在西方19世纪末的医学发展中又被运用到早期的同性恋诊断之中：西格蒙德·弗洛伊德认为，同性恋是一种“性倒错”现象，由于其违反自然规律和人类社会规律，不应该被法律所允许；再如民国时期文学家叶灵凤在《书淫艳异录》中将男性同性恋现象中的偏女性气质的男性认为是体内阴气过多而发生的“男化女”[①]的现象，这个观点曾经得到过一定的肯定，甚至直到现在同性恋也不被认为是一种正常的性行为——这种观念来自医学中性别气质与生理机能的结合。

但是，相比于大众所认为的“男阳女阴”的观念，中国史书《左传》对于“晋侯有恙”的记载却阐述了相反的观点：医者引六气不平衡来说明其病的根源在于房事过度：“天有六气……六气曰阴、阳、风、雨、晦、明也。分为四时，序为五节。过则为灾。”“阴淫寒疾，阳淫热疾，风淫末疾，雨淫腹疾，晦淫惑疾，明淫心疾。”[②]医生通过“六气”学说证明晋侯的病为纵欲过度，其结论为：“女阳物而晦时，淫则生内热惑蛊之疾。”对于晋侯纵欲过度的原因，医生并不认为晋侯是吸入女性过多的阴气而出现疾病。恰恰相反，晋侯是因为吸入女性过多的阳气而造成纵欲过度，进而出现疾病。在“晋侯有恙”这一中国古代医学案例中，女性被视为“阳”而并不是“阴”。这里的阳气并不存在着性别特质，过度充裕的阳气和阴气都能对人体造成影响。晋侯的病源自纵欲过度，它被归结为过度采纳女性体内的阳气和阴气，进而出现此病状。也就是说，过多的阳气产生内热，过多的阴气产生惑蛊。

《左传》的记载证明了如下几个事实：其一，至少在春秋时期，就已经

① 参见叶灵凤：《书淫艳异录》，福建教育出版社2016年版，第1—10页。
② 参见郭丹、程小青、李彬源等译注：《左传》，中华书局2016年版，第10—125页。

出现了“阴”“阳”的观念，可见以“阴”“阳”为主的阴阳自然法理论已经初步形成。其二，“阴”“阳”的概念并不是组合为“阴阳”一词出现的，而是在《左传》中被分别阐述其观念。其三，“阴”“阳”两词与“男”“女”两词之间并无实际关联，女性也可以代表“阳”，“男性”也可以代表“阴”。由此得知，在先秦时期——阴阳自然法理论产生时期，“阴阳”一词还没有被赋予男女之别的概念，“阴”“阳”之间只存在对立统一关系，并不存在高低之分。

（三）“阴阳”一词在阴阳家学派中的概念

以阴阳自然法理论为核心的阴阳学派的兴起并不是偶然的，而是人们对天文学研究的发展和对自然现象不断加工为自然法思想的结果。在阴阳学派中，同样能找出证据证明，阴阳学派所阐释的阴阳自然法思想与男女性别差异、性别地位之间不存在明显的关联。首先，《史记》将阴阳学派的主要特征概括为“序四时之大顺”，意为将四时有序地排列并且顺应其变化发展，其类似于先秦时期的占卜学与天文崇拜。同时，阴阳家的学说与核心思想在《汉书》中也得到了一定体现。《汉书》中载：“阴阳家者流，盖出于羲和之官，敬顺昊天，历象日月星辰，敬授民时，此其所长也。”[①]这就说明“阴阳家之流”其实是一群观测天象气候的早期自然朴素唯物主义者。“阴阳”这一概念在阴阳家眼中是一种被定义了的、相对特殊的、容易被记载的气候符号（例如晴天、雨天、阴天等），而这一气候符号也被证实并不存在相对、相反或者高低之分的关系。《史记》与《汉书》中有关阴阳家的记载证明了阴阳学派的研究对象并不存在性别差异。其构建基础为自然地理观念。

同时，阴阳家学派又在和道家学派的融合中进一步发展“阴阳”一词的含义。而在道家学派中，阴阳观念也是一种互补非对立性的组合。《老

① 班固：《汉书》，中华书局 2007 年版，第 70—235 页。

子》中载："万物负阴而抱阳，冲气以为和。"①在这里，通晓"道"之深奥含义的关键并不在于将阴阳相对，而在于将阴阳进行融合与协调。《庄子》一书也对阴阳理念进行了改进与发展。《庄子》中载："是故天地者，形制大者也；阴阳者，气之大者也……阴阳相照，相盖相治，四时四代，相生相杀。"②由此可见，阴阳的交互动作和彼此间的相互作用构成了这一传统的、绝对的超然存在——"道"的组合。

在上述史料的记载中，"阴""阳"两词被分别表示为地理概念、气候概念和朴素唯物主义的本源，并没有与性别气质与性别差异融合作为阴阳自然法观念产生的一种内容。阴阳一词并不能代表男女之别，在"阴阳"中也不存在孰优孰劣，而是体现出一种相对的、融合统一的状态。

三、汉代阴阳自然法观念的发展

（一）阴阳自然法的首次变化——《易经》的过分解读

汉代之前，"阴阳"概念被阐释为一种地理概念抑或是气象概念——这一观点通过前述论证成为了一个极大可能的事实。然而，为何当代中国思想文化观念中，阴阳之别通常与男女之别相联系，并且产生了"阳尊阴卑""男尊女卑"的观念？其主要原因在于，阴阳自然法观念在汉代及之后的发展中被中国古代封建统治者创造的男女性别差异观念强制连接起来，并且加入了"阳高于阴，男高于女"的地位要素，进而符合统治者"男尊女卑"的思想观念，稳定社会秩序，巩固男权制社会。而这种强制连接与"被赋予含义"的做法首先出现在汉代初期阴阳自然法的首次变化——对

① 汤漳平、王朝华译注：《老子》，中华书局2014年版，第7—53页。

② 方勇译注：《庄子》，中华书局2015年版，第57—76页。

于《周易》的过分解读中。

在汉代的宇宙观中，“阴”与“阳”的确被融合在一起并被赋予了地位之间的差别，在某些史料与典籍中表现出与层级秩序的关联性——“天”“阳”“男”高居于“地”“阴”“女”之上。这种观念主要来源于代前期对于《易经》的过分解读，这种过分解读被收录于《易经》诸多的注释文本中。这些注释文本有些是汉代首创，有些是根据汉代《易经》的注释文本做的再译本。这就使得阴阳自然法理论被不断的加工创造，变为了符合统治者思想的一种工具，基本失去了原有的朴素含义，增加了社会地位的内容。同时，汉代的其他典籍——如《春秋繁露》《白虎通》等，也从侧面证实了阴阳自然法概念在汉代被过分地加工、创造与解读——这些著作通过对原《易经》的过分解读，创造出了一种“阳尊阴卑”—“男尊女卑”的新模式：在男女乾坤类比中，“乾”被解读为与“天”相关联的、令人崇敬的纯阳，而“坤”作为与“地”相关的纯阴却是卑微的。乾坤、阴阳、男女都被划分了层级。

在董仲舒的《春秋繁露》中，“阳尊阴卑”的模式被正式确立下来。《春秋繁露》第43篇便直接以“阳尊阴卑”命名，阐述阳在上、阴在下的五行阴阳模式与地位的合理性：“故阳气出于东北，入于西北，于发孟春，毕于孟冬，而物莫不应是；阳始出，物亦始出；阳方盛，物亦方盛；阳初衰，物亦初衰；物随阳而出入，数随阳而终始；三王之正，随阳而更起；以此见之，贵阳而贱阴也。”[①]董仲舒同样运用一种地理概念来阐述“阳”的出生和消亡要高于“阴”。这种层级秩序与此后的“阴—女”“男—阳”的行为模式完全契合。阴阳、天地、男女之间的层级秩序由此被建构出来。

然而，董仲舒通过《春秋繁露》建立起的阴阳自然法理论却与经书《易经》中对于阴阳自然法理论的解读大相径庭。董仲舒对《易经》的过分解

① 张世亮、钟肇鹏、周桂钿译注：《春秋繁露》，中华书局2018年版，第77—80页。

读使得“阴阳”概念不仅存在于地理、气候中，甚至存在于社会关系、男女关系中。通过考察《易经》原文并且探究其含义，《春秋繁露》中的层级秩序便遭到质疑了。甚至由于年代过于久远，《易经》本身的真实性也曾遭到许多学者的质疑；《易经》作为一本积累筮占之辞的书籍，其包括了《连山》《归藏》《周易》三书，其中前两本已经失传，只有《周易》传于后世。因此，现代意义上的《易经》一书已经与传统意义上的《易经》一书存在天壤之别。而董仲舒所阐述的阴阳自然法理论明显不同于《易经》最初的阴阳自然法理论，是一种被加工的理论。

（二）阴阳自然法的二次变化——“乾坤”概念的转化和发展

在对比《易经》以及其注释后不难发现：有关“阳尊阴卑”“男尊女卑”以及其二者之间的对比、联系与逻辑连接仅仅存在于汉之后对于《易经》的附加注解中。而真正将“男女”“阴阳”作为大概念加以分析、讨论则完全存在于《春秋繁露》中。在《易经》中，并不存在“阴阳”与“男女”联系的本来概念。

在《易经》中“阴”与“阳”的初始的概念其实是以朴素图像学的方式表现出来的——连接或者断开的线条。中国古代文化中称连接的线条为“乾”，断开的线条为“坤”，这些线条不仅仅是《易经》卦象中的基本要素，同时也是阴阳自然法学说构成的两大基本元素。

长久以来，“阴”“阳”这两大基本要素一直被认为是对立并且有高低之分的关系——这源自“阴阳”概念与“乾坤”概念的等同。相比于“阴阳”这种终极对立的二元要素不同，乾坤并不是一种对立的终极二元。首先，从图像学的角度来说，连接断开的线条这是“乾”与“坤”外化的一种表现，图像本身并没有所谓的高低、对立之分，更不存在乾坤的对立与高低；其次，《易经》中乾坤的排列其实是一种无序的组合。《易经》运用排列组合的方法，将乾坤两条线构成八种带有三条线的组合——称之为“卦象”，再通过排列组合由两两卦象组合形成六十四卦象。《易经》的所有卦象便形成了。虽然乾坤的所有卦象可以通过数学意义上的排列组合全部得出，然而在《易经》被创作出的先秦时代，排列组合的数学思维显然是不存在的。也就是说，《易经》所阐述的六十四卦象其实是被一一穷尽、证实出来的，并不存在有序的推论，也不存在二元的自然法推理的现象。①

相比于对于"乾坤"概念的单独解读，海外中国女性主义学者认为，《易经》更加侧重于对各个卦象固有之模糊征兆的连贯性解读，进而通过卦象反映一定的自然现象。也就是说，"乾""坤"在六十四卦中仅仅是卦象组成的基本元素——一种对立统一性质的二元，其与卦象本身之间并无实际的联系——因为卦象本身就是通过无序的排列组合组合而成。先秦时期的占卜学者通过穷尽"乾""坤"的排列发现、整理出六十四卦象，再将六十四卦象分别赋予六十四种不同的自然事件抑或社会行为，并且加入神学、超自然力量色彩，通过卦象判断一件事的性质。在《易经》的六十四卦象中，两两相对的卦象并不一定代表相反的自然事件或者社会事件，就如同阴阳与晴天等自然现象是不存在相对相反的概念的。因此可以说，乾坤是卦象的无序构成体。

（三）阴阳自然法的三次变化——邹衍的"五行"学说

"乾坤"被视为与"阴阳"类似的终极二元或者等同于"阴阳"观念，并且被加入等级与对立概念首次出现于对《易经》的注解——《易经大传》中。《易经大传》载："乾坤。其易之门邪？乾，阳物也。坤，阴物也。"然而，对于《易经大传》的成书时间，史学界却有着不同的解释。早期通说解释认为，《易经大传》被认为是孔子所作。然而随着史学界对于先秦时期经书成书时间的不断质疑（即认为先秦时期的经书部分为汉代时期的伪

① 罗莎莉认为，尽管"乾""坤"或连接或断开的线条作为每个卦象的基本构成物，但是它们却不适用二元模式。

作)，《易经大传》的真实成书日期极有可能后于秦。照此逻辑，“乾坤”二元第一次被类比为“阴阳”的时间也至少在秦之后的汉初，而已知的“男尊女卑”概念的出现、“阴阳”与“男女”相关联出现于《春秋繁露》中。而在纵向史观的观点来看，这两起事件在汉代发生时间十分接近，在中国历史整体来说甚至可以说是同时发生的。而在这两者中间必然有着某种思想的融合，抑或是说统治者的礼法规定将两者连接起来，进而完成从乾坤概念——阴阳概念——阳尊阴卑——男尊女卑的事件的因果链条。

汉代初期，相比于“乾坤”概念的变化，邹衍的“阴阳五行”理论正在支配整个政治环境。汉代初期统治者采取“休养生息”的政策，信奉“黄老之学”，倡导“无为”。这刚好和阴阳学说的调和融合理念不谋而合。因此，“乾坤”与“阴阳”的结合极有可能通过邹衍而得到了普及。

相较于朴素的阴阳自然法观念来说，邹衍的“五行”概念更受到汉代统治者的青睐。然而，“五行”概念并不是邹衍凭空创造出来的，其在先秦时期就已经出现。然而，邹衍所推崇的五行观念是经过其本人改造过、适用于汉代统治者的五行观念，其于原本的五行观念大相径庭。最开始的五行观念其实也是一种自然观念，其最早记载于《尚书》中。《尚书·洪范篇》载：“箕子乃言曰：‘我闻在昔，鲧堙洪水’，汩陈其五行。”① 这里的“五行”被单纯地确定为“金木水火土”这五种当时人类已知的自然界物质，其并不存在相互的关联与循环往复的运动——换句话说，《尚书·洪范篇》对于五行的记载很有可能只是一种表象记载，并不存在深刻含义。海外中国女性主义学者认为阴阳观念与五行观念的结合使原本毫不相干的五种物质具有了相生相克、循环往复的可能性。而这种可能性来自邹衍自己所创设的五行学说。邹衍的做法和董仲舒的做法具有很大的相似之处——将阴阳自然法理论和五行学说这两个原本毫不相关的理论结合起

① 王世舜、王翠叶译注：《尚书》，中华书局2012年版，第99—107页。

来，创造出一种新的“阴阳五行”理论，为汉代统治阶级统治提供合理性与合法性。①

根据邹衍的“阴阳五行”理论，五行分别相对应了五种力量。在五种力量的循环中，每个力量背后都有着一个与之相克的力量，这种相克相生维持着五行的平衡与发展。邹衍不仅将五行理论用于自然现象与四季的变化，更是宣扬这种规律同样适用于王朝的更替。在五行理论中，舜是土德，会被具有木德的夏朝所取代，商为金，会被火的周所取代。那么取代周的必将是水这一元素。因此在秦朝时期，秦始皇通过对邹衍学说的研究，宣称自己为水德，将黄河名称改为德水，同时水与黑色、秋冬、刑罚死亡相联系。因此秦始皇用黑色代表皇室颜色，以十月作为一年之首。

汉王朝取代秦朝后，通过对邹衍学说的研究与阴阳自然法理论的结合认为秦朝的水德为“阴”属性。而汉代统治者为了宣扬自己的统治，必然要用五行中克水德的元素为统治基础。因此，汉代倡导土德，并信奉儒家思想的“春季之阳”，其目的在于将具有“水德”的法家刑罚思想压制下去。同时，汉代统治者又将阴阳理论进行发展，创造了“阳尊阴卑”的主张，进而为汉必然取代秦提供了深厚的理论基础。

基于上述理论，海外中国女性主义学者认为，从《易经》中的阴阳自然法到《春秋繁露》中“阳尊阴卑”的阴阳地位其实也是一种偶发现象：《易经》与《春秋繁露》的结合就恰好将“天”“阳”“男”归于同类，“地”“阴”“女”归于同类。在两部典籍中，丈夫与妻子、父亲与母亲之间具有明确的等级之分。海外中国女性主义学者提出了自己的理论依据：如果将《易经》与《春秋繁露》两部典籍拆开来看，男女之别与阴阳之别并无实际联系，这点通过汉代的整体宇宙观已经得到证实。在汉代的宇宙论中，并没有完全确定的证据表明阴阳层级的高低与限制完全等同于两性之别的高低与限

① 有关邹衍五德理论以及他对秦朝的影响，参见《史记》第6、26、28、34、44、46、74卷。

制。相反，汉代宇宙论中阴阳层级观念时常表现为跨越两性或者超越两性的状态，适用于所有的社会关系。《春秋繁露》第五十三篇载："君为阳，臣为阴，父为阳，子为阴，夫为阳，妻为阴，阴阳无所独行，其始也不得专起，其终也不得分功，有所兼之义。"从而证明了阴阳之道不仅适用于夫妻，更适用于君臣、父子等。这种阴阳法律等级理念实则取决于汉代统治者对于社会阶级的划分标准，并非源于性别之差。"阳尊阴卑"被汉代统治者适用于所有的社会关系，并不单单用于男女关系中。

至此汉代阴阳自然法的发展便可以做一个总结：首先，在早于公元前4世纪的文献中，阴阳属于天之六气，在这一阶段，阴阳是无层级、无特别性质的循环组合；其次，在公元前3世纪至公元2世纪，阴阳开始转变为气的终极二元，但是阴阳与性别之间的关联只是一种偶发现象；再次，当阴阳、天地与阴阳、男女类比成为《易经》附录、注解和董仲舒《春秋繁露》中阴阳隐喻的常态表现时，阴阳二元具有层级性，却同时具有互补性。二者功能价值有高下，但是不具有对立性。

四、阴阳自然法逻辑错误的反思

（一）海外中国女性主义学者的学说困境

西方女性主义学者曾经利用中国的传统阴阳学说来阐释中国古代女性地位与社会价值贬值的原因，进而阐释女性主义应脱离男权制社会，塑造自己独有的平等之路。其对中国阴阳学说的吸收和借鉴是一个动态的过程。西方早期女权主义者将两性设想为潜藏于人类知识世界各个方面的形而上学之基本两极。于是便尝试从中国传统的阴阳理论中分离出男女平等的基本观念，但是实际上阴阳二元作为中国宇宙的终极二元与两性基础并不存在关系。因此阴阳二元并不构成男女性别社会资源和权利不公平分配的理论基础。①

在此基础上，海外中国女性主义学者对中国古代阴阳理论的再认识就显得捉襟见肘，甚至不被中国当代思想所接受与认同。这也成为中国当代之所以仍然保留阴阳理论下错误逻辑的原因。海外中国女性主义学者阐述中国造成男女不平等的根源并不是先前存在的阴阳自然法理论，而是之后建立的纲常名教和文化思想，进而证明中国并不存在天生的性别等级思想，进而证明女性主义的核心观点——性别秩序既不是普遍存在的，也不是永不改变的，因为它并不是“自然形成”的，而是由社会和文化人为地建构起来的。然而，这种再认识却无法在短时间内改变中国封建纲常名教与文化思想对于中国人几千年的影响，“阳尊阴卑”等同于“男尊女卑”这种错误逻辑仍然根深蒂固地存在于中国人的文化思想与教育中。

首先，从中国古代的礼法体制来说，自然法思想在中国古代被人为创造并且改变并不是一种罕见现象，而是封建统治者的一种统治手段。从自然崇拜到人定胜天，阴阳自然法理论的变化便体现了中国古代君权神授的特性。因此，阴阳自然法理论最开始的形态在统治者眼中便显得不再重要，其必然要对最开始的朴素自然观念进行改造。而中国古代社会的礼法结合又为这种改造提供了便利。中国古代的礼法体制具有极大的主观性、可塑性与稳定性。这种超稳定性结构使得民众对于统治者的依赖加深，这种依赖与服从通过硬统治（国家法律）与软统治（国家教育）不断的传承，进而在中国人心中形成了一定的思维定式。汉代之后确立的儒家思想与礼法体系直到中华民国成立才被抛弃，然而直到现在，部分中国人的思想内核中仍然保留了大量的儒家传统思维模式，“阳尊阴卑”—“男尊女卑”的思维逻辑便是其中的一种，是根深蒂固的、难以根除的。

其次，女性主义学说固有缺陷也是造成海外中国女性主义学者的研

① 海外中国学者费侠莉认为：中国的宇宙观建立在阴阳互动所产生的性别区分，以及自然哲学中相关联的、灵活两极的基础之上。

究不被普遍认同的原因。女性主义作为一种涉及法律、哲学、社会学等多角度的综合理论，伴随着社会发展不断变化至今已发展出多种形态。然而所有的女性主义学者都不得不面对一个事实——女性主义学说的建立与发展都不可避免地建立在男权制社会的基础之上。女性主义学说所运用的思想、逻辑、体系绝大多数也来源于男权制的社会。然而，目前世界范围内的思想、学说和体系都很难逃出男权制社会的思考模式——例如，对真理的追寻、对世界本源的探索。海外中国女性主义学者在探讨中国古代存在男女平等的可能性时，无一例外地运用了男权制的思维模式——其不可能脱离于男权制的思维模式之外再建立一种新的思维模式。因此，不仅仅是海外中国女性主义学者，甚至是所有的女性主义学者在阐述女性主义的核心理论时，都不得不用男权制的思维模式和逻辑来论证问题、得出结论。这就使得海外中国女性主义学者即使论证了中国古代存在男女平等的可能性，也无法从男权制的思维模式中割裂出来。用男权制的思维模式去否定男权制，这是女性主义学说最根本、也是最无法解决的一个问题。

最后，海外中国女性主义学者对于中国古代女性地位的认识偏差也是造成其学说不被接受的一个原因，而这种认识偏差来源于中西文化的差异。女性主义否定“二元论”的思维模式，倡导在多元模式下思考问题。海外中国女性主义学者采取了同样的观点：其认为造成中国古代“阴阳”理论和男女之别错误的等同的原因是早期女性主义与思想无法跳出二元论的怪圈，并认为中国古代思想中的多元性可以体现在家庭、社会等具有可塑性的外化事物上。罗莎莉在《儒学与女性》中曾说：“阴阳之间存在着无法忽视的互补性。将二元范例强加于阴阳隐喻的举动是不合适的，并且是一种误导。因为这不仅将中国的性别体系简化为两组矛盾的、本体论之固有的性别特质，更为重要的是，它忽视了性别体系中孕育出来的中国亲属关系。”

然而，无论海外中国女性主义学者如何论述，中国古代女性社会、法律地位的低下确是一个不争的事实。海外中国女性主义学者在探求中国古代男女平等的法律思想中绝大多数观点都为推论与分析，而事实上，中国古代女性家庭角色的塑造也是女性法律地位、社会地位低下的一个重要原因。中国传统思想中的确存在着多元的成分，然而这些多元思想只是被运用到社会、家庭、逻辑等可塑造、可外化的要素中，而中国思想体系的核心其实与西方思想体系并无二样——无非是对世界本源的探索。海外中国女性主义学者只能证明中国古代存在男女平等的思想，但是无法用中国古代男女平等的思想去类比世界范围内性别秩序的多元性。其原因就在于中西方二元化的思想是几乎一致的——人类社会本身就无法逃脱“二元论”的思维模式。

（二）海外中国女性主义学说的启示与反思

海外中国女性主义学者无法脱离“二元论”的思维模式，其学说观点存在漏洞，不被中国当代社会所广泛接受。然而，对于传统思想根深蒂固的中国，海外中国女性主义学者对阴阳自然法中逻辑错误的指出给予了我们对现实的启示与反思。

首先，海外中国女性主义学者通过论述中国古代存在男女平等思想，为女性主义关于男女性别秩序的论述和发展提供了一种新思路，即从源头出发，寻找各个文化早期存在男女平等的可能性，进而利用男权社会早期存在的男女平等的可能性反对男权制社会的“性别自然差异”学说。这种方法虽然不能根本解决女性主义运动男权制思维模式的根本矛盾，但是可以巧妙避开这一冲突，实现女性主义学说在男权制的思维模式下的积极发展，这对于中国女性主义发展来说是一种可塑性的创新。

其次，海外中国女性主义学者提出的观点基于的历史史实，带动了中国史学界对于史料真实性与完整性的又一次反思与思考，中国古代的礼法结合特征需要被进一步的论证与认同。相较于日本所认为的律令制体制，海外中国女性主义学者对于阴阳理论逻辑错误的反思同时也带动了中国对于古代礼法结合所依据的史料、真实性的反思。近些年来，中国史学界普遍认为有关先秦时期的经书与史料极有可能为汉代之后的伪作，海外中国女性主义学者在论证中国古代"阴阳"理论时，对先秦时期的史料进行了深度挖掘，这给中国史料研究带来了全新的视角和道路。

最后，海外中国女性主义学者对于中国古代阴阳理论和性别差异的探讨，也为我国女性主义学者寻求男女平等平权的法律思想提供了理论基础。中国女性社会地位、法律地位低下来源于长久的思想观念与传统文化教育。海外中国女性主义学者的学说的困境体现出从思想层面完全改变中国的性别差异是一件极其困难的事情。因此，当代中国男女平等的法律思想应体现在法律制定、平权思想的普及等外化措施中，通过对外化措施的不断完善逐渐改变中国人心中对于男女差异的错误逻辑。

五、结语

中国女性主义发展具有曲折性和复杂性。从中国古代的"男尊女卑"观念到"文化大革命"时期的激进女性主义观点，中国的女性主义发展道路显得漫长而曲折。当代中国女性仍然在社会中受到不平等待遇。实现男女平等是一个漫长的过程，在现有的无法脱离"二元论"的思考模式下，极大程度地实现女性权利的平等与社会的平等，从法律条文制定上保护、赋予女性更多权利，进而为中国女性主义发展提供更多的可能性和可塑性，这或许才是当前法律文化下女性主义未来发展的最佳道路。

汉代济贫法制实践研究

张　颖*

在中国古代社会，“民本”思想留下了浓墨重彩的一笔，在此思想下形成的多项制度对历代封建王朝的统治稳固意义非凡，在这其中，以“民本”为核心的济贫制度，更是社会保持长期稳定的重要因素。

有汉一代，跌宕起伏。由汉初的“天下既定，民亡盖藏，自天子不能具醇驷，而将相或乘牛车”①的状况发展成“海内安宁，家给人足，后世鲜能及之”②的盛况，得益于执政者转变治国思维，用家族习惯法辅之以国家制定法，采取济贫救灾、以政富民等措施。笔者不揣深浅，从古代典籍所载文献进行分析，就汉代济贫法制谈几点理解，以就教于方家。

一、汉代济贫法制的主要内容

汉兴之初，黄老“无为而治”思想虽然起到了与民休息的功效，但也触

* 张颖，西南政法大学行政法学院法律史专业硕士研究生。

① 《汉书·食货志》，中华书局1962年版，第1127页。

② 《资治通鉴》，中华书局1956年版，第510页。

发了危及汉室江山稳固的因素，引发了豪强割据、群盗四起、教化落后、贫富差距拉大、民不聊生等关乎统治根基的问题。面对如此严峻的国情，加之统治者的政治野心，采取一系列的济贫措施刻不容缓。提倡积极入世的儒学独尊，汉室的思维方式开始发生转变，国家对习惯法的接受与认同，在此时发挥了重要的作用，《汉书・刑法志》载："古人有言：'天生五材，民并用之；废一不可，谁能去兵。'鞭扑不可弛于家，刑罚不可废于国，征伐不可偃于天下。用之有本末，行之有逆顺耳。"[①]为践行"民本"之策，从中央到地方再到民间组织形成了一个严密而有序的济贫法律体系。在国家法与习惯法的双重规制下，汉代济贫法制趋于完善。所谓理论指导实践，笔者将结合史料从济贫法制本身的实践情况进行分析。

（一）国家济贫机制

传统农业社会任何经济体制的发展，都离不开中央的宏观政策。中古社会，自然灾害几乎是农业经济的头号大敌，而豪强作乱也增加了政权的不稳定性。无论是自然或是人为，统治者能否处理好这两大灾害直接关乎为生民立命与否。

1. 中央宏观政策

（1）抑制豪强，稳定统治。

汉室着力于打击豪强盗贼。豪强盗贼作乱，并没有严格的时间节点，他们得益于汉初休养生息的政策，积累了大量财富，又借力于宗族社会的影响，形成了足以对抗地方官府的系统。他们在乡里为所欲为，地方官甚至沦为傀儡毫无作为。虽然部分地方大姓在其势力范围内出于宗族关系对同乡进行庇护，但大多数是"宾客放为盗贼""为奸猾，乱礼治"[②]等杀人越货的行为。在这种环境下，国家抵抗动荡和灾害的能力被严重削弱，官

① 《汉书・刑法志》，中华书局1962年版，第1091页。
② 《汉书・尹翁归传》，中华书局1962年版，第3208页。

乱民贫则必然滋生无穷祸害。到了汉武帝时期，开始重点打击地方豪强势力，甚至不惜任用酷吏张汤等人以毒攻毒，制定“沉命法”，“群盗起不发觉，发觉而弗捕满品者，两千石以下至小吏主者皆死”。[①]无论何时何地，和平或是灾害时期，都要对豪强盗贼进行严厉打击，以此来平衡百姓与地方势力的资源分配，以此来控制贫富差距维护社会稳定。

（2）管控物价，关注民生。

汉代济贫法制的实践还包括控制百姓生活必需品的价格。汉昭帝“（始元六年）诏有司问郡国所举贤良文学民所疾苦，议罢盐铁榷酤”，[②]这便是著名的“盐铁会议”，经过激烈的辩论，取消酒的专卖权，允许民间在国家允许的范围内售酒。盐铁会议除讨论盐铁酒的国家专卖问题，还涉及百姓生活的方方面面，如表彰行义、嘉奖有德行的人、以孝悌教化乡党等。[③]又汉宣帝时期调整盐价“今年郡国颇被水灾，已振贷。盐，民之食，而贾咸贵，众庶重困，其减天下盐贾”，[④]以皇帝下诏的方式，在灾害发生时主动降低盐价以保障百姓基本生活。关注百姓的生活必需，是执政者做好济贫指导工作的关键，由此也可以看出，济贫政策是中央在儒学熏陶下充分践行“民本”宗旨的体现。

（3）颁布诏令，赈粮免租。

当国家或某个地区处于灾害时期，皇帝会直接通过颁布诏令的形式对灾区灾情进行赈济，这样既能有效提高行政效率又能让百姓感受到皇帝的恩泽，从而使皇权根基更加稳固。皇帝诏令赈济的方式有很多，除我们熟知的直接开仓赈粮外，还有在荒灾、蝗灾、水灾时免除田租徭役，赏赐贫困百姓生活用品等，例如：

---

① 《汉书·酷吏传》，中华书局 1962 年版，第 3662 页。
② 《汉书·昭帝纪》，中华书局 1962 年版，第 223 页。
③ 同上书，第 224 页。
④ 《汉书·宣帝纪》，中华书局 1962 年版，第 252 页。

《汉书・昭帝纪》记载，元平元年诏曰："天下以农桑为本。日者省用，罢不及官，减外徭，耕桑者益众，而百姓未能家给，朕甚愍焉。其减口赋钱。"①

《汉书・宣帝纪》记载，元康元年（公元前 65 年）三月，诏曰："加赐鳏寡孤独、三老、孝弟、力田帛。所振贷勿收。"②

《汉书・食货志下》记载，"山东被水灾，民多饥乏，于是天子遣使虚郡国仓廪以振贫。"③

《后汉纪・和帝纪上》记载，"遣使分行贫民，开仓振廪。"④

在灾害发生时，中央应对的策略如何直接决定民心去留。无论百姓本身何等富足，当面对灾害的突发状况时，能维持生计已实属不易。如若中央及时关注灾情并及时作出对策，达到上令下行的效果，地方官员必然遵从以保全民力，加之本就殷实的百姓生活，如此一来便可迅速从灾害中恢复生息。百姓不至于食不果腹，社会秩序得以稳定，统治根基也坚不可破。

（4）劝民助赈，入粟救灾。

在灾害发生后，能对受灾百姓起到最及时救助作用的还是百姓本身，那么在灾后劝民赈济便成为另一重要的民间救助措施。郡县官吏通过号召发动民间各界力量在灾后最关键的第一时间参与救灾抗灾，其中"入粟救灾"便是最典型的一种赈灾方式，朝廷对于入粟者除罪、拜爵、免租赋之类的回馈。如西汉文帝时，连年有水旱疾疫之灾，于是晁错便上疏建议入粟拜爵：

> 今募天下入粟县官，得以拜爵，得以除罪。如此，富人有爵，农民有钱，粟有所渫。夫能入粟以受爵，皆有余者也。取于有

---

① 《汉书・昭帝纪》，中华书局 1962 年版，第 232 页。
② 《汉书・宣帝纪》，中华书局 1962 年版，第 254 页。
③ 《汉书・食货志下》，中华书局 1962 年版，第 1162 页。
④ 袁宏：《两汉纪下・后汉纪・孝和纪》，中华书局 2002 年版，第 263 页。

余，以供上用，则贫民之赋可损，所谓损有余、补不足，令出而民利者也。得以拜爵，得以除罪。……陛下幸使天下入粟塞下以拜爵，甚大惠也。窃窃恐塞卒之食不足用大渫天下粟。边食足以支五岁，可令入粟郡县矣；足支一岁以上，可时赦，勿收农民租。①

汉文帝在国家连年入不敷出后听从晁错之言，号召百姓自发用粮食进行救灾活动，这样既充实了边防，又增强了国家的救灾能力。又如：

(汉景帝时)上郡以西旱，……得输粟于县官以除罪。……至武帝之初七十年间，国家亡事，非遇水旱，则民人给家足，都鄙廪庾尽满，而府库余财。②

(汉成帝时)关东比岁不登，吏民以义收食贫民，入谷物助县守振赡者，已赐直。其百万以上，加赐爵右更；欲为吏，补三百石；其吏也迁二等。其三十万以上，赐爵五大夫，吏亦迁二等，民补郎。十万以上，家无出租赋三岁。万钱以上，一年。③

汉代皇帝为鼓励富裕或非灾区的百姓救济灾害，已公开设置表彰，除减免地租之外，还根据救济规格赐予不等的爵位。这说明两汉民间救济制度的完善，有拿有赏而非一味的横征暴敛，也体现出仁德的治政方针和宽缓的治政模式，既可物尽其用缓解府库压力，也能及时救济灾民。

2. 地方济贫实践

在发生灾害之后，国家的济贫政策能否落到实处直接关乎济贫的效

---

①② 《汉书・食货志上》，中华书局1962年版，第1135页。

③ 《汉书・成帝纪》，中华书局1962年版，第321页。

果。中央对济贫制度所下达的诏令文书，必然要在地方加以实践。地方官员是中央和百姓接触的最直接的纽带，官员的执政力度如何决定着其治下百姓的生活是否富足。在循吏政治的作用下，郡县官吏多注重农业生产生活，如田地、水利、豪强等民生问题。

（1）传授农技，发展生产。

农业是中国社会立国之根本，它关乎社稷命脉，关乎百姓之利。“田野县鄙者，财之本也；垣窌仓廪者，财之末也；百姓时和、事业得叙者，货之源也；等赋府库者，货之流也。（《荀子·富国》）”只有时刻关注农业问题，才能更彻底地解决民生问题，社会才能安定，国家才得以昌盛。

王景任庐江太守时，由于当地百姓不知牛耕而生产效率低下，就“驱率吏民，修起芜废，教用犁耕，由是垦辟倍多，境内丰给”，[①]百姓从此能够开辟大量土地从事农业生产，生活也得以保障；又有任延教授九真地区百姓“铸作田器，教之垦辟”，从而使当地百姓摆脱了传统的渔猎生活模式；另杜诗“造作水排，铸为农器，用力少，见功多，百姓便之”，[②]杜诗教会南阳百姓用水排铁器进行农业生产，而且推进了铁器在江南一带的普及，大大提高了农业生产效率。在发展农业生产方面，最具代表性的当属龚遂、王景、召信臣、童恢等人，前文已作介绍，他们把施政重点都放在为民兴利上。百姓农业技术提高以畜力代替人力，开启精耕细作的生产模式，是汉代社会生产力的一大进步，也是推动农业社会向前发展的主要因素。

另外，地方官员并不拘泥于发展农业生产，而是采取因地制宜的措施进行富农。比如典型案例“合浦还珠”，合浦太守孟尝针对当地近海的特点，发展珠宝产业以改善“行旅不至，人物无资，贫者饿死于道”[③]的境况，

① 《后汉书·王景传》，中华书局1965年版，第2466页。
② 《后汉书·杜诗传》，中华书局1965年版，第1094页。
③ 《后汉书·孟尝传》，中华书局1965年版，第2473页。

放弃农业的百姓因之得以安居乐业。郡县官员只有不断拓宽治政思维，提高生产技术，百姓日常所得自然丰富，贫困状况也就随之发生改变，从根本上解决民生问题是对贫困人民最大的帮助。

（2）兴修水利，治理水患。

农业的重要性已不言而喻，但对于农业生产影响最大的非水利莫属。各级地方官员在治理农业问题时，无不把水文摆在突出的位置。兹举例如下：汉武帝时，倪宽"'表奏开六辅渠，定水令以广溉田。'师古曰：'为用水之次具立法，令皆得其所也。'"①倪宽上表请求设立水利令，以此来促进当地水利的发展；"（文翁）穿湔江口溉繁田千七百顷，人获其饶。"②文翁组织百姓开渠筑堤，疏通河道，以灌溉农田，百姓因此而得以丰收；东汉时黄河泛滥，对沿岸百姓造成极大的困扰，"遣景与王吴修渠筑堤，自荥阳东至千乘海口千余里。景乃商度地势，凿山阜，破砥绩，直截沟涧，防遏冲要，疏决壅积，十里立一水门，令更相洄注，无复溃漏之患。"③王景治理黄河，开山通渠，引流灌溉，使得黄河地区再无水患，保障沿岸的农业生产。召信臣"开通沟渠，起水门提阏凡数十处，以广灌溉"，且水门数量每年都在递增，最多时灌溉面积达到三万顷，召因此被称为"召父"。

在科学技术不甚发达的中国社会，哪怕只是灌溉农田的水利设施，都可以说是一项大工程了，郡县官员对于水利的重视下令兴修水利设备，无疑对当地的农业灌溉作出了突出贡献。从上古的大禹治水乃至今天的各种洪水泥石流的灾害，经历了数千年的民族，依然无法摆脱水患的困扰，更何况是汉代的官民。执政者对水利的重视，充分说明了水是农业发展的重要推动力，要解决百姓在农业劳作时的后顾之忧，就必须发展水利，亦是关乎民生的大计。

---

① 《汉书·倪宽传》，中华书局1962年版，第2630页。

② 常璩撰，任乃强校注：《华阳国志校补图注》，上海古籍出版社1987年版，第109页。

③ 《后汉书·王景传》，中华书局1965年版，第2465页。

(3) 其他济贫实践。

首先，地方响应中央号召，遏制豪强盗贼。这一势力不仅为祸乡里导致民不聊生，更是地方官吏作出政绩的绊脚石，面对中央的一系列诏令文书，郡县官员纷纷付诸实践。如王尊任安定太守时，刚上任就发布教令告诫各属县官吏："令长丞尉奉法守城，为民父母，抑强扶弱，宣恩广泽，甚劳苦矣。太守以今日至府，愿诸君卿勉力正身以率下。故行贪鄙，能变更者与为治，明慎所职，毋以身试法。……威震郡内，盗贼分散，入傍郡界。"①王尊新官上任的第一把火便是遏制豪强，济贫扶弱，这般雷厉风行的做派，使其在郡内威名远播，盗贼也被驱散；又如薛宣"为吏赏罚明，用法平而必行，所居皆有条教可纪，多仁恕爱利"②，等等。汉代郡县长官通过自设条教以治理本郡的方式，既能够做到响应中央政令，又能因地治政，针对治下的情况，具体问题具体分析，以达到药到病除的效果。整治当地的豪强盗贼，能有效平衡当地的资源分配，缩减贫富差距，使百姓生产生活得以保证。

其次，是崇俭抑奢。两汉郡县官吏对济贫政策的实践也注意从自身做起，"公私费耗甚多，皆当出于民"③，他们认为官府用度很大一部分来自百姓，也是对百姓的消耗，要使百姓利益不受损害，就要从自身做起节约政府开支。如召信臣上奏请求减少官宦娱乐及"兵弩什器"等，主张"太官园种冬生葱韭菜茹，覆以屋庑，昼夜燃蕴火，待温气乃生"④，甚至可以种植反季节蔬菜以供食用，从而每年节省数千万的开支。这种减少政府开支的做法，也能使百姓直接获益，既能减少税收，又能将简朴之风授予百姓，从而实现细水长流型社会的长远发展。

---

① 《汉书·王尊传》，中华书局 1962 年版，第 3228 页。
② 《汉书·薛宣传》，中华书局 1962 年版，第 3390 页。
③ 《汉书·黄霸传》，中华书局 1962 年版，第 3631 页。
④ 《汉书·召信臣传》，中华书局 1962 年版，第 3642 页。

最后，教化百姓贯穿于郡县官员执政的整个时间段。郡县官员传播农业技术，帮助农业生产，缩小贫富差距保障生活安定，都是物质层面的济贫措施，要想全面实现大一统，就必须让“官学”文化深入百姓生活的方方面面，从而提高百姓对执政方针精神上的认同感和归属感。所谓“仓廪实而知礼节，衣食足而知荣辱”①，两汉官员深谙其道，在农闲时期对治下百姓进行“仁、义、礼、智、信、忠、孝、廉、耻、勇”的教育。比如兴办学校，文翁、任延、秦彭、仇览等都有“立校官”“修庠序之教”的作为，颇具移风易俗之效，百姓向化也为物质生活的稳定提供了精神保障。

（二）民间救济的具体措施

在中国古代，习惯法和国家制定法的形成途径完全不同，习惯以“国家认可”为标准才可上升为习惯法。汉代对习惯法的高度认可促进了法制的极大发展，逐渐形成了“国家法—习惯法”双向推进的模式，极大地促进了汉代济贫法制的进步。②

1. 宗族内部救济

两汉社会宗族观念浓厚，所谓宗族即“父之党为宗族”③，以父系血缘关系为纽带形成的群体，以九族为限，且宗族内部紧密性较强。可见，宗族是地方治理不可忽视的力量。关于两汉济贫的举措，宗族发挥着举足轻重的作用，中古社会一直就有关于宗族内部自救的规定。如《四民月令》中提到每年固定的时候宗族都要进行“振赡匮乏”之举：

> 九月，存问九族孤、寡、老、病不能自存者，分厚彻重，以救其寒。

---

① 黎翔凤校注：《管子校注》，中华书局 2004 年版，第 2 页。

② 参见龙大轩：《乡土秩序与民间法律》，中国政法大学出版社 2010 年版，第 4—10 页。

③ 郭璞注：《尔雅注疏 · 释亲第四》，北京大学出版社 1999 年版，第 122 页。

十月，乃顺时令，敕丧纪，同宗有贫窭久丧不堪葬者，则纠合宗人，共兴举之，以亲疏贫富为差，正心平敛，无相逾越，先自竭以率不随。①

由此可见，每年的九、十月份宗族内部都要对族内贫困人口进行救济。富裕的族人要向老人及其他生活不能自理者分衣物财粮等，以保证其生存。又如以下案例：

卜式，河南人也。以田畜为事。有少弟，弟壮，式脱身出，独取畜羊百余，田宅财物尽与弟。式入山牧，十余年，羊致千余头，买田宅。而弟尽破其产，式辄复分与弟者数矣。②

（韩）棱四岁而孤，养母弟以孝友称。及壮，父余财数百万与从昆弟，乡高之。③

汝南平舆入雄口岁荒，乃聚谷数千斛，悉用给宗族姻亲，又敛葬遭疫死亡不能自收者。④

东平任城人郑均好义笃实养寡嫂孤儿，恩礼敦至。⑤

宗族内部济贫的形式除定期大规模集中慰问外，平时还有对族内个别族人及贫宗，以“推产让财”“收养遗孤”“扶危济困”等进行救济。这样既能保证常年贫困户在固定时间得到活计，又能更加灵活地应对突发状况引发的突然贫困，不至于一般家庭在意外面前孤立无援。民间宗族是在政府干预之外的体系，它独有一套完善救济机制，以保障本宗本族的兴

① 崔寔著，缪启愉辑释：《四民月令辑释》，北京农业出版社1981年版，第98页。
② 《汉书·卜式传》，中华书局1962年版，第2624页。
③ 《后汉书·韩棱传》，中华书局1965年版，第1534页。
④ 《后汉书·廖扶传》，中华书局1965年版，第2720页。
⑤ 《后汉书·郑均传》，中华书局1965年版，第946页。

盛，起到传宗接代的作用，也不至于使族人食不果腹流落街头。另外，从国家政府层面考虑，宗族自救有利于维护社会稳定，有效缓和贫困所引发的社会矛盾，更能在一些官吏不作为时起到掣肘作用，不至于其为祸乡里。

2. 同乡救济

中国古代社会乡土情结浓厚，同乡的百姓之间，即便不是同宗同族，也有相互之间的认同感。所以，在发生灾害时，十里八乡的百姓都会主动伸出援手进行救济，如：

> 郇越"散其先人訾千余万以分施九族州里"①；
>
> 会稽山阴人钟离意"会稽大疫，死者万数，意独身自隐亲，经给医药，所部多蒙全济"②；
>
> 扶风茂陵人马援之子马防"资产巨亿，皆买京师膏腴美田。……岁时赈给乡闾，故人莫不周洽。"③

来自本乡的救助，既能给本宗族人增添声望，又能稳定基层的社会秩序，对当时地方官的治理提供了极大的便利。但如若郡县官员不能很好的治政理政，受到百姓的爱戴，就很容易被这些有民意基础的地方豪门大户所架空。因此，乡里之间的救助，可以说是一种抱团活命的情形，在群盗四起战争不断的时节，本无可非议。乡里救助保障了百姓在灾害贫困之时尚有一席之地，加之统治者的仁政思想，也能起到民心所向的作用。

3. 仁义型的临时救济

这种救济大多是在机缘巧合之下，有仁义之心又有侠气精神的人，遇

---

① 《汉书 · 鲍宣传附唐林传》，中华书局 1962 年版，第 3095 页。
② 《后汉书 · 钟离意传》，中华书局 1965 年版，第 1406 页。
③ 《后汉书 · 马援列传》，中华书局 1965 年版，第 673 页。

到贫困灾害时主动伸出援手，散财赈灾。比如：

> 武帝时期，汲黯过河南，(见)河南贫人伤水旱万余家或父子相食；便谨以便宜，持节发河南仓粟应贫民。以此请归节，伏矫制之罪。武帝贤而释之迁为荥阳令。①
>
> 太山嬴长韩韶，见县多被寇盗，废耕桑，其流入县界求索衣粮者甚众。韶愍其饥困，乃开仓赈之所禀赡万余户。主者争谓不可。韶曰："长活沟壑之人而以此伏罪含笑入地矣。"太守素知韶名德竟无所坐。②

汲黯、韩韶因路遇灾荒，仁心所使私自开仓赈济灾民。府库财粮都属于国家物资，未经中央长官允许不能私自开仓赈粮，汲黯、韩韶的行为无疑是触犯了朝廷规章与威严，但可喜的是，执政者并没有因此降罪。这也从真实案例映衬了统治者以"仁"治国的理念，君主对百姓仁德，才能从根本上使民心归一，百姓有难不论以何种方式救助，都能在百姓心中埋下一颗善德的种子，而这颗种子只会对大一统的宏伟大业起助力作用。

4. 宗教救济

东汉末年，本土道教和外传佛教兴起，全国各地建立大规模的寺院，这些宗教人员在劝人向善的教义指导下，在发生灾难时对教内人员及附近百姓也会进行救助，如最出名的道教组织"五斗米道"。民间济贫组织虽然不如政府济贫机构具有系统性和完备性，但它的机动性和及时性能为官方济贫提供必要的补充，因此，济贫不只是统治者的事，也是每一个百姓能身体力行的事，充分发挥民间济贫组织的作用，也能提高社会的道德水准，从而为维护社会稳定、政权稳固提供民心基础。

---

① 《史记·汲郑列传》，中华书局1982年版，第3105页。

② 《后汉书·荀韩钟陈列传》，中华书局1965年版，第1654页。

二、汉代济贫法制的特征

汉代济贫法律制度是关注民生的具体体现，也是实现仁政的重要举措。汉初经历了连年战争，面对民生凋敝哀鸿遍野的现状，统治者吸取前朝经验与教训，将儒家思想融入具体的施政方针中，打击豪强恶霸整顿吏治，对官员进行儒学教育，从而利用官员群体向百姓传达治民方案，从中发掘关乎济世经邦的可行性策略，并为后世所沿用。

汉代济贫法制在具备了各方面条件之后，通过循吏之手付诸实践，主要体现在施政主体在治政过程中采取宽猛相济的措施，并重拾“民本”主张，重视农业持续性发展；另外为使大一统的根基更加稳固，从中央到地方统治者不遗余力进行百姓教化工作。济贫手段和特点，将“为民兴利”的宗旨淋漓尽致地展现在子民面前，为汉王朝江山永固笼络了大量民心。

（一）劝农与济贫相结合

济贫政策的一大特点便是重农劝农，之所以如此乃是来源于“官学”儒家思想的“民本位”，前文已就“民本”及“富民”的理论进行详细阐释，在此不作赘述。既然是造福于民的制度，必然要经过实践的检验才能证明其存在的价值。从中央的宏观指导到地方官吏因地制宜的措施，无不渲染着重农劝农的色彩。从以下案例便可窥一斑：

案例一：

（召）信臣为人勤力有方略，好为民兴利，务在富之。躬劝耕农，出入阡陌，止舍离乡亭，稀有安居时。行视郡中水泉，开通沟渎，起水门提阏凡数十处，以广溉灌，岁岁增加，多至三万顷。民得其利，蓄积有余。信臣为民作均水约束，刻石立于田畔，以防分争。禁止嫁娶送终奢靡，务出于俭约。府县吏家子弟好游敖，不以田作为事，辄斥罢之，甚者案其不法，以视好恶。其化大行，郡中莫不耕稼力田，百姓归之，户口倍增，盗贼狱讼衰止。吏民亲爱信臣，号之曰召父。荆州刺史奏信臣为百姓兴利，郡以殷富，赐黄金四十斤。迁河南太守，治行常为第一，复数增秩赐金。①

召信臣任南阳太守时，以"为民兴利"为宗旨，以百姓富裕为目标，经常亲自出入田间指导百姓耕作，又建水站解决灌溉问题，百姓因此也颇为殷实。但是召信臣遇到游手好闲的官宦子弟，便大加斥责甚至还要进行惩罚，以此来劝诫百姓要专心务农。召信臣作为一代循吏，将"奉法循理"运用到治民的实践中，并将看似宏大的济贫政策落到一砖一瓦一分一亩的劳作之中，通过民之"恒产"，达到"恒心"的目的。

案例二：

(杜诗)性节俭而政治清平，以诛暴立威，善于计略，省爱民役。造作水排，铸为农器，用力少，见功多，百姓便之。又修治陂池，广拓土田，郡内比室殷足。时人方于召信臣，故南阳为之语曰："前有召父，后有杜母。"②

同为循吏成员的杜诗任南阳太守时，也沿用召信臣治民的主张从造水排、制农器到修陂池、开田地，无不体现着富民的理念，也因此被南阳人民以"父母"官称颂。

---

① 《汉书·召信臣传》，中华书局1962年版，第3642页。
② 《后汉书·杜诗传》，中华书局1965年版，第1094页。

案例三：

(仇览)选为蒲亭长。劝人生业，为制科令，至于果菜为限，鸡豕有数，农事既毕，乃令子弟群居，还就黉学。其剽轻游恣者，皆役以田桑，严设科罚。躬助丧事，赈恤穷寡。期年称大化。览初到亭，人有陈元者，独与母居，而母诣览告元不孝。览惊曰："吾近日过舍，庐落整顿，耕耘以时。此非恶人，当是教化未及至耳。母守寡养孤，苦身投老，奈何肆忿于一朝，欲致子以不义乎?"母闻感悔，涕泣而去。览乃亲到元家，与其母子饮，因为陈人伦孝行，譬以祸福之言。元卒成孝子。乡邑为之谚曰："父母何在在我庭，化我鳲枭哺所生。"①

东汉循吏仇览在任期间，劝课农桑，赈济贫苦孤寡之人。对于闲游之人，用科条律令进行惩戒，以此劝民专注农事。并且对治下关乎百姓疾苦、家庭和睦之事，无论大小都事必躬亲，劝导百姓向善，子女孝顺，父母慈爱，其治下百姓无不称颂。仇览政绩的最大特点也是重农劝农，认为勤于耕作的人才是"良民"，反之亦然，在百姓眼里，保证其温饱才是"良吏"应做的实事。

另外，在中央，皇帝对有关"劝课农桑"诏书的下发更是乐此不疲。为"制民之产"，汉章帝就曾以"假民公田"的措施，以此吸引大量无地或者少地的农民回归农业生产，"今肥田尚多，未有垦辟。其悉以赋贫民，给与粮种，务尽地力，勿令游手"。②通过官方数段开辟荒地，进行耕种，这在农业社会可以说是给百姓最大的恩惠，小农经济意味着土地就是活路。汉章帝这种将财富下放给贫民的方式，不仅能实现济贫的目的，更能彰显"仁德"。

---

① 《后汉书·仇览传》，中华书局 1965 年版，第 2480 页。

② 《后汉书·肃宗孝章帝纪》，中华书局 1965 年版，第 154 页。

历朝历代只有国库充裕才可能长治久安，而想要达到国富，根本在民富。正所谓“百姓足，君孰与不足？百姓不足，君孰与足？”①因此，国家诏书政令便无数次强调治民之要在富民劝民，做到这些贫困自然解除，“凡郡国皆掌治民，进贤劝功，决讼检奸。常以春行所主县，劝民农桑，振救乏绝”。②要从源头上清除弊端，不仅需要贤君良吏，更要抓住民本的命脉，以“五亩之田”推行国之大道。

（二）除暴与济贫相结合

从济贫政策及施政者本身来讲，具有“宽猛相济”的特征。所谓“宽猛相济”，就是说政策本身并非一味的“宽”，那样会导致群盗四起，国家统治毫无威严；也并非政策一味的“猛”，那样必然置民于水火，国家政权存在严重隐患。想要达到“政通人和”的目的，必是德政与刑罚相辅相成、相互结合的。正如《左传》所言：“政宽则民慢，慢则纠之以猛；猛则民残，残则施之以宽。宽以济猛，猛以济宽，政事以和。”③宽猛始终保持均衡的比例，才能保证政通令行。儒家一向以“仁德”示人，但在谈到政令与刑罚的关系时，孔子说：“圣人之治化也，必刑政相参焉。太上以德教民，而以礼齐之。其次以政焉。导民以刑，禁之刑，不刑也。化之弗变，导之弗从，伤义以败俗，于是乎用刑矣。”④孔子认为，治理百姓的最好方式是道德教化，与此同时也要用刑罚政令保证道义的正常运行。

汉代循吏群体，多出身儒学世家，其施政原则亦是“宽猛相济”“威惠兼著”的儒家理论，比如：

---

① 朱熹：《四书章句集注》，中华书局 2011 年版，第 128 页。
② 《后汉书·百官五》，中华书局 1965 年版，第 3619 页。
③ 杨伯峻译注：《春秋左传注》，中华书局 2018 年版，第 1239 页。
④ 王国轩、王秀梅：《孔子家语·刑政》，中华书局 2009 年版，第 245 页。

(汉宣帝时)渤海左右郡岁饥,盗贼并起,二千石不能禽制。上以(龚遂)为渤海太守……(汉宣帝)谓遂曰:“渤海废乱,朕甚忧之。君欲何以息其盗贼,以称朕意?”遂对曰:“海濒遐远,不沾圣化,其民困于饥寒而吏不恤,故使陛下赤子盗弄陛下之兵于潢池中耳。今欲使臣胜之邪,将安之也?”上闻遂对,甚说,答曰:“选用贤良,固欲安之也。”遂曰:“臣闻治乱民犹治乱绳,不可急也;唯缓之,然后可治。臣愿丞相御史且无拘臣以文法,得一切便宜从事。”上许焉,加赐黄金,赠遣乘传。至渤海界,郡闻新太守至,发兵以迎,遂皆遣还,移书敕属县悉罢逐捕盗贼吏。诸持鉏钩田器者皆为良民,吏无得问,持兵者乃为盗贼。遂单车独行至府,郡中翕然,盗贼亦皆罢。遂乃开仓廪假贫民,选用良吏,尉安牧养焉。

遂见齐俗奢侈,好末技,不田作,乃躬率以俭约,劝民务农桑。郡中皆有畜积,吏民皆富实。狱讼止息。①

针对群盗四起的紧急状况,龚遂并没有急于如往常官吏一样镇压,而是一针见血地指出渤海百姓迫于饥荒不得已为之。转向谏言要施以德政,让百姓感受到恩惠,暴乱自然平息,郡内安居乐业乃水到渠成之事。龚遂上任之后,纵有用兵之权,但仅将之作为德政施行的政令保障。他一手遣还军队,撤回抓捕盗贼的文书;一手开仓赈济,任用良吏;再辅之以劝课农桑。最终,孤苦贫困之家渐殷实,狱讼、群盗也被平息不复发。

又如循吏黄霸:

霸为人明察内敏,又习文法,然温良有让,足知,善御众。为

① 《汉书·龚遂传》,中华书局1962年版,第3039页。

丞，处议当于法，合人心，太守甚任之，吏民爱敬焉。自武帝末，用法深。

昭帝立幼大将军霍光秉政，大臣争权，上官桀等与燕王谋作乱，光既诛之。遂遵武帝法度，以刑罚痛绳群下。由是俗吏上严酷以为能，而霸独用宽和为名。会宣帝即位，在民间时知百姓苦吏急也，闻霸持法平，召以为廷尉正，数决疑狱，庭中称平。……（夏侯胜）胜又口荐霸于上，上擢霸为扬州刺史。三岁，宣帝下诏以霸为颍川太守。①

黄霸温良谦让又通晓律令，善于治理民众。在其担任河南太守丞时，处理事务总能符合法律又顺应人心，深受官民敬爱。自汉武帝末年，施法严厉苛刻。汉昭帝即位，大将军霍光在平定叛乱后亦用严刑峻法约束下属官吏，官吏都崇尚严酷的刑罚并认为这是才能，唯独黄霸以施政宽和著称。汉宣帝深知百姓苦于官吏的酷刑，听闻黄霸执法公平，即征召黄霸任廷尉正。黄霸既能顺应民意又能兼顾法治思维，终其治下百姓安居乐业。

再如《汉官解诂》载："太守专郡，信理庶绩，劝农赈贫，决讼断辟，兴利除害，检举郡奸，举善黜恶，诛讨暴残。"②太守在劝课百姓的同时，也在用政令讨伐暴贼，以达到维护百姓生命财产安全的目的，也是为德行保驾护航。

诸如此类案例不胜枚举，在繁杂的正史资料中占据一席之地。儒学宗旨与济贫政策的结合，是符合时代需求的，龚遂、黄霸之类，只是庞大循吏群体的冰山一角。所谓"奉法循理"，便是要求官吏尤其是循吏在施政过程中不可偏"法"也不可忘"德"，二者只有融会贯通，才能做到以民为本，才能真正解民之危、济民之困。

---

① 《汉书·黄霸传》，中华书局 1962 年版，第 3629 页。

② 虞世南：《北堂书钞·设官部》影印本，四库馆 1868 年版，第 697 页。

（三）教化与济贫相结合

两汉重农富农与教民化民的政策，又反作用于循吏群体，为其提供政策上的指导。随着儒学地位的提高，大量儒生进入汉代的官僚队伍，这一现象直接影响到统治者富民教民政策的落实。儒生官吏自小接受“温良恭俭让”“仁义礼智信”等德行仁义观念的熏陶，其举手投足之间无不蕴含着极强的儒学素养，这些抽象的思维模式不经意间便会随着官吏的行为举止作用于治政实践中。他们将农业技术授之于民以发展生产，兴办学校以传播道义提升百姓素质，从而使百姓能自觉遵守社会规则，以稳固生产生活。济贫并不单单是要解决物质贫困，还要从思想上加以教化。

一代大儒董仲舒指出：“圣人之道，不能独以威势成政，必有教化。”[①]在此董氏将教化与圣人所行之道联系起来，汉朝统治者对百姓教化的重视程度便不言自明了。具有典型代表性的案例如西汉循吏文翁：

> 景帝末，为蜀郡守，仁爱好教化……减省少府用度，买刀布蜀物，委计吏以遗博士。
>
> 又修起学官于成都市中，招下县子弟以为学官弟子……常选学官僮子……争欲为学官弟子，富人至出钱以求之。由是大化，蜀地学于京师者比齐鲁焉。至武帝时，乃令天下郡国皆立学校官，自文翁为之始云。[②]

文翁在任蜀地郡守期间，仁政爱民且喜好教化百姓。兴办学校，招收县里子弟作为学官弟子和学官僮子。长此以往，蜀地经过学习开化的人甚至比齐鲁地区都要多。从此以后，到汉武帝时，便颁布诏令在全国郡县内设立学校以传习教化，文翁便是此举措的开山之人。

---

① 董仲舒：《春秋繁露》，中华书局 2011 年版，第 89 页。

② 《汉书 · 文翁传》，中华书局 1962 年版，第 3626 页。

诸如此类的案例比比皆是，秦袁任山阳太守时：

以礼训人，不任刑罚。崇好儒雅，敦明庠序。每春秋飨射，辄修升降揖让之仪。乃为人设四诫，以定六亲长幼之礼。有遵奉教化者，擢为乡三老，常以八月致酒肉以劝勉之。吏有过咎，罢遣而已，不加耻辱。百姓怀爱，莫有欺犯。①

秦袁在任期间，以礼仪教化百姓，并不常用刑罚。崇尚儒雅的方式，申明庠序孝悌之义，并设置戒律以约束不遵守礼仪之人。就算是官吏做错了事，也只是罢免他们，并不施以刑罚羞辱。正是因为秦袁这种以礼教化百姓的治政方式，才使得治下人民安居乐业，井然有序。

无独有偶，循吏任延所任职的九真之地，也是因历来缺乏教化，民俗野蛮：

九真俗以射猎为业，不知牛耕，民常告籴交趾，每致困乏。延乃令铸作田器，教之垦辟。田畴岁岁开广，百姓充给。又骆越之民无嫁娶礼法，各因淫好，无对匹，不识父子之性，夫妇之道。延乃移书属县，各使男年二十至五十，女年十五至四十，皆以年齿相配。其贫无礼娉，令长吏以下各省俸禄以赈助之。同时相娶者二千余人。是岁风雨顺节，谷稼丰衍。其产子者，始知种姓。咸曰："使我有是子者，任君也。"多名子为"任"。于是徼外蛮夷夜郎等慕义保塞，延遂止罢侦候戍卒。②

九真以射猎为生，不识农耕，以致生活贫苦无以慰藉，任延教会他们

① 《后汉书·秦彭传》，中华书局 1965 年版，第 2467 页。
② 《后汉书·任延传》，中华书局 1965 年版，第 2462 页。

做农器和耕种之法，百姓才得以富足。另外，婚姻礼仪自夏商西周时期便位于华夏民族礼仪文化的核心地带，结婚讲求“六礼”，离婚也有“七出三不去”的规则。然而九真之地却没有嫁娶礼法，淫风肆虐，任延乃按照古之六礼，对此地进行婚姻仪礼的规范，有贫困的人无经济能力置办聘礼，则官员用自己的俸禄救济他们。经过一系列的整顿，九真百姓便知礼仪，向教化，风调雨顺。

百姓向化是两汉时期济贫法制的一大亮点，所谓“贫”，并非单纯的物质贫乏，还包括精神的匮乏。如若没有利益教化劝民向善，那么再富足的百姓也只能停留在“温饱思淫欲”的状态，整个社会的状态也会停滞不前。之所以会存在“天生民性有善质，而未能善”①的现象，必是缺乏“王教之化也”，汉代的君臣正是看到这一点，才使得循吏之风大盛，以此发掘百姓身上的善质，从根本上杜绝群盗、奸淫等消极现象的肆虐。

三、汉代济贫法制的成因

汉代济贫法制不是平地一声雷刹那间形成的，而是萌芽于数百年深厚文化积淀，诚然，在此丰厚养料滋润下的制度不可能是昙花一现的。汉代济贫法制直接的思想渊源便是儒家的“富民”思想，它以“民本”为基础，而其赖以生根的政治条件便使循吏群体盛行，济贫制度便乘着这一东风造福四方百姓。

（一）思想渊源

汉初战争连绵民生凋敝，经过数十年的整饬，汉朝统治者意识到，在

① 董仲舒:《春秋繁露》，中华书局2011年版，第84页。

面对战争、饥荒、自然灾害等情况时，朝廷虽可以采取紧急措施进行抢救，但终究只是权宜之计。统治者要想在灾害面前有条不紊的整顿，就必须未雨绸缪，“仓廪实而府库足”就要保障百姓日常生活富裕，国库充盈。基于此汉室颁布诏令、设置储备仓等以稳定民之“恒产”。

1. 儒家“富民”思想

“富民”思想是儒家“仁”的思想的重要体现，也是君主“为政以德”的具体表现之一。《论语》记载，孔子在游历卫国后，与其弟子冉有的对话：“子曰：‘庶矣哉！’冉有曰：‘既庶矣，又何加焉？’曰：‘富之。’曰：‘既富矣，又何加焉？’曰：‘教之。’(《论语译注・子路》)”在此，孔子认为“富之”是统治者治国理政的一个重要理念，它承接在“庶”与“教”之间，是解决民生问题不可或缺的客观存在。所谓“饮食男女，人之大欲存焉；死亡贫苦，人之大恶存也。”[①]强调人欲望的正当性，当然，求富也在此列，“富与贵，人之所欲也……贫与贱，人之所恶也”。(《论语・里仁》)追求富贵本是人与生俱来的本能，无可厚非，也是共同构建小康社会的基础所在。

儒家提出“富民”思想究竟有何种内涵？窃以为，主要有以下三点：

首先，是“制民之产”。孟子提出：“若民，则无恒产，因无恒心。苟无恒心，放辟邪侈，无不为已。(《孟子・梁惠王上》)”他认为，如果百姓没有“恒产”，则必失“恒心”，就会变得放荡邪辟，不遵守法纪。那么，君主和百姓就会成为相互对立的阵营，这样既不利于仁政的施行，又违背“民本”的宗旨。这样一来，制民以恒产便是化解这一纠纷、缓和社会矛盾的有效措施。“是故明君制民之产，必使仰足以事父母，俯足以畜妻子；乐岁终身饱，凶年免于死亡；然后驱而之善，故民之从之也轻。”在小农经济社会，田产始终是百姓赖以生存的根基，“制民之产”是保障百姓基本生活的措施，只有满足温饱，才有精力再“学文”，以求教化。荀子则是在此基础上，从“百姓贫”这一反面

① 中国社会科学院哲学所中国哲学史研究室编：《中国哲学史资料选辑(先秦之部)》，中华书局 1984 年版，第 1482 页。

论证“制民之产”的重要性，“筐箧已富，府库已实，而百姓贫，夫是之谓上溢而下漏(《荀子·王制》)”。如果国库富足而百姓贫苦，势必会导致民不聊生而使国家陷入困境。“制民之产”乃是稳定民心，彰显君主德行的要义。

其次，是“均无贫”。孔子提出：“丘也闻有国有家者，不患寡而患不均，不患贫而患不安。盖均无贫，和无寡，安无倾(《论语·季氏》)”，有权势地位的人，不担心人少而担心不均，不担心贫穷而担心不安，这里便是孔子提倡的“均无贫”，它不是平均分配，而是反对扩大贫富差距，孟子说“物之不齐，物之情也”，万事万物有差距是情有可原，也是客观存在的，反对一味的平均主义。“均无贫”的另一个体现便是反对聚敛，在冉求帮助季氏聚敛财富之后，孔子说出“(冉求)非吾徒也，小子鸣鼓而攻之，可也(《论语·先进》)”。将冉求逐出师门，甚至号召弟子群起攻之，其愤怒程度可见一斑。孟子也对贫富不均的现象表现强烈不满：“庖有肥肉，厩有肥马，民有饥色，野有饿莩，此率兽而食人也(《孟子·梁惠王上》)”。在存在等级特权的国度，百姓手无缚鸡之力，如若权贵利用手中权势对其进行横征暴敛，百姓要么逆来顺受“路有冻死骨”，要么揭竿而起“王侯将相宁有种乎”！何谈“富民”，何来“小康”？

最后，是“不违农时”。“不违农时，谷不可胜食也；数罟不入洿池，鱼鳖不可胜食也；斧斤以时入山林，材木不可胜用也。谷与鱼鳖不可胜食，材木不可胜用，是使民养生丧死无憾也。养生丧死无憾，王道之始也(《孟子·梁惠王上》)。”孟子认为，只要不违背农时，按照自然的规律取舍，谷物、鱼鳖、材木都可以取之不尽用之不竭，百姓生老病死也没有什么遗憾的，生活也能因此而安定，这便是“王道”的起始。荀子也主张在取用自然万物之时，要有节制，循序渐进保持一定的规律，百姓才能有“余食”“余材”“余用”(《荀子·王制》)。所谓“生财有大道，生之者众，食之者寡，为之者疾，用之者舒，则财恒足矣”。①“生财大道”是要保证取舍得当，尊重

---

① 朱熹：《四书集注·大学章句》，岳麓出版社1985年版，第17页。

自然，在产出与消耗之间形成正面对应关系，在持续的发展过程中留有余材，以免山穷水尽，方可达到“富民”之功效。

汉代的济贫法制正是在此种“富民”思想的基础上形成的，据统计，汉文帝六次下诏关心农业生产，汉景帝也曾劝农三次；汉武帝、汉宣帝都曾五次下诏教化百姓。①它既符合当时政治思想的主旋律，又实现了与民休息的目的，从而达到稳定统治实现大一统的目的。

2. 文化背景

主流文化的确定，是两汉济贫政策施行的强大推动力。《礼记》有云：“化民成俗，其必由学；建国君民，教学为先。”②经历了汉王朝七十多年的发展，汉武帝为维护大一统政权，于元光元年（公元前 134 年）采纳董仲舒等儒生建议“罢黜百家，独尊儒术”，把儒学推向正统地位。儒学在政治力量的作用下，其“以德化民”“导民向善”的价值得以广泛传播，并直接影响汉代的选官标准。汉代官员选任以察举制和征辟制为主，而举孝廉又是察举制的核心，所谓举孝廉，就要求候选人要孝悌廉洁，要求熟读儒家经义。如循吏文翁“少好学，通春秋，以郡县吏察举”③；循吏召信臣“以明经甲科为郎，出补穀阳长。举高第，迁上蔡长”④；循吏孟尝“少修操行，仕郡为户曹史……后策孝廉，举茂才，拜徐令”⑤；循吏刘宠“少受父业，以明经举孝廉，除东平陵令，以仁惠为吏民所爱”⑥……在两汉史料中，我们发现大量文献关于循吏群体以及官吏选拔的条件，儒家经义成为他们治政治民的指导原则，也有学者将以此为宗旨的官吏称为“儒吏”。结合前文提到的民不聊生的社会背景，加之循吏群体崛起，济贫便是在这一文化背景

① 详见：《汉书·文帝纪》《汉书·景帝纪》《汉书·武帝纪》《汉书·昭帝纪》《汉书·宣帝纪》，中华书局 1962 年版，第 117、124、139、172、225、273 页。

② 阮元校刻：《十三经注疏·礼记正义》，中华书局 1980 年版，第 747 页。

③ 《汉书·循吏传》，中华书局 1962 年版，第 3625 页。

④ 同上书，第 3641 页。

⑤ 《后汉书·孟尝传》，中华书局 1965 年版，第 2472 页。

⑥ 《后汉书·刘宠传》，中华书局 1965 年版，第 2477 页。

影响下直接催生的制度，也是“民本思想”最直观的体现。

两汉地域辽阔，“十里不同风，百里不同俗”，在大一统的环境下，各地的风俗文化成为百姓归一的一大障碍，又由于地理环境等因素的影响，不同地域百姓的生活水平、教化程度等参差不齐，如吴楚之地：“楚有江汉川泽山林之饶……信巫鬼，重淫祀”；①“夫自淮北沛、陈、汝南、南郡，此西楚也。其俗剽轻，易发怒……”；②“吴、粤之君皆好勇，故其民至今好用剑，轻死易发”③……吴楚之地，虽然有富饶的山林水产，但是百姓教化程度较低，崇信鬼神，有“断发文身”的风俗，且民风剽悍，容易发怒，经常用剑解决争端。由此可见，即便是物资富足，但是百姓开化仍需要循吏进行教导，这也是汉代济贫政策的一个重中之重，文化的差异势必会影响中央大一统的地位。另外，在夏地“任侠”之风大兴，“颍川、南阳夏人之居也。夏人政上忠朴，犹有先王之遗风……秦末世，迁不轨之民于南阳……其任侠，交通颍川，故至今谓之‘夏人’”；④“颍川、韩都。士有申子，韩非刻害余烈，高仕官，好文法，民以贪遴争讼生分为失”。⑤可见，朝廷的政治导向对一地的风俗文化有着莫大的影响，夏地本是良善之地，由于秦末的“移民政策”、法家严刑峻法控制，导致夏地“暴民”四起。而“侠以武犯禁”，中央对这种“任侠”绝不可能放任自流，儒法两家在此地进行激烈碰撞，一个是根深蒂固的传统，一个是当朝“官学”，如何处理好风俗文化上的冲突，既是中央地方的一大难题，又是济贫制度能否产生实效的考验。

（二）经济状况

汉初造成贫困现状的原因，不只是社会人文原因，还包括诸多自然环

---

① 《汉书·地理志》，中华书局1962年版，第1666页。

② 《史记·货殖列传》，中华书局1982年版，第3267页。

③ 《汉书·地理志》，中华书局1962年版，第1667页。

④ 《史记·货殖列传》，中华书局1982年版，第3269页。

⑤ 《汉书·地理志》，中华书局1962年版，第1654页。

境等不可抗因素。自然灾害等偶然性较强，暂不讨论，人是社会历史的主体，本节探讨的重点在地方势力、社会制度等直接影响农业社会民众生活水平的人为因素。

西汉以前，社会动荡战乱频发，百姓流离失所，鉴于此，汉初施行“扫除烦苛，与民休息”的政策，“天下既定，民亡盖藏，自天子不能具醇驷，而将相或乘牛车”。①恢复和发展被战争荼毒的百姓生活成为西汉建国亟待解决的问题，“约法省禁，轻田租，十五而税一，量吏禄，度官用，以辅于民”②这种轻刑轻税、以官辅民的方式，成为汉初济贫政策的雏形。经过数十年的休养生息，“至武帝初七十年间，国家亡事，非遇水旱，则民人给家足，府库余财”③，西汉初年的贫困局面已经得到极大的改善。经济繁荣，国库充盈，隐藏的社会矛盾也接踵而至，“于是罔疏而民富，役财骄溢，或至兼并豪党之徒以武断于乡曲，宗室有土，公卿大夫以下争于奢侈，室庐车服僭于上亡限”。④经济的复苏并没有给百姓带来安居乐业的生活，而利益大多数进入统治权贵囊中。加之井田制被废除，土地自由买卖，地方豪强势力开始大规模兼并土地，以至于“富者田连阡陌，贫者无立锥之地”⑤，民众再次陷入水深火热的境地。汉代济贫制度施行的一大障碍便是地方豪强势力，可以这样说，正是日益扩张的豪强才催生了济贫政策的出台。在中央号召下，地方官吏特别是循吏群体不畏强权，严打豪强势力，从而起到巩固统治、稳定民心的重要作用。如杨震为荆州刺史为官清廉，不受私谒。⑥赵戒任荆州刺史，劾奏梁商弟让不奉法，吏民称之，顺帝时，抑制豪强，抚恤吏人，奏免中官贵戚子弟为令长贪浊者。⑦

---

①② 《汉书·食货志》，中华书局1962年版，第1127页。
③ 吕祖谦：《汉书详节》，上海古籍出版社2007年版，第92页。
④ 《汉书·食货志》，中华书局1962年版，第1136页。
⑤ 同上书，第1137页。
⑥ 《后汉书·杨震列传》，中华书局1965年版，第1760页。
⑦ 《后汉书·李固传》，中华书局1965年版，第2085页。

在传统社会中，等级制度森严，董仲舒的新儒学又赋予“三纲五常”非凡的意义。在君尊民卑体制下，百姓自然处于社会最底层，作为下位者无条件服从上位者的统治，所谓“劳心者治人，劳力者治于人；治于人者食人，治人者食于人，天下之通义也。（《孟子・滕文公上》）”百姓作为“劳力者”，非但要供给君王，还要供养官吏，可想而知，经过重重盘剥，留给一家老小的口粮早已所剩无几。再加上豪强掠夺、自然灾害等因素，在等级分化的社会，只能导致强者愈强，弱者愈弱，本就处于劣势的百姓将永久地活在食物链的底端，贫富差距所引发的矛盾自然此起彼伏。此时就必须要有一个群体代表百姓发声，于公于私都需要有良策安抚民心，那么这个群体便是循吏或者良吏，这个政策便是济贫。结合当时的复杂的社会背景，授以“先富后教”的治民理念，采用“宽和人心”的治政策略，不论是赈灾，或是教化，都为百姓所称道。

（三）政治背景

从西周“礼下贤者，日中不暇食以待士”[①]，春秋“君子尊贤而容众（《论语・子张》）”，战国“所举者必有贤，所用者必有能”[②]，到秦国“良吏明法律令，事无不能也，有公心”无不体现着先秦时期的“尚贤”思想。在这一思想的熏陶下，汉代司马迁首次提出循吏观，《史记》中专设《循吏列传》，《太史公自序》中说：“奉法循理之吏，不伐功矜能，百姓无称，亦无过行。”[③]学界用“黄老无为”的思想来解释司马迁的此种循吏观，笔者以为过于消极，循吏的产生于酷吏“严而少恩”相对立，如若无功无过是为“庸”，而非循吏，亦无力与酷吏群体抗衡。私以为此所谓循吏，便是要奉法循理，按照法规律令办事，积极作为，使百姓无可挑剔。

---

① 《史记・周本纪》，中华书局 1982 年版，第 116 页。

② 《韩非子》校注组编写，周勋初修订：《韩非子・人主》，凤凰出版社 2009 年版，第 589 页。

③ 《史记・太史公自序》，中华书局 1982 年版，第 3317 页。

东汉时期，经历了儒学独尊地位的演变，循吏观念也更趋于儒学化。班固在《汉书》中单列《循吏传》，开宗明义写道："秦汉之兴，反秦之弊，与民休息，凡事简易，禁网疏阔，而相国萧、曹以宽厚清净为天下帅，民作'画一'之歌。孝惠垂拱，高后女主，不出房闼，而天下晏然，民务稼穑，衣食滋殖。至于文、景，遂移风易俗。是时循吏如河南守吴公、蜀守文翁之属，皆谨身帅先，居以廉平，不至于严，而民从化。"①此段话表明从汉初到东汉的循吏观念，其中"不至于严，而民从化"即是对司马迁循吏观念的继承并对之进行发展，既对应了司马迁所言"何必威严哉"②，又将对民的教化融入其中，扩大了循吏的治政之法，也符合儒家"富之教之"的治民思想。

循吏政治的核心是爱惜民力，顺应民心。西汉初年，贾谊便向统治者谏言再次强调民本的重要性"闻之于政也，民无不为本也。国以为本，君以为本，吏以为本。故国以民为安危，君以民为威侮，吏以民为贵贱，此之谓民无不为本也。闻之于政也，民无不为命也。国以为命，君以为命，吏以为命。故国以民为存亡，君以民为盲明，吏以民为贤不肖，此之谓民无不为命也"。③此段表明国家的命脉根基不是国君，不是官吏，而是百姓。只有把百姓治理好，社会秩序才能稳定，国家统治才能牢固。在农业社会，百姓富裕才是巩固这一根基的重中之重。"仁行而义立，德博而化富"④，统治者只有践行德政，有仁心，使百姓富裕无忧，才是"养民之道"。基于此，两汉中央为巩固统治导民向善，颁布大量诏令要使民以时、教化百姓等，地方官便作为践行皇帝意志最直接的媒介，将宏观政策细化为治民方针。所谓"自古国家上有宽厚之君，然后为政者得以尽其爱民之术，而良吏兴焉"。⑤君主有德行，臣下官吏必然以德行示人，那么良吏便会大

① 《汉书·循吏传》，中华书局1962年版，第3623页。
② 《史记·循吏列传》，中华书局1982年版，第3099页。
③ 《新书·大政篇》，上海人民出版社1975年版，第92页。
④ 《新书·修正语上》，上海人民出版社1975年版，第101页。
⑤ 《元史·良吏传序》，汉语大词典出版社2004年版，第3515页。

量兴起。在此风气的指引下，循吏群体便喷薄而出，其主要职责是“为民兴利”，具体指地方官员赈济穷苦百姓，兴修水利，授以百姓富裕之策，劝民向化，平息理讼等。循吏政治风行，为两汉政治繁荣打下了坚实的根基。

四、结语

济贫措施从来不是某个朝代所特有的，而是解决关乎民生问题的长久之计。从先秦至今，解决百姓温饱问题的呼声从未停止，在新时代，更要聆听先哲之声，做到养民、富民、教民三位一体的统一。这既需要中央的思想指导，又需要扶贫工作者以身作则，还需要贫困人口转变思维积极学习，将物质扶贫与思想扶贫结合起来，从根本上摆脱贫困。

浅谈万历年间的官员腐败现象

陈傲翔*

《万历十五年》是黄仁宇以“大历史观”对明朝由盛转衰的节点的探究思考。全书重点讲述了明朝重要人物的生平经历，站在历史的视角，我们看到了每个人物的悲哀。时局决定了他们不能掌控自己的命运，而历史潮流却在不断地推动他们前进。前路如何选择？他们只能游走于权力的钢丝之上，葬身于党派的阴谋深处，淹没在茫茫历史之中！

万历十五年是明朝的历史转折点，是其走向衰亡的重要节点。于时社会表面依旧如故，可在这之下却暗潮涌动，各种社会矛盾的碰撞为之后的动乱埋下了引子。繁琐的行政程序、根深蒂固的儒家思想、结党营私的文官集团限制了明朝革新的可能，也使明朝官员贪污腐败行为的滋生有可乘之机。

观览全书，我认为万历年间官员的腐败高发现象有以下几大原因。

其一，政策高压导致官员强烈的逆反心理。明初对腐败官员的处置十分严格，几十两银子就能使官员面临刑罚，轻者遭受牢狱之灾，重者被判处斩首或灭族。明朝开国皇帝朱元璋的治官理念对后世产生了重要的影响，因此历任皇帝对官员的要求都十分严苛，官员只得在高压政策的狭

---

* 陈傲翔，西南政法大学行政法学院本科 2017 级学生。

缝中暂得喘息，稍有不慎便葬身官场，落得尸首异处、家破人亡。做官无异于以性命做赌注，官员也许在上早朝时还毫发无损，退朝后就命丧黄泉。残酷的刑罚造成官员严重紧缺，一些地方官甚至戴着镣铐审理案件，一到结案就被关入监狱，等待终会到来的酷刑。锦衣卫的设置更是加剧了这一状况，官员时刻被监视着，做事有一丝一毫漏洞就可能被冠以莫须有的罪名，身陷囹圄，更不用说党派之间的利益争斗，如若被人诬陷，则有去无回。锦衣卫竟变成了党同伐异的工具。皇帝的要求过于严苛、社会难以治理，在这内外高压下，官员必然会有逆反心理：既然横竖都是死，倒不如过几天舒服日子。因此官员腐败现象不减反增，与政策理念相去甚远。

其二，微薄的俸禄难以支持生存。首先，万历年间乃至整个明朝，官员的俸禄极低，观清官海瑞即可一目了然。海瑞家境清寒、贫苦度日，在上任升官之际不从先例收揽他人的礼物，他的极度清廉为百姓赞誉。但他只是明朝官吏体制中的特例，绝大多数官员并不能如他一般高风亮节。他们渴望用更多的钱财来求得物质与心理的满足，渴望过上安逸舒适的生活、以俯视百姓的角度填补自己膨胀的欲望。其次，地方官在新上任时必须敬给京官以及其他地方官礼物，而这礼物的贵重程度一定程度上决定了他们的仕途，仅靠微薄的俸禄如何能满足贪欲？只得搜刮百姓的财产来敛聚钱财。因此官员的集体贪污像病毒扩散一般，从中心传向四周，难以断绝、来回往复。俗话说“由俭入奢易，由奢入俭难”（《训俭示康》），做官的倘若尝到了上层社会的滋味，便很难重回清廉，所以官员的贪念就如雪崩一般爆发，直到被揭露的那一刻才停下手。欲望无穷无尽，只有心存信仰才能抵抗它的诱惑。

其三，冗杂的行政体系给予官员大量贪污的机会。万历年间中央对地方的管理不到位，官员各级之间关系复杂、行政程序混乱，这给许多地方官贪污留下了空间。中央向地方收取粮食作物或税银时，官员总会加大税收量额，并逐级克扣，使得地方百姓生活压力巨大，间接危及国家统治。由于中央与地方距离较远，许多事务中央不能直接管辖，只能由地方官汇报，而地方事务的管理结果更难以考证，其中的暗箱操作不可估量。因此，地方行政机关截取了庞大的税收，导致国库虚空、百姓落难，而官员却活得一天比一天舒适。

其四，官员的分党结派为贪污提供极大便利。万历年间，朝廷文官为了自己的利益通常结成党派攻击诋毁另一方，而这种聚合起来的庞大力量使官员能够在小圈子里极尽穷奢极欲之事。群体性贪污层出不穷，官员们互相包庇，并且借助儒家思想来掩饰自己内心，包装清廉的外表，一旦被追究责任立即与同党切割，这种现象已经成为官僚体系的"恶性肿瘤"。由于党派之争，朝廷中的许多官员只能一并被拉下水，不得有顶逆"潮流"的机会。当张居正被众多官员弹劾时，和他亲近的官员无一例外被贬黜或革职，海瑞也因触及一派官员的利益被举报，足可见党派势力的顽固。

其五，官员贪污已形成了一种难以阻断的风气。当官员贪污已成为一种趋势，所有官员都在密谋怎样获取更大的利益时，新晋的官员很难不被牵扯其中。这场"游戏"的规则之一便是你若不贪污，便达不到目的。因此贪污就像漩涡一般，依靠文官集团不断吸引新的贪污势力，只要你曾有过一次贪污行为，便被他人抓住了把柄，无法脱身。官员因此一贪贪到底，直到被检举揭发，人头落地。张居正虽具有雄才大略，想建立起新的文官秩序，维持国家的长久发展，但时局决定了他如果不借助这股力量进入漩涡中心并取得无上的权力，就无法改变这一情况。在他死后，皇帝派人搜出了他的万贯家财。这其中的历史争议已无法理清，但整个体系的腐败注定了这一早已屡见不鲜的事实。

万历年间的官员腐败现象只是明朝历史中的一个缩影，但它仍能给当今的中国一点启示。以史为鉴，我们应反思明朝的官吏制度，并完善适合中国社会发展的、结合中国历史文化和思想政策的官员体制，以匡正官员的定位，为人民谋求更多福利。

《论语》中的为人处世之道

宋冰艳*

在经历了孔子时期的创建，战国时期孟子与荀子的发展后，在汉武帝时期，“罢黜百家，独尊儒术”，儒学被确立为中央王朝的统治思想。之后，在历史的长河中，儒家及其思想就一直起着重要作用，因而，儒学最终被认定为中国传统文化的正宗。

言及儒家，就不得不提到《论语》——一部享誉世界的经典。它是一本以记录春秋时思想家兼教育家孔子和其弟子及再传弟子言行为主的汇编，又被简称为论、语、传、记。《十三经》之一，共20卷。《论语》以记言为主，因其对话众多，而着重挑选具有教育意义的对话言论。东汉班固的《汉书·艺文志》写道：“《论语》者，孔子应答弟子、时人，及弟子相与言而接闻于夫子之语也。当时弟子各有所记，夫子既卒，门人相与辑而论纂，故谓之《论语》。”《文选·辨命论注》引《傅子》也说：“昔仲尼既没，仲弓之徒追论夫子之言，谓之《论语》。”

言及《论语》，就不得不提到孔子。孔子（公元前551年—公元前479年），子姓，孔氏，名丘，字仲尼，祖籍宋国栗邑（今河南省商丘市夏邑

* 宋冰艳，西南政法大学行政法学院2017级学生。

县)，生于春秋时期鲁国陬邑(今山东省曲阜市)。孔子出身于没落的贵族家庭，曾做过小吏，直到五十岁之后才相继任鲁国司空司寇。他是中国著名的思想家、教育家，与弟子周游列国十四年，晚年修订六经，即《诗》《书》《礼》《乐》《易》《春秋》。孔子被联合国教科文组织评为“世界十大文化名人”之首；法国著名思想家伏尔泰无比称颂孔子，称其为东方智者；美国爱默生也曾说“孔子是哲学上的华盛顿”。

因此，无论是从了解儒家的角度出发，还是从熟知孔子的目的出发，抑或是从完善自身出发，我们都应该阅读《论语》。曾经看过这么一句话：一个人，如果他青年的时候没有阅读《论语》，那么中年的时候一定会去阅读；如果中年的时候仍不曾阅读过《论语》，那么他晚年的时候一定会找机会阅读。也就是说，一个人一生中一定会翻阅一次《论语》。我很庆幸，在十几岁的年纪便阅读了它。或许现在的人生阅历还不足以帮助我读懂它读透它，但我还是从中收获了一些道理和感悟。

一、待人以诚

《论语》中有这么一段话：“曾子曰：吾日三省吾身：为人谋而不忠乎？与朋友交而不信乎？传不习乎？”意思就是每天要多反省自己：替别人办事是不是尽心尽力了呢？跟朋友交往是不是真诚了呢？老师传授的知识是不是复习过了呢？这其中让我感触最深的就是与朋友交往是否真诚了呢？

网络上曾出现过这样的热词：塑料情，指的是特别虚假，但是却能够被维持许久的亲密关系。现代社会，利益纠葛越来越多，人也越来越复杂，人们为了自己利益的最大化，会在与人交往的时候设置各种障碍，会说违心的话，做违心的事。曾经那种推心置腹、真心实意的感情似乎越来越少了。除了这个让人无法忽视的现实情况外，民法、行政法中的相关规定似乎也在时刻提醒着我们当前普遍存在着的不诚信现象。比如说，那些被频繁提到的为了保护人们的“信赖利益”，为了弥补人们因信赖利益产生的损失而不断增加或修改的法律法规规章。尽管普遍现状令人反思，但我们还是能够在历史的夹缝中以及现实的峡谷里发现一些让人暖心的例子。

在历史典籍中有这样的记载，有一次宋神宗召见曾巩，并问他对王安石的看法，曾巩不因为自己与王安石多年的交情而随意抬高他，而是很客观直率地回答说：“王安石的文章和行为确实不在汉代著名文学家扬雄之下；不过，他为人过吝，终比不上扬雄。”宋神宗听了这番话，感到很惊异，尤其不理解曾巩所说的“吝”，曾巩回答说：“虽然我们是朋友，但朋友并不等于没有毛病。王安石勇于作为，而‘吝’于改过。我所说的‘吝’乃是指他不善于接受别人的批评意见而改正自己的错误，并不是说他贪惜财富啊！”

历史中的曾巩不因为与王安石的私交而偏袒他，依然选择对皇帝说真话说实话，这对皇帝而言就是一种真诚，同样对王安石来说也是一种真诚，因为只有忠心的大臣才会直言不讳，只有真心的朋友才会指出你的缺点与不足。正如孔子所说，“益者三友：友直，友谅，友多闻”；所以，这是一种来之不易的真诚。这也告诉我们在以后的工作中要诚信待人，实事求是；在交友中除了欣赏朋友的优点长处外，还要看到朋友的弱点与不足，要帮助朋友进一步完善自我，不能为了维护彼此的情谊而撒谎，因为一个谎言总是需要另一个谎言去掩盖，长此下去，我们可能会放纵自己，可能会迷失自己。

在当代社会，特别是在十几岁这样的年龄，我们总能看到因为真诚而紧紧相连的友谊。综艺《少年说》中曾出现这样一幕，一个小女生站上勇气台，大声地说出对转学离开的好朋友的思念与不舍。这是很难得的。

此外，孔子还曾说过：“人而无信，不知其可也。大车无輗，小车无軏，其何以行之哉？”①这句话也更明确地指出待人以诚的重要意义。如果一

---

① 《论语·为政》。

个人不讲信用，不知道他可以做什么，就像大车没有车辕与轭相连接的木销子，小车没有车杠与横木相衔接的销钉，它靠什么行走呢？同时，待人以诚是与孔子思想体系的核心“仁、礼”相呼应的，它体现着中国的传统美德，的确应该受到我们的尊崇。

因此，从《论语》和与《论语》精神有关的历史小故事和现实小情景中，我得出一个道理：不管外界怎么样，都要遵从本心，真诚待人。

二、立身求进

《论语》中说：“择其善者而从之，其不善者而改之。”①它就是要求我们要向身边的人学习，要学习他们的长处，并在学习的过程中比照他们的短处来反省自己，改正自己。这是一种完善自己的有效方法，一个懂得完善自己的人、一个敢于完善自己的人，一定是一个上进的人。

当然，这种立身求进的追求精神更多地体现在儒学发展到宋明理学的阶段。那个时候，朱熹曾提出把握“理”，就需要通过“格物致知”的方法，即通过接触世间万事万物，在体会到各种知识的基础上加深对先天存在的“理”的体验，后来，陆九渊提出，“发明本心”以求理的方法，也就是说，只要内心真诚反省，就能体会到“理”。同时，明代思想家王阳明提出的“知行合一”，也告诉我们要敢于行动，敢于实践。应该看到，理学强调通过道德自觉达到理想人格的建树，也强化了中华民族注重气节和德操、注重社会责任与历史使命的文化性格。②因此，不管用的是什么方法，追求的是何种“理”，他们都反映着对自我的完善、对人生的追求。

在古代，这种立身求进的例子数不胜数。中国楷书四大家之一的欧

---

① 《论语·述而》。

② 张岱年、方克立主编：《中国文化概论》，北京师范大学出版社 2014 年版，第 101 页。

阳询，曾经在赶路的途中，见到一块古碑，是晋代书法家索靖写的。他驻马观碑，许久才离开。可是没走多远，他又返回碑前，脱下了皮草衣服铺在地上，坐下来细心揣摩。又看了许久，他还舍不得离开，于是，他就留宿石碑旁。就这样一连三天，他才恋恋不舍地离去。正是因为这种立身求进、“择善而从之”的精神，他才在书法上有如此高的造诣。

回到现在，这种立身求进的精神在社会实践的过程中完善和发展，并为推动改革开放、发展中国特色社会主义做出重要贡献。习近平总书记在党的第十九次全国代表大会上说：青年兴则国家兴，青年强则国家强。青年一代有理想、有本领、有担当，国家就有前途，民族就有希望。这不就正体现着儒家思想中的立身求进精神吗？这不就是要求我们青年一代要有上进心，要拼搏努力吗？

此外，《论语》中所表达出来的“立身求进”精神总让我想起沃尔特·迪士尼说过的一句话：我们所有的梦想都可以成真，只要我们有勇气去追寻它们。同时，我也发现，只要是真正的经典，不管是国内还是国外，不管是古代还是现在，总是能够找到呼应，找到验证的证据。

所以，我现在无比相信立身求进这种精神蕴含着巨大的力量。也意识到，现在的我们，应该认真学习专业知识，应该多多尝试新的东西，更应该走出舒适圈，永远不安于现状。只要我们一直保持上进努力奋斗的状态，并成为足够优秀的人，就一定能为中国梦的实现奉献自己的力量。

三、处世以善

《论语》中说：“己所不欲，勿施于人。”①也就是告诉我们自己不想做

① 《论语·颜渊》。

的事不要强加给别人。这是孔子为了实现“爱人”而提出的“忠恕”之道；后来，孟子在此基础上发展出“仁义礼智根于心”①“养浩然之气”②。究其根源，是儒家代表人物们性善说的表现。因此，在我看来，这句“己所不欲，勿施于人”是为了告诉我们要做一个善良的人、一个为他人着想的人。

善良，一直是中华民族的传统美德。一个善良的人，他所呈现的状态与不善良的人是完全不一样的，善良的人似乎不说话都能让人觉得美好，都能让人觉得他身上有光芒。

在2013年的感动中国十大人物的颁奖典礼中曾出现这样的颁奖词——正是花样年华，你却悄然离开。你捐出自己，如同花朵从枝头散落，留得满地清香。命运如此残酷，你却像天使一样飞翔。你来过，你不曾离开，你用平凡生命最后的闪光，把人间照亮。这段话是献给一个叫何玥的女孩。2012年4月，何玥即将小学毕业，却被查出患有高度恶性小脑胶质瘤，住院进行了第一次手术。9月初，病情突然复发二次入院，肿瘤已扩散至脑部组织。当听说自己的生命只剩三个月时，她决定将自己的器官捐献给需要的人。11月17日，小何玥脑死亡，父亲根据她的遗愿将她的肾和肝捐给了三个人。她是个善良的孩子，坦然面对生死，在病痛中不忘善济他人，她真的是个如天使般美好的女孩。

或许，作为普通人的我们没有机会去做这样伟大的事，去表达这么纯粹的善意。但我们有机会从身边的小事做起：不乱扔垃圾，扶老人过马路，给需要让座的人让座等，这些小小的善意一定会在一天天的积累中从微小变伟大，并潜移默化地影响我们。

或许，善良的成本与代价在现代社会看来，远超出我们所能承受的范围。也正是因为如此才会有那件引起大众广泛关注与讨论的杭州保姆纵火案，也正因为如此才出现了老人摔倒该不该扶的争论，才出现了反对性

① 《孟子·尽心上》。
② 《孟子·公孙丑上》。

侵和性骚扰的“Me Too”运动。也就是说，做一个善良的人变得更加艰难，但不管怎样，我们都要去做，要去实践，要相信人内心最深处的良善，要不愧自己，要活得坦荡。

待人以善除了对个人有益，还对社会、对世界有着重要影响。我们都知道，虽然现在世界整体格局比较平稳，但局部战争还是时有发生，还是有许多人生活在水深火热中。这个时候待人以善就不仅仅是个人的事情，更是一个国家的事情。只有每个人都学着去待人以善，只有国家承担起应担的国际责任，世界的和平才更值得期待。

四、结语

《论语》所能带给我们的东西有很多很多，为人之道只是其中很小的一部分。同样，《论语》所体现的儒家精神也只是儒家学说的一部分。正如一本书中所说：“由孔子开创的儒家学派，以‘仁’为学说核心，以中庸辩证为思想方法，重血亲人伦，重现世事功，重实践理性，重道德修养”①，如此丰富深奥的内涵当然是我们不能轻易理解参透的。但是对于处于社会交往中的我们来说，对于需要与他人交流合作的我们来说，对于学习法学这类人文学科的我们来说，它又显得格外重要与有用。因此，我们应该去阅读《论语》，去了解儒学。

“孔子创立的儒家学说以及在此基础上发展起来的儒家思想，对中华文明产生了深刻影响，是中国传统文化的重要组成部分。儒家思想同中华民族形成和发展过程中所产生的其他思想文化一道，记载了中华民族自古以来在建设家园的奋斗中开展的精神活动、进行的理性思维、创造的

① 张岱年、方克立主编：《中国文化概论》，北京师范大学出版社2014年版，第85页。

文化成果，反映了中华民族的精神追求，是中华民族生生不息、发展壮大的重要滋养。”[①]因此，我们要去阅读《论语》，去了解儒学。

这一次阅读《论语》，我看到了它想要展示给我们的为人处世之道，它想要教会我们的真诚、上进和善良。在一个人的优秀品质中，真诚、上进、善良缺一不可，它们互相作用，密不可分。一个真诚的人才会善良，一个善良的人才会上进，一个上进的人才能发现这个世界的真诚与善意。只有这样，我们才是最好的我们，才是儒家所言之君子。

作为一个学习法律的人，我们以后所能从事的职业可能让我们把控着维护公平正义的最后一道防线。在那个时刻，如果你不够真诚、不够善良、不够上进，你又如何能为你的当事人寻求法律的正当庇护呢？你又如何能在众多障碍中坚定追求内心的真善美呢？你又如何能让群众相信法律、相信国家呢？所以说，现在的我们，就应该尽最大的努力，朝着这个方向奋斗。

或许，《论语》的伟大与神奇就在这个地方吧。它让我们有所思，有所感，并有所行动。这些从《论语》中汲取到的宝贵知识，收获到的全新感悟，不仅在提高个人修养的方面起着重要的引导作用，而且在为人处世的方面也发挥着不可忽略的影响。或许，这也是文字的力量吧，给人的心灵以力量。

---

① 习近平：《纪念孔子诞辰2565周年国际学术研讨会暨国际儒学联合会第五届会员大会开幕会上的讲话》，载《人民日报》2014年9月24日02版。

《大学》与《论语》

斯成志*

四书五经是儒家文化的根，《大学》和《论语》作为四书中的两本，蕴含着深刻的义理和儒家的智慧。所以我十分遗憾，为什么现在愿意去读读这些书的人如此之少呢？每每我读有新体会的时候，无不感到悲哀："虽有至道，弗学不知其善也。"（《学记》）在当今之世，我国不止面临着和他国之间经济科技领域的竞争，也面临着文化领域的竞争。面对着他国对我们的文化入侵，我们更应该加大对本国传统文化的学习力度，从那些文化古籍里体会独属于我们中国人的温良恭俭让、仁义礼智信。

《论语》全书开篇第一句话就是"学而时习之，不亦说乎？"（《论语·学而》），为什么《论语》要以这句话开篇，而非其他呢？"我非生而知之者，好古，敏以求之者也"（《论语·述而》），"十室之邑，必有忠信如丘者也，不如丘之好学也"（《论语·公冶长》），我们可以从这两句话看出端倪：因为学习，才成就了夫子的一生，夫子非生而知之者，是后天的孜孜不倦的学习才成就的。这就是为什么夫子说"敏而好学，不耻下问，是以谓之文也"（《论语·公冶长》）。以这句话开篇，是为了告诫天下所有弟子，一定要好

* 斯成志，西南政法大学行政法学院本科 2019 级学生。

好学啊，以成为夫子那样的人。那什么是学习呢？修身养性、恢复本性、躬身实践都是学习，学习学习，先学后习。所以天下无人不学习，无人不弟子。窃以为，夫子是生而知之者，夫子之所以说自己非生而知之者，一是谦虚，二是为了鼓励弟子好好学习。或许这就是中国人看重教育的文化种子吧。

《论语》和《大学》是很博大精深的，许多人自己读时感到很多道理是读不懂的。很多深层次的东西就必须让先闻道者来引领我们入门。例如"孟懿子问孝，子曰：'无违。'"（《论语·为政》）第一层的意思是：孝道就是不要违背父母的话。然而孝分两种，一是小孝，是平民百姓之孝，事父母；一种是大孝，事君报国。孟懿子是鲁国三桓之一，不仅应行小孝，还要行大孝——事君尽礼，所以这个无违又包含了不要违背礼制的意思。孟懿子之父是孟僖子，孟僖子临终前要求孟懿子要将孔子作为自己的老师，向孔子学礼。孟懿子却违背了孔子的教诲，僭越了礼制，这同样是违背了孟僖子的话。所以孔子说的无违，既是对孟懿子的告诫，也是对其的批判。短短二字，却藏着这么多的东西，这就是为什么说需要找一个先闻道的人指点我们读经典文本了。

我觉得很多人误解了儒家的文化。很多人道听途说，觉得儒家就是腐朽的、不知变通的。这就好比不学量子力学却对量子力学大加批判。只有真正学了以后，你才知道儒家是极变通、极高深的。所谓"君子之于天下也，无适也，无莫也，义之与比"（《论语·里仁》）。儒家的理念是朴素的辩证主义，而不是墨守成规的。而当今很多人对儒家的文化是带有很大的误解的。而且还有的人认为时代不同了，古代的东西已经不合时事了。但是，《论语·为政》中"子张问：'十世可知也？'子曰：'殷因于夏礼，所损益可知也；周因于殷礼，所损益可知也。其或继周者，虽百世，可知也。'"科技与生活，确实日新月异，但是人性，却是千百来年没有变化过的，很多东西也是不会改变的。就如夏后氏的松、殷人的柏、周人的栗一样，虽然形式不同，但实质是一样的。透过现象看本质，运用古法于今世，是我们每个人需要去思考的。

《大学》里面提到过一个“天下”的概念。古代中国不谈世界，而谈天下。世界是客观的，而天下是一个文化世界，是精神上的世界。古代我们说的中国更多的是文化上的中国。但凡推行王化、推行中华文化的地区，即是天下。与之相对应的概念，就是四夷。我认为这个天下的概念和“可与言而不与之言，失人。不可与言而与之言，失言。(《论语·卫灵公》)”的内涵是一致的，只有那些推行王化的地方，士子们才有了机会可以去平天下，如果那些地方不认同王化，那么怎么去平呢？好比去欺骗一个不相信你的人，这是不可行的。我觉得这种想法是很有可取之处的，可以用来解决当今之世的一些问题。

在我所学中，儒家要求我们成为君子，成为圣人。外圣内王，由此而衍生的取天下的方式是王道，施行仁政，修养德行。有一句话说得对——得民心者得天下，这就是施行仁政而得民心，例如刘邦的约法三章，就是此中典范，但是王道的成效太慢，施行仁政，教化百姓，这需要很长的时间，君王需要用这个时间去形成一种大势，好比周灭商，周在施行仁政的同时取得了商朝三分之二的土地。这种以王道取天下，好比兵法里面的“正”，一旦大势成，则无所抵挡。这也是为什么法家的思想能够在战国时期大行其道，就是成效快。法家强调“不别亲疏，不殊贵贱，一断于法”。要求人民服从。同时要求统治者赏罚分明，这也是为什么乱世用法、开国用道、治世用儒。

《论语》也好，《大学》也罢，我们国家的传统典籍浩如烟海。我们国家作为文明古国，有着独属于我们的文化精神。这种精神早已化入了我们日常的一言一行之中，但是随着市场经济的发展，随着时代社会的变迁，一些传统文化逐渐消失，这是非常令人痛心的，所以我希望能有更多人去学习我们优秀的传统文化，去感受我们古人的温良恭俭、喜怒哀乐。

瑰丽世界,人与诸神

徐金锋*

这是一场发生在古希腊人与特洛亚人之间的旷世之战,牵扯到诸多的城邦与种族,也囊括了众多的希腊神话人物——以克罗诺斯之子宙斯、白臂女神赫拉、美神阿佛罗狄忒、智慧女神雅典娜为代表,以及包括战神阿瑞斯、太阳神阿波罗、海神波塞冬等神话人物。

同时,诸多的人类英雄形象与诸神形象共同构建起整部《荷马史诗·伊利亚特》,强大又高傲的阿基琉斯、人民的国王阿伽门农、特洛亚的领导者赫克托尔、英勇的墨涅拉奥斯以及狄奥墨得斯,还有悲壮逝去的帕特罗克洛斯,每一位英雄都在这场战争中留下了鲜明且深刻的形象。

当然,整部史诗不仅仅描绘了诸多的神与人,更展现了当时整个古希腊的壮丽面貌。地域、城邦、氏族、山与河、原与海。例如,盛产葡萄的埃皮道罗斯、建筑精美的迈锡尼、出生美女的赫拉斯以及滨海的埃洛斯、多峡谷的洼地拉克得蒙等。在对古希腊舰队联盟的描写中,荷马对各个组成舰队的来源地做了大量的详细的阐述,为读者介绍了各地域的特征与风貌。正是这一段的描写,凸显了这场战争的真实、壮阔,牵涉之广。或许

* 徐金锋,西南政法大学行政法学院本科 2018 级学生。

真正描写的并非这场战争，而是此时的世界。当然，这只是书外看书的看法，沉浸书中，更多的仍然被各个形象以及战争的进程所引导，为其所动。

文章中所描绘的神与人，依笔者的浅薄之见，并无很大的差别，或者说并无严苛的界限。或许唯一的区别并不是是否拥有神的能力，而在于有无其他人的信仰以及祭祀。

从字里行间不难看出，神是善变的并且是自私的，忒提斯请求宙斯为阿基琉斯将阿开奥斯人逼入绝镜，好让阿开奥斯人认为阿伽门农是愚蠢无知的。宙斯不会考虑凡人的生死，但不得不考虑在忒提斯心中的地位，以保全并稳固自己众神之主的地位。阿瑞斯接受阿尔戈斯人的祭祀，却站在特洛亚阵营中化身为其他人，不断夺走阿伽门农战士的生命。智慧女神雅典娜，接受特洛亚人的百牲祭，却在思考着如何让特洛亚人毁灭。海神波塞冬因为阿开奥斯人修建了精美的、优秀的建筑超越自己的成就并且没有献上祭品而恼羞成怒，因此考虑着残忍的报复。当众神分离成两派之时，宙斯又理所当然地陷入迟疑。宙斯是一位掌权者，与人世的国王也并无多大的区别，地位的稳固、祭祀的稳固，才是立身的根本所在。宙斯时而左，时而右，在有利于自身的境地之中不断转换。在正直的古希腊人当中，诸神的品质反而如此卑微。在赫拉与宙斯的争执当中，宙斯考虑的也无非是凡人对自己的供养，他的宴飨、奠酒和祭肉。而赫拉为达到目的，与宙斯做可耻的交易，答应当宙斯若想毁灭自己心爱的迈锡尼或者阿尔戈斯或者斯巴达时，绝对不会阻拦。赫拉甚至亲口说道：

> 出生自你出生的同一个种族，狡诈的神克罗诺斯生下我，使我两方面受尊荣，出生高贵又被称为你的妻子，你是全体永生的天神当中的统治者。让我们为这件事互相谦让，我让你，你让我，其他的永生的天神自然会跟随我们。或许是长久的高高在上，让诸神已经麻木到认为除了自我之外，其他的生命都不值得

尊重，所有的抉择都必须首先保障自我的利益，不论这个交易有多么的肮脏可耻。或许特洛亚人与阿开奥斯人谁都没有错，只是神觉得奥林波斯山下安静了太久。

另外，战争的产生并非仅因为人的作为，也离不开诸神的暗中作祟。此时，原本应是高尚的、宠爱人民的神，反倒像是来自地狱的魔鬼一般，造成更多无端的杀戮与更多特洛亚以及阿开奥斯人的死亡。宙斯暗中告诉阿开奥斯人他们终究会打败特洛亚人，攻占伊利昂，给予阿开奥斯人偌大的希望以及继续征战的勇气。雅典娜化身拉奥多可斯，怂恿潘达罗斯用箭射伤墨涅拉奥斯，使原本早该终结的战争重新发动，比以往更加的残酷。这一切都仿佛是一个游戏，诸神是玩家，特洛亚人和阿开奥斯人则是棋子，而可悲的凡人却对他们的话言听计从。

相比之下，希腊人和特洛亚人令人心生钦佩，值得人喜爱。这场战争虽然因为特洛亚王子帕里斯抢夺墨涅拉奥斯的妻子而起，但在帕里斯与其进行决斗之后，便不再有谁对谁错之说，本该结束的战争由神重新挑起。从头至尾，没有谁背负着好与坏的名声，特洛亚人的战斗，肩负着保卫身后妻子儿女的性命以及家园存亡的使命，希腊人则为了自己和氏族的荣誉而战。双方都一样的勇敢而无畏，不肯放弃。没有小人般的奸诈与猥琐，比诸神更加似神。哪怕是因害怕逃跑的帕里斯也能够重新拿起武器不惧死亡地艰难战斗。

古希腊人和特洛亚人极其重视自己的荣誉和氏族的荣誉与名声。敦促两者在战场上不畏死亡而勇往直前的，除了神明的旨意，最大的动力就是自己的名声与荣誉。从荷马的笔下可以感受到这种浓烈的荣誉精神，从帕里斯与墨涅拉奥斯的决斗、赫克托尔与埃阿斯的决斗以及后来的多次决斗起源来看，都以荣誉之名挑战对方，并且荣誉往往大于生死。在双方互送礼物作为获得荣誉的象征这个环节不难看出，不必对敌方赶尽杀绝、夺走他人的生命，而是夺走他人的荣誉，或者双方都能获得荣誉，这才是最好的结局。也许正是荣誉与名声，使得凡人如此的可爱而令人敬佩，大都树立起了正直且光明的形象，与诸神形成了极大的对比。为了自己的荣誉，不惜将矛头指向崇高的神明，甚至将其打伤。阿伽门农与阿基琉斯矛盾的起源正是因为阿伽门农夺走了阿基琉斯象征着荣誉的战利品，对这种破坏自我荣誉的行为，致使阿基琉斯对阿伽门农的愤怒达到无法和解的地步，以至于在阿尔戈斯人和阿开奥斯人面对强大的赫克托尔无能为力并即将被毁灭，于是向阿基琉斯发出求救的请求时，阿基琉斯毫不犹豫地拒绝了阿伽门农的求和以及送出的诸多精美礼物，因为这些，并不能弥补阿伽门农对阿基琉斯荣誉的伤害。正如帕里斯夺走海伦而引起这场战争一般，阿基琉斯也无法原谅阿伽门农夺走布里塞伊斯，直到帕特罗克洛斯的逝去。

不仅仅是荣誉，人之为人，相较于诸神，多了更多值得肯定的人文情感。但并不是说诸神就没有情感。所谓荣耀，也是这种情感的体现，自我价值的肯定，以及对氏族的回报。更多地，是那些朴素的、平凡的，却往往可歌可泣的情感。忒提斯明知阿基琉斯将会因为参加这次战争而走向死亡，但帕特罗克洛斯的死亡迫使阿基琉斯不得不面对他的宿命，披上铠甲向特洛亚人冲锋，提起大盾冲向赫克托尔，完成命运之神对他命运的安排。忒提斯陪伴着阿基琉斯，她没法改变什么，唯有送他最后一程，忒提斯并没有惊天动地的所作所为，或者豁出性命向谁抗争。作为母亲，明知儿子在逐渐的消亡，却坚强地、坚韧地陪伴他，目送儿子在通往冥界的道路上越走越远。母爱是一个永恒的话题，永不消散，镌刻在人类的历史当中。尊重儿女奔向消散的选择的母亲，更值得人钦佩，这种莫大的痛苦，衬托了一种金石般的坚强，也令我们这些局外人不禁满怀悲怆。一位母亲的无奈与坚强，也表现出这场战争的残酷。哪怕是众神的领袖宙斯，也得忍受自己的儿子萨尔佩冬的离世，却又无可奈何，因为他也得向众神的规则俯首称臣，世界固有的秩序使得这对父子再不会见面。阿基琉斯与萨尔佩冬皆是倒在了无法改变的命运之下，即使拥有永生的天神父亲或者母亲。宿命，成为宙斯与忒提斯心中的一道可怖的伤疤。作为普通父母的一场煎熬的伤痛，不仅是父母与儿女的可泣，更有那可悲的友情或者说爱情，面对帕特罗克洛斯为自己征战而逝，阿基琉斯放下了曾经对阿伽门农的傲气与愤怒，转而将那悲痛却锐利的可怕的目光投向特洛亚人，为了复仇，为了挚友，哪怕知道参加这场战争即意味着死亡，或许帕特罗克洛斯的死亡让阿基琉斯觉得没有什么比失去自己最爱的人更加可怕了，即使是死亡，消散于世间，后人知道的，只有一个名字。这简单却真挚的情感，在阿基琉斯与帕特罗克洛斯之间，载入史册。

这是一场悲惨的战争，超出了诸神的掌控，因为命运往往难以破解，难以改变。当普里阿摩斯独自一人来到阿基琉斯的面前，以一位年迈父亲、落魄国王的身份，请求给予自己的儿子赫克托尔一个体面的葬礼，我能感受到这位父亲的声嘶力竭，感受到他的无可奈何，此时的他多么的无力，而阿基琉斯又赢得了什么，什么都没有。命运啊，不仅笼罩着诸多凡人，也笼罩着诸多的神，两者都像极了玩偶，任其摆布。我愿意将这部著作视为一部悲剧，神的悲剧，人的悲剧。

荷马笔下的瑰丽世界，似神的人，似人的神，交织相错，欲望与荣耀泛于世间。史诗描绘了穿梭于人世间为自身利益奔走的神，为了自身荣耀而与神斗争的凡人英雄。故事，是神与人谱写，悲剧也由两者共同承受。

第三编

理 解 中 国

读《叫魂》一书有感

颜　硕*

最近，我读了美国著名汉学家孔飞力先生所著的《叫魂》一书，颇有一些感触，在此不揣冒昧，试做分享。

《叫魂》一书为我们介绍了发生在清朝乾隆年间，也就是公元 1768 年春季到秋季的一场波及大半个中国的“妖术”事件。1768 年春季，从江南开始，盛行起这样的一种传言：有乞丐或是游方僧道通过剪掉男性的发辫或女性的衣襟并假以咒术来操控他们的灵魂。这一传言先是使江南地区的平民百姓惴惴不安、惶惶不可终日，疑心于周围的流浪汉和僧道，而后渐渐蔓延到周边地区。一时间，山东、山西两省甚至直隶京师地区，都仿佛出现了剪人发辫的妖人。面对层出的“妖术”事件，各地方官员皆是尽力压制，不让传言上达圣听，否则不仅会使皇帝认为他们无能进而影响他们的官职晋升，而且极有可能引起百姓的惊恐乃至暴动，最终使他们受到皇帝的处罚。地方官员在对“妖术”事件进行审理后发现，并无足够证据证明那些被百姓抓住的“术士”实施过真实的犯罪，他们更多是被人污蔑或者被底层官吏屈打成招的“替罪羊”。因此，虽有一些被抓的乞丐僧道

* 颜硕，西南政法大学行政法学院 2017 级学生。

因为刑讯而伤重或死亡，但其余大都被予以释放。

然而，就算地方官员为了仕途竭力压制“妖术”传闻，乾隆帝弘历仍通过一些秘密途径得知了这些“妖术”事件，并予以了巨大警惕。因为“妖术”事件——或者说“叫魂”事件，涉及发辫，事关清朝统治的正统性，这无疑触动了他的神经。并且在“叫魂”案前就发生过涉及清朝统治正统性问题的“伪稿案”和“马朝柱谋反案”，这些案件事关政权与“体统”，因此乾隆帝敏感至极。而当他得知“叫魂”事件的发生，又发现地方官员遮掩其事的时候，就自然地勾起了他对满人汉化以及腐化的担忧。不仅如此，“叫魂”事件也可以成为他借以处理皇权与官僚制度之间平衡的一个契机。因此，在种种政治考量之下，乾隆帝严厉批评了遮掩隐瞒“叫魂”事件的官员，并要求地方官员彻查此事。随着他的廷寄——一种更为机要的与地方官员的交流方式——的下达，各地方官员也开始明白了皇帝对这件事情的态度，进而纷纷采取积极行动。他们对一些捕风捉影的消息也进行追查，抓捕了大量缺乏有罪证据的乞丐僧道以及之前被释放的嫌疑人员，并对他们严加刑讯。一些人因为酷刑而亡，另有很多人屈打成招，被迫交代了一些虚构的“犯罪事实”和所谓的“真凶”线索，从而导致更多“妖术”嫌疑人被捕，不过地方官员发现这些“线索”是根本无法抓到“真凶”的——因为大量所谓的“叫魂”事件本就属于空穴来风的流言与捕风捉影的以讹传讹。但乾隆皇帝却对地方官吏的无能大加斥责，认为这些他颇为器重的满人总督与巡抚们是因为在江南之地染上了汉人腐败无能、推衍塞责的糟糕风气，才迟迟无法查清真相，缉捕真凶，因而要求他们把抓到的嫌犯押往北京交由刑部等机关再次严格审查处理。

在北京的审讯机关，犯人们在没有刑讯逼供的情况下坦白供认自己的口供都是迫于酷刑才杜撰出来的，即使把他们带去让所谓的同伙进行指认也根本无法查到“真凶”。京城的审讯官员还发现，许多被抓捕并被指认是实施剪辫妖术的嫌疑人大都是被有仇怨或利害关系的民众诬告。

末了，经过京中大臣的细致审查，他们认识到“叫魂”案件抓捕到的不过是一些无辜乞丐或僧道，事件的发酵与蔓延在很大程度上也不过是在皇帝三令五申的督促和斥责之下，官员为自保而进行的急功近利的盲目清剿和刑讯逼供所致。至于是否有意图谋反的人在其中造势，就不甚明了了，但继续追查下去造成的负面影响显然将更为严重。乾隆皇帝也意识到了这个问题，与刨根问底地追究“叫魂”事件相比，以此着手对官吏的整饬和对百姓的教化当然更为重要和急迫。于是，乾隆皇帝处罚了一些办事不力的官员之后，就放弃了对“叫魂”事件的深究。至此，“叫魂”事件才渐渐平息。

在阅读孔飞力先生的这本著作过程中，以下几点让我感触颇深。

首先是清朝官僚体制的重大弊端问题。在“叫魂”事件的开始，一些被误抓的嫌犯是被底层官吏为牟取私利而屈打成招或者恶意栽赃的。这些底层官吏薪俸微薄，有的甚至没有正式的官僚编制。但“由于衙役提供的服务是官员们须臾难离的”①，所以官员们对这些底层官吏的行为大多睁一只眼闭一只眼，这就导致了如“叫魂”案中“萧山事件”②那样的许多冤案的产生。清朝政府对编外底层官吏既不给以恰当的薪资，也不实行严格的培养、管理与考核。他们以这种尴尬的身份和地位，就始终游离于官僚体制的边缘，进而容易利用自己的优势地位对底层百姓实施不法侵害而不必承担严重的后果。“叫魂”案中底层官吏们滥用权力的行为，就充分暴露了这一群体的思想观念和生活状态以及对更底层百姓的肆意压迫，这无疑是清朝官僚体制的一大隐患。

与之相对的是大多数中上层官员，他们有较高的知识素养，所以大都

① [美]孔飞力：《叫魂》，陈兼、刘昶译，生活·读书·新知三联书店、上海三联书店 2014 年版，第 20 页。

② 同上书，第 9—22 页。正一、巨成等四个和尚由于没有满足蔡捕役索取财物的行为，被冤为剪人发辫的妖僧，并遭受酷刑。

对“妖术”的真实性抱有很大怀疑。书中就提到“通过省里官员们处理春天的妖术事件的方式可以看出，他们既因责任所在而需谨慎行事，却又对不可知论不以为然”。[①]但他们又必须对“叫魂”事件进行仔细的调查，毕竟“面对这种为民众所深恶痛绝的罪行，又有哪个知县或按察使敢抱一种玩世不恭嘲笑的态度呢?”[②]中上层的官员们在抓到一些嫌犯后对他们进行审讯，但审讯结果大都表明“叫魂”真凶很可能并不存在，这使他们松了一口大气，因为如果在他们辖区内发生“叫魂”妖术这种恶性案件，就很可能会摧毁他们的仕途。然而，对于“叫魂”的传言，他们很难有效地进行控制，这就造成了更多无知百姓的恐慌并逐步蔓延，最终引起了皇帝的警惕。在皇帝下达严查的命令后，中上层官员明知“叫魂”事件很可能是子虚乌有的谣传，却还继续进行无意义的抓捕和严厉的审讯，不仅牵连了更多无辜的百姓，导致市井之间人心惶惶，而且最终也并未对上级官员和皇帝作出有效的回复和澄清。不少官员甚至还依据对皇帝心意的揣摩，强迫嫌犯作出符合“上意”的口供，导致妖术事件的影响和范围不断扩大。这种对上附和塞责、对下无法解决混乱甚至造成更大混乱的官员，在“叫魂”事件中暴露无遗。而这样的官员在清代的官僚体系中比比皆是，这无疑是清朝政治体制中的另一大弊病。

其次是封建社会的刑讯逼供所产生的负面影响问题。在“叫魂”事件中，许多人本是被无辜牵连进来的，一些官员为了得到想要的证词来搪塞皇帝，却对这些人施以酷刑，迫使他们招认自己的“罪行”或者承认“莫须有”的不利证据。书中有一个描述让人感到无比的可笑：在疑似剪人发辫的巨成等人被抓捕后，知县对他们先行定罪，但由于巨成等人并不认罪，知县对他们施用了酷刑，但当他们经受不住严刑而屈打成招之时，知县却

---

① ［美］孔飞力：《叫魂》，陈兼、刘昶译，生活·读书·新知三联书店、上海三联书店 2014 年版，第 29 页。

② 同上书，第 30 页。

又以他们的口供前后不一而再次对他们施刑。这表明，官员们本就知道因施加酷刑而得到的认罪口供不值得相信，却还要使用刑讯逼供的方式来获取自己想要的口供。这种无意义的逼供手段不仅得不到事实真相，还会导致冤假错案的发生和无辜人员的伤亡。在“叫魂”案件中，百姓的惊恐和官吏的腐败而误抓的“嫌疑人”被施以酷刑，导致他们作出虚假口供，他们的虚假口供又进一步造成了“叫魂”事件不合理地扩大与蔓延。由是，刑讯逼供无疑是“叫魂”案件造成如此恶劣后果的罪魁祸首之一。

其实，刑讯逼供在我国传统社会一直都被视为获得嫌疑人口供和证人证言的重要手段，这种方式虽然在一定程度上对人的肉体和精神产生强制，从而使得审讯人员较为容易得获得口供，某种程度上有利于打击犯罪；但不能否认的是这种方式将会对被刑讯逼供者的身体和精神造成极大的伤害，并且也无法保证获得证据的真实性。从现代社会的角度去看，显然是有违人道主义和诉讼的正当程序的。而且刑讯逼供的弊病还不仅于此，由于施加程度的可操控性，刑讯逼供容易造成犯人贿赂施刑人员，进而滋生腐败；更会造成受刑者因身体的残损，产生严重的逆反情绪和心态，从而丧失刑罚本来的教化意义。因此，我们现在不断对刑事法律精神与制度予以改进，更加关注对人权的尊重与保护，更加注重法律的程序正义，这无疑是我国法治建设的重大进步。

最后一点是我深刻感受到了乾隆皇帝或者说清朝统治者的不自信。在“叫魂”事件开始时，不少地方官员大都认识到这极有可能只是个捕风捉影的事情，这一事件原本很有可能会自行淡化乃至最终销声匿迹，不至于对大半个中国造成如此巨大的影响，更不至于导致如此多的无辜民众惨死，并使如此多的官员遭受牵连。但乾隆皇帝的敏感神经和对自己统治的担忧却造成了“叫魂”案件的扩大，因为“只有通过具体的事件，他才能发泄自己的挫折与不满”①。乾隆皇帝的不自信在我看来体现在两个

① ［美］孔飞力：《叫魂》，陈兼、刘昶译，生活·读书·新知三联书店、上海三联书店 2014 年版，第 275 页。

方面:其一是他对谋反势力的过于警惕。他在“伪稿案”“马朝柱谋反案”以及“叫魂”案的处理上都过于敏感,因为它们牵扯到了发辫、妖术等与谋反相关的问题。满清统治者在入关时就强制实行“剃发令”,因为这项政策涉及对民族文化和统治正统性的认同,是为了削弱汉族的反抗意识、巩固满族统治者至高地位而定下的重大国策。所以“叫魂”一案牵扯到发辫,就自然会让乾隆皇帝联想到当年汉人对剃发令的抵抗,进而怀疑自己的统治地位是否稳固。而妖术则会让皇帝感受到社会上或许存在着连他也无法控制的其他重大势力,这些势力也同样可能会危及满清统治的根基,正如书中说的那样,“他对于无法为他所见的势力心存恐惧”①。种种担心最终汇成一股强大的力量,动摇了乾隆皇帝的阵脚,以至于一些根本不足为虑、有的甚至可以用简单处罚等就能解决的事件都被他认为是与统治的基础有所牵扯,不惜大动干戈,以致最终造成朝廷内外人心惶惶。

其二,“叫魂”案也暴露出乾隆皇帝对满人汉化的担忧,这同样也加剧了他的不自信。他担心满人失去忠勇的特质,习得汉人腐败、油滑的风气。因为在乾隆皇帝眼中,汉人的官吏,特别是江南地区的汉人官吏“腐败顽固,朋党比肩,懦弱虚伪”②,这些官场恶习对社会的稳定、国家的治理极为不利,但因为汉人官吏众多,也更加熟悉对占中国人口多数的汉人的治理,他又不得不通过学习汉人的方式来实现满人的统治。因此,他一方面对官员过度学习汉人的风气加以斥责,另一方面又通过标榜满人习俗来提升满人的文化自信。而江南官员最初对于“叫魂”事件的处理显然触动了乾隆皇帝敏感的神经。他认为自己一直担心的顾虑果然成真,这些满族官员的行事作风与他所唾弃的汉人一直以来的官僚作风日渐相同,所以他对“叫魂”事件才会大动干戈,如临大敌,乃至待到“叫魂”案逐

---

① [美]孔飞力:《叫魂》,陈兼、刘昶译,生活·读书·新知三联书店、上海三联书店2014年版,第280页。

② 同上书,第281页。

渐平息之后，仍然还处置了大量的满族官吏。当然，这种对满清统治的过度忧虑问题不仅体现在乾隆皇帝身上，在其父祖身上也多有体现，譬如雍正帝当政时期的文字狱，敏感的统治者将那些本无反意，或者即使有意也只是动动嘴皮子的诗词文章，看作是大逆不道的谋反确证，施以严惩。这些牵强附会的指责与罪名，不仅显示了清朝统治者内心潜在的不安，而且造成了社会的动荡。

事实上，在笔者看来，那些看似谋反的证据其实大都不足为虑，而那些高高在上的统治者的多虑恰恰是真正引发谋反叛乱的元凶：有异心的人看出统治者的底气不足和神经过敏并加以推动，就能导致社会的动荡和政权的颠覆；疑心过重的统治者对官员和百姓变本加厉地控制和管教也会使他们失去民心，甚至稍加外力就能摧毁他们的统治。只有统治者内外兼修，才会得到治国的自信和民众的支持。

“叫魂”案的产生机制与模糊走向

邓昭敏[*]

《叫魂》是美国哈佛大学历史系和东亚语言文化系讲座教授孔飞力的代表作之一，此书的出版引起了美国历史学界的极大反响，孔飞力教授也以其获得了“李文森中国研究最佳著作奖”。

《叫魂》通过描绘 1768 年的中国“妖术”大恐慌事件，折射出了清朝中期各阶层面对“叫魂”案件的百态：疑犯的悲惨与无助、百姓的愚昧与恐惧、官僚的矛盾与谨慎、皇帝的敏感与焦虑。这些现象深植于社会的根源，它们的复杂交织透露出了清朝中期“镀金时代”所隐藏着的巨大危机。

孔飞力教授在《叫魂》一书中对各个阶层作了相对独立的分析，例如在第十章“主题和变奏”中的论述将君主、官僚、普通民众区分开来，进行了“君主：真实和幻影，普通民众：权利的幻觉，官僚制度：谨慎的喝彩”的精辟论述。本文亦遵循孔飞力先生的分类，从对疑犯、普通民众、官僚、君主四大主体在“叫魂”案中的地位及作用进行相对独立的分析，然后再从他们之间的相互作用关系去分析并理解“叫魂”案件的产生机制与模糊走向。

---

* 邓昭敏，西南政法大学行政法学院 2017 级学生。

一、“叫魂”案中的疑犯

“叫魂”案件产生于康乾盛世年间，即书中所说的“镀金时代”。但在孔飞力先生看来繁华只是表象，或者说这只是对于少数城市的真实刻画，又或者只是站在宏观历史的角度对清王朝的不准确描述。在孔飞力先生看来，商业的繁荣与发展不能使每个人都得到观照，总有一部分人会被完全排除在生产性经济之外，成为术士、和尚甚至乞丐。尽管我们不能排除某些个体能够挣扎脱离社会底层的束缚，但每个历史阶段必然会存在竞争中的失败者，而在1768年的部分弱者，却恰恰不幸地成为了“叫魂”案件中的怀疑对象。

我们当然需要了解这些不幸的人有何特征，以至于使他们成为了“叫魂”案的合理怀疑对象。

首先是乞丐。乞丐以乞讨为生，他们只有四处流落，才有可能得到更多的施舍。他们尽管最为贫穷也最为无助，却能使公众产生极大的恐惧。人们害怕乞丐是基于两个原因：一是他们肮脏，一是他们对礼仪活动所造成的破坏。公众总有这样的看法，即乞丐们衣衫褴褛、邋遢龌龊，势必给人的身体（引发疾病）及感官（引起反感）带来不适。公众同时也担心这样的情况发生，即乞丐闯入礼仪活动现场，此时主人将十分难堪；更糟的是，他们的出现还会使婚丧仪式的礼仪功效破坏殆尽。对于迷信的百姓而言，这无疑是对于神灵的极其不尊重。基于以上两点原因，普通群众避之而唯恐不及就情有可原了。

其次是和尚。在古代中国，和尚在普通群众的口碑一般是较好的，因为他们可以为死去的人做法事以使其超度，让灵魂得以安息。因此，从某种意义上来讲，他们在社会中是不可或缺的。但在1768年中国“妖术”大恐慌时代，状况却极为不同，作为外来者的和尚之所以会让百姓产生极大恐惧与怀疑并成为“叫魂”案的重大嫌疑人，与清朝僧侣管理制度的缺陷有极大关系。“早在明代，便已有过要僧道人员登记注册并为他们发放度牒的情况。”[①]这一制度的设置有其特殊政治意义（这不在本文的讨论范围之内），清代延承了明代的度牒制度，但度牒制度的某些漏洞导致了严重的后果，即一些并不可靠的俗人以僧侣的面目出现了。因为他们只需将头发剃光穿上僧袍，就能成为“和尚”，但同时却未必拥有和尚的身份证明——度牒。因此，和尚群体是良莠不齐的，其中部分僧侣拥有私人财产或者结了婚，更有甚者，成了所谓的“淫僧”。就这样，和尚群体本来较高的地位在群众心中一落千丈。他们的形象走向了反面，即一帮能与神灵鬼魂交流并具有高度威胁性的群体。

最后是术士。术士与和尚有很大的相似性。在民间，他们也被视为能与神灵鬼魂进行沟通的群体，因此他们拥有特别的装神弄鬼的力量，所以人们自然认为他们与“叫魂”案件可能有着某种特别的联系。

除上述各自特征之外，以上群体都有一个十分相似且重要的特征：外来性。他们的“职业特征”使他们必须四处流浪，而人们对于外来者却有着深深的排斥（后文将会详述缘由）。普通群众认为，作为外来者，他们没有社会背景、社会联系、社会根基，缺少社会的制约以及对于社区的责任感，因此，相较于一般群体，施行“妖术”的可能性更大。正如孔飞力教授在书中所写：“在1768年的许多叫魂事件中，外来性几乎自始至终是叫魂大恐慌的导火线。”[②]

基于上述的分析，“叫魂”案最初的主要打击对象便自然而然地产生了，他们就是据说能实施“妖术”摄人魂魄的人。

---

① ［美］孔飞力：《叫魂》，陈兼、刘昶译，生活·读书·新知三联书店、上海三联书店2017年版，第142页。

② 同上书，第151页。

二、“叫魂”案中的普通民众

普通民众对于相信“叫魂”会对人产生不利的影响，这是传统社会民间大众的基础信仰所决定的。其一，传统社会的普通民众相信活人由代表精神之灵的“魂”及代表躯体之灵的“魄”构成，人们往往将不适、疾病、发疯、死亡等症状与“魂”和“魄”的分离，他们相信通过将两者结合的方式能使人恢复正常状态。其二，普通民众亦相信世上存在着这样一群人，他们能与神灵鬼魂沟通，并有将“魂”与“魄”分离之能力。他们可以使用人的名字和生辰，也可以通过衣服或者头发达到“叫魂”的目的。而这一群人即是前文所述的、在普通群众看来拥有超自然能力的和尚与术士，而乞丐只是替他们施行剪发之事而已（因为发辫相对于衣服更加容易取得）。这便是“叫魂”案中百姓产生恐惧的源头。

当然，以上只是普通群众产生恐惧的原因，却也难以形成书中所言的极端状况，即群众对于乞丐、和尚、术士的极端憎恶，甚至还有由此产生的报复之心。要理解书中所述的那种极端憎恶与报复之心，我们还得了解清朝中期的社会状况：资源、财富和人口存在着巨大的矛盾。这个时期对于大多数人而言并非盛世，正如书中所言：“从历史的眼光来看，当时经济的生气勃勃给我们以深刻印象；但对生活于那个时代的大多数人来说，活生生的现实则是这种在难以预料的环境中为生存所作的挣扎奋斗。”①普通群众虽能通过辛勤劳作维持温饱，但他们依然能深切感受到生存竞争所带来的巨大的危机，他们也随时有可能成为那些不幸者中的一员。他们时刻保持警惕，任何风吹草动都会使他们如惊弓之鸟。当“叫魂”案件

---

① ［美］孔飞力：《叫魂》，陈兼、刘昶译，生活·读书·新知三联书店、上海三联书店 2017 年版，第 42 页。

的谣言传到他们耳里，他们的神经就更为敏感。为了避免“叫魂”给自己带来灾祸，他们对一切都显得小心翼翼。而乞丐、和尚、术士等外来者，基于前述的原因，自然而然地成为了他们最大的怀疑对象。

另外，普通民众对于权力的“幻觉”，也是“叫魂”案件产生与蔓延的重要原因。生存竞争带来的不仅仅是警惕之心，还有贪婪之心。“作为现代中国的前奏，叫魂大恐慌向中国社会的观察者们凸显了一个特别令人难过的现象：社会上到处表现出以冤冤相报为形式的敌意。”①大多数普通群众都渴望拥有权力，而当官府对妖术发出认真的清剿命令后，他们便可以轻易获得权力。“这是扔在大街上的上了膛的武器，每个人——无论恶棍或良善——都可以取而用之。在这个权力对普通民众来说向来稀缺的社会里，以‘叫魂’罪名来恶意中伤他人成了普通人的一种突然可得的权力。”②

由是，我们看到普通民众对于神灵鬼魂的崇拜与恐惧心理、对于乞丐的歧视心理、对于外来者的防卫心理、对于权力的“幻觉”等诸因素，让“叫魂”案得以经由德清县发生后，便犹如燎原之火迅速波及江南全境，乃至大半个中国，并愈演愈烈，肆意传播。

三、“叫魂”案中的官僚集团

“在叫魂故事的三个不同版本中最不精彩的是我们故事中的非英雄角色官僚的那个版本。”③鉴于与皇帝关系更加密切的官员在整个“叫魂”案件中所处的地位更加微妙，所起的作用也更加突出，以下讨论的仅是这

① [美]孔飞力：《叫魂》，陈兼、刘昶译，生活·读书·新知三联书店、上海三联书店 2017 年版，第 284 页。

② 同上书，第 285 页。

③ 同上书，第 288 页。

一部分官员，而不包括衙役、县官等小卒或地方官员。《叫魂》中的官僚集团处于一种尴尬的境地：他们需要处理众多群众的举报，他们会被疑犯的虚假供词所左右，他们又总是因君主的反复无常而摇摆不定。因此，对他们来说，在民众的暴怒、疑犯的虚假供词和君主的易变中寻找到一条中庸之道，实属不易。

官僚集团作为知识分子，大多持不可知论，自然不相信“叫魂”案件这样荒唐的事实的存在。即便如此，他们却需要确保所辖区的安定，这对于他们官职的维持或者将来的晋升是极为必要的，何况在“叫魂”案发展燎原之时，他们确又经常收到那些愚昧的普通群众对于“叫魂”疑犯的举报，所以他们不得不认真对待这些在他们看来不存在的“叫魂”妖术。

官僚集团受到了来自普通百姓与皇权的双重压力，当然希望尽快查清事实。但是那些可怜的疑犯什么也没做过，当然也没有什么好交待的。因此，对于官员来说，那就只剩下唯一的一种方法：刑讯逼供。不难推测，在严酷的折磨之下，疑犯们无疑只能通过陈述虚假供词使自己免受皮肉之苦。这一事实对于“叫魂”案件的模糊发展至关重要，因为官僚们从此时开始需要苦苦搜寻众多根本不存在的嫌疑人。在皇帝发出全国范围内的“叫魂”案件清剿命令后，真正参与清剿的官僚级别都提高了。这些官员与皇帝的关系更为紧密。皇帝对行省长官有着更多的宠信，尽管作为上级依旧要对他们发号施令，但甚少有对他们的苛责。对于行省长官来说，皇帝不仅仅是冰冷的上司，某种程度上也是“朋友”。这样的高级官员对皇帝不仅有尽责义务，更有着绝对的忠诚义务。他们虽对“叫魂”案件持消极态度，但在这样的特殊关系下，又不得不以最大的热情投入“叫魂”案件的清剿当中，以致在不能得出口供的情况下，同样对疑犯施行残酷的刑讯，以求获得案件的审结。因此，为了避免皮肉之苦甚至有失去生命的危险，疑犯们迫不得已，还是只能通过编造口供、更改口供以全审讯官僚的心中之愿。这更使“叫魂”案件的真相愈发模糊，并朝着无法预料的方向不断发展。

四、“叫魂”案中的皇帝

“叫魂”案件在后续发展过程中愈演愈烈，专制君主弘历起到了最关键的作用。弘历生逢康熙和雍正两位先帝奠定的“盛世”，雍正为了避免弘历卷入残酷的皇位之争，甚至在自己刚继承皇位后便将他立为皇储。相比于许多皇帝，弘历不必为争夺皇位而煞费苦心，不必为发展王朝而兢兢业业，但是，他却需要面对新的挑战。弘历继任皇位期间，“满族上层人士已学会了中国精英文化的因应之道，而汉族上层人士则默认了满人的霸权地位”。①表面看起来如此，但种族敌对情绪是否仍然存在于整个社会的深层？这个问题的答案却似乎并不明确。

在汉人看来，不论是政治、经济、文化等各方面，满人都是异质的。毫无疑问，汉人会视清朝统治者为外来者、篡权者。清朝统治者虽然极其不愿意承认（没有哪个新王朝的统治者愿意承认自己是篡权者），但或许他们心里也是有此想法的，这可以从清朝初期统治者对于削发令的态度中看出。

如孔飞力教授所言，清朝初期的削发令的起因是某些官员讥讽反对满人发式，因此激怒了多尔衮。多尔衮对这种嗤笑十分不满，进而下令于全国推行削发令，并以是否削发作为判断对清王朝是否忠诚的标准。推行削发令的原因披上了儒家语言的外衣，即中国传统文化中的君臣父子思想。既然皇帝都已经削发，百姓又如何能留辫呢？百姓如果留辫，那便是与君主相违背。就这样，削发问题与谋叛联系起来。但削发令却始终没有被纳入法律文本之内，因为削发问题所反映的是清朝统治者的不自

---

① ［美］孔飞力：《叫魂》，陈兼、刘昶译，生活·读书·新知三联书店、上海三联书店2017年版，第63页。

信，且这一法令似乎并不具有那么深厚的合法性。

以上对于削发令的叙述并非没有意义，因为在“叫魂”案件中，普通人的发辫是被侵犯的重要对象。当弘历知道剪人发辫正是“叫魂”案件的主要形式之一时，他敏感的神经首先想到的便是谋反（前文已经谈到，在清朝统治者看来，削发与谋叛是有联系的）。

笔者认为弘历在“叫魂”案件中所表现出来的，最突出的便是其作为外来统治者极不自信的心理，以至于由此引发的对于动乱的敏感与焦虑。一方面，任何朝代的最高统治者对于统治政权都有着天生的维护态度，他们时刻保持警惕，担心家族政权会被颠覆。另一方面，作为外来政权，虽然清朝统治者认为自己的统治有合法性，但汉人却不这样认为。当考虑到满族的政治、经济和文化与汉族存在较大差距时，清朝统治者对于自己的统治也变得不是那么自信了。由此，作为敏感的统治者，弘历对谋反有相比于其他朝代统治者更高的警惕性。再者，为了显示统治的神圣性，统治者对于能和鬼魂神灵沟通的人也会产生相当的排斥感。

基于以上三点原因，当弘历了解“叫魂”案件的发生时，认为这其实是一场扰乱人心以达到叛乱目的的实践，敏感焦虑的君主便要求进行全国范围内的清剿。因为事关满清帝国的“社稷安危”，弘历因此将“叫魂”案视为头等大事。他迅速作出指示，要求官员必须查到水落石出。但官员懒散懈怠、欺上瞒下、敷衍塞责的态度让弘历极为恼怒，所以又不断给各省官员大力施压。无奈的官员只能对疑犯严刑逼供，得到的却是一个个伪供。官员按照这些伪供进行着徒劳的搜寻，“叫魂”案件逐渐走向模糊。

五、叫魂案件的产生机制与模糊走向

“叫魂”案件的整个产生及发展过程，都是歇斯底里的。在中国传统社会，妖术迷信、神灵鬼怪在普通民众思想里根深蒂固，他们对于“魂魄”有着坚定不移的信念，对于“外来者”有着莫大的抵触情绪。当作为“外来者”的乞丐、和尚和术士因为某些偶然事件使得普通民众对于他们的怀疑空前提高后，只要有任何一点风吹草动，普通群众就会把这些怀疑对象扭送官府。除此之外，部分民众还会以诬告他人剪人发辫的方式到达某些非法目的，例如勒索钱财、报复心理，甚至还有一些顽童自剪发辫装病逃学……此类事件不断发生并迅速蔓延开来。“叫魂”案件产生之后，收到剪辫举报的官僚开始并不以为然，而是对于这些愚昧的百姓持鄙视态度，故而不上报朝廷。当皇帝通过在全国各地的耳目了解“叫魂”事件后，出于他的敏感与对政权统治的焦虑，旋即命令各省官员在全国范围内展开大规模的“叫魂”妖术清剿运动。当朝廷认真开展清剿后，百姓对“叫魂”案件的存在更有了根深蒂固的信念，因为得到了官方的证实（官府一开始对“叫魂”案件满不在乎，到后来的大规模清剿行动，便是对民众猜测的有力印证）。至此，整个大清帝国，上至皇帝，下至百姓，便都陷入了“叫魂”案的恐慌之中。百姓忙于寻找应对“叫魂”的办法，官僚尽全力搜捕疑犯，皇帝则陷入对统治政权的极度担忧之中。官僚在民众和皇帝的双重压力下，只能对疑犯进行刑讯逼供，疑犯为了免受皮肉之苦和避免生命危险，只能给出虚假供词，官僚按照伪供继续搜查，自然没有任何结果，由是，“叫魂”案件的发展和走向更为模糊，也更为荒诞。

历史事件的产生和发展有着时代的必然性，但同时也有偶然因素的作用，清朝 1768 年那场稀奇古怪、扑朔迷离的“妖术”大恐慌事件不啻为一个最好的例证。

从“叫魂”案看皇权与官僚制度关系

——孔飞力《叫魂》一书读后

王嘉辉*

1768年，在大多数人印象中是乾隆盛世中的普通一年。然而正是在这个经济发展到封建时代最高水平的年代，却发生了一场起源于江南而后扩展到山东、河南、直隶、陕西、湖南、广东等十二个省份的“叫魂”妖术风暴，几乎影响并波及大半个中国，这场“妖术大恐慌”不仅激起了民间的极大震动，也极大地震惊了乾隆皇帝。

“叫魂”是一种术士的“妖术”，在受害者的毛发、衣物或写有其姓名的纸上施法，就可以让其发病甚至死去，施法者以此来偷取魂魄精气，并使之为自己服务。然而这样的“妖术”背后却隐含着重大的政治问题。清朝统治者为了巩固汉族人对于自身统治的认同，在入关后便下达了统一的法令，斥令所有汉族男子要保留发辫，作为效忠于清朝统治的象征。所以“妖术”便不仅仅是一起民间的迷信，至少在清王朝的最高统治者看来，“叫魂”背后的问题并非如此“简单”。

“叫魂”案源于浙江，第一次发生的“叫魂”案件更像是一种荒诞传言，

* 王嘉辉，西南政法大学行政法学院2017级学生。

但这种传言在百姓中传得多了传得久了也就变成了“真的”有能摄人魂魄的“妖僧”犯下的“妖术”案件了。百姓开始变得小心翼翼，随时保持警惕并将可疑人物扭送官府。在“叫魂”的疑犯被带到官吏面前时，面对民众对这种行为的怒火，官吏们不得不对这样的为民众深恶痛绝的罪行进行细致地调查，或直接进行刑讯逼供，但随着流言的不断发酵，以及另外多起所谓“叫魂”案件的“出现”，使得“叫魂”这样一个“不可知”的案件所蕴含的“妖术”恐慌成倍递增，并进而广泛蔓延。而为了应对逐渐蔓延的恐慌，官府则迫于民众压力动用更为残酷的刑讯，逼迫所谓“疑犯”对“妖术”罪行大包大揽。遗憾的是，上述做法不但没有平息“妖术”所造成的恐慌，反而使得民众更为坚信“叫魂妖术”并非空穴来风，自此之后人人自危起来，由是，“叫魂”案开始扩散到江南地区全境。

最初发生的零星个案，因为官员们认为案情过于离奇，无法找到切实证据，且并未考虑到剪辫“妖术”会在皇帝看来是成为触及君权神授合理性的严重犯罪行为，“剪辫”行为的表征更是严重威胁了满清王朝统治的合法性，因此他们只是对这些案件进行盘查、对缉拿之人进行刑讯逼供，之后便将其归咎于民众的“愚蒙”，并没有将其作为重要案件予以层层上报，这一处理方式，根本目的是免于因“失职”而受到弹劾，维护自己在民众和皇帝之间的地位罢了。但江南诸官吏们这样的做法并没有平息民众的愤懑，让百姓感觉到安全，相反，倒使得民众认为官员严重渎职，不能保障自己与家人的安全，这种被可怕的“妖术”威胁时刻就萦绕在自己身边，但又无法舒缓或救济，以致谣言迅速发酵，终于酿成“叫魂”案从江南一域迅速蔓延至大半个中国，最终引起全国性大恐慌的恶果。

“叫魂妖术”案中最初向乾隆皇帝上报的是山东巡抚富尼汉。这个山东省最高行政长官在得知自己辖区内发生“叫魂”案后和江南的官员一样动用了刑讯，收录口供向皇帝上报。而这样的上报在皇帝看来并不及时，因为皇帝眼线已经秘密地将那些在江南诸官吏眼中“不可说”

的“秘密”通过专门用来监督官员的渠道报告给了皇帝。而皇帝则通过上谕告知行省官吏“朕已知此事”，所以与其说富尼汉闻“妖术之风”而动，不如说闻皇帝的“口风”而动。尽管这样，皇帝仍然因为富尼汉是第一个报告的行省官僚而对其大为嘉赏。受到皇帝的器重对于行省官员来说是莫大的信任，更是个不可多得的好机会，自然要更加努力为君分忧了。他以极大的热情心甘情愿地成为清剿“妖术”的排头兵和马前卒。在他的努力和带动下，越来越多的“叫魂”案件从无人关注的事件中被“挖掘”出来。

由于山东在“尽心履职”的巡抚富尼汉的排查下，发现了多起“叫魂”事件，这就更让皇帝坚信其他省份一定也发生了类似案件，因此，便更认为必须发动一场全国性的大清剿才能根除威胁统治正当性的那些严重反逆恶行。一开始各省官员只是暗中盘查，并未再发现类似的“叫魂”案件，然而皇帝对于这一结果感到严重不满并充满疑虑，在他看来，一时间能在民间引起如此大的反响的案件竟然在各地最初上报的奏折中悄无声息地没有了后续进展，这期间肯定有不可告人的猫腻。这种疑虑是可以被理解的，因为它源于皇权与官僚制度之间一直以来的微妙关系。因此，皇帝在此后的批复中言辞日益激烈，并极力督促各省官员务必严加调查。讽刺的是，因为皇帝的盛怒和猜忌、不满与督促，起初并无类似案件发生的省份终于开始出现了“剪辫叫魂”的案件。但随之而来的，当地更多的僧侣和乞丐这类社会中的“边缘”和“弱势”群体便成为了替“罪”羔羊，他们被愤怒和惊恐的群众一个个地扭送官府，并遭严刑讯问。因此，更多各种“叫魂”案件的“线索”就这样被挖掘出来了，虽然各个案件有所不同，但也都基本类似，被拷打讯问的人都承认受同一“妖首”指使，并清楚地描述自己是怎样受“妖首”蛊惑、怎样剪人发辫。但这么多所谓“证据”都那么清晰且相似，得到的追查结果却仍是查无此人。这不可避免地让皇帝产生忧虑，是不是各省官员存在着串通的情况？如若果真如此，那这样的后果在皇帝看来实际上比“叫魂”案本身对皇权的冲击更大。中国历代皇帝对于这样的情况都是忌讳颇深的，一旦皇帝之下的各省官僚相互勾结起来形成合力，必然会成为皇权的心腹之患。即使皇帝有自己的眼线，但是所有官僚沆瀣一气，就算皇帝有切实的证据也无法与庞大的官僚机构相抗衡。还好事情并未发展到那样的地步，乾隆皇帝的权威仍然是不可撼动的。经过这一番的折腾，此时皇帝的想法开始变得十分微妙起来，我们很难确定皇帝究竟是否真的相信“叫魂”案件的真实存在，是否相信真有摄人魂魄的妖魔之力，但可以肯定的是，皇帝已经产生了这样的想法，即通过盘查“叫魂”案件的契机来整治那些在他看来已经沾染了“江南习气”的精英阶层。在乾隆眼中“南方是汉族官僚文化的罪恶渊薮：腐败顽固，朋党比奸，懦弱虚伪”①，毫无疑问，他会以最严厉的语言斥责受到江南文化蛊惑的满洲官员。

“必有隐情”，皇帝在对所有的行省官僚的命令里都表达了这样主题，要求这些沾染“江南习气”的官员彻底盘查“叫魂”案。但是无论怎样盘查、盘查多少人都难以真正查清实情，更无法找到主犯。皇帝逐渐对这种不仅没有实质进展、反而引起更大恐慌的案件失去了耐性，要求将所有涉案人员全部直接押解到承德或北京受审，参与审判的官员全部向皇帝直接负责。但那些被押解进京的涉案人员都已是遍体鳞伤、奄奄一息。起初皇帝还心存侥幸和怀疑，认为确有“叫魂”之案，但历经反复查验，才发现这些“剪人发辫的妖人”均为屈打成招，而各级官吏在“叫魂”案中为求自保，更是瞒上欺下。他们面对暴民的暴怒易变和君主的反复无常，这两者都对让他们感到自在的现存体制构成了威胁。起初他们试图通过恐吓那些提出妖术指控的人来击败前者，通过对君主封锁消息来挫败后者。但是这两个计策都未奏效。“他们不得不以并不可靠的证据为基础，勉强

① ［美］孔飞力：《叫魂》，陈兼、刘昶译，生活·读书·新知三联书店、上海三联书店 2017 年版，第 281 页。

从事对妖术的清剿。”[①]而“所谓的‘叫魂’妖术只是产生于无知又滋长于忌恨的一个幽灵”[②]。这样一个历经十个月波及全国大部分地区的案件竟然由一个小小的迷信个案发展成一场妖术大恐慌的大闹剧，多么讽刺啊！

书里写到乾隆皇帝对于各省官员的不满由来已久，对于他们之间的相互勾结、懒政怠政、腐败堕落也都看在眼里。但是因为官僚制度为这些官僚创造了一种常规的环境，照章办事无疑成为了官僚的保护伞和挡箭牌。乾隆皇帝深知“通过常规的官僚控制程序是不大可能扫除这些弊端的”[③]，在这样的一种常规环境中，对于这些问题的处置自然十分困难，即使皇权至高无上。而“叫魂”案所引发的危机为乾隆皇帝提供了一个整治官僚风气的大好机会，“政治罪”得以打破常规，它动摇了官僚们赖以保护自己的常规行为方式，从而为乾隆皇帝创造了一个绝佳的环境，“使他得以就自己所关心的问题同官僚们直接摊牌”[④]。

皇帝在清剿“叫魂”案的几个月中，对于官僚们谨慎地隐匿情报、小心地自我保护、百促不动以墨守成规程序等“官场恶习”感到深恶痛绝。虽然这样的情况每天都在这个巨大复杂的官僚体系内发生，但在“叫魂”这样一个在皇帝看来是触及统治合法性的非普通“妖术”案件中，乾隆皇帝自然是无法再保持克制的。清剿之初，皇帝对各省官僚严厉指斥，要求督抚们整饬属下，再三重申官场规范，并且通过与督抚们之间的直接通信渠道，以激烈的言辞反复敲打，准确地说是以皇权的至高无上来威胁这些“天子门生”。

面对皇帝如此动怒，各省官僚为求自保，只得退中求进。一方面官僚

---

① [美]孔飞力：《叫魂》，陈兼、刘昶译，生活·读书·新知三联书店、上海三联书店 2017 年版，第 288 页。

② 同上书，第 231 页。

③ 同上书，第 250 页。

④ 同上书，第 262 页。

不得不继续盘查，从无辜的人中寻求线索；另一方面，他们也试图逃避自己的责任，对专制权力进行谨慎而广泛的抵制。乾隆的官僚们努力地将“叫魂”这一对于皇帝来说十万火急的案件转移到常规的、颟顸迟缓的工作方式中，这样官僚们便能得到官僚制度本身带给他们的最好的保护。在这样的制度中，官僚们游刃有余，可以统一步调用群体的力量逼迫皇帝妥协，可以转移视线以逃脱失职的罪责，也可以将任何一个紧急的案件转移到常规轨道，使之反制皇帝。他们清楚地知道“虽然他们中的个别人可能会被盛怒的君主挑出来加以惩罚，但作为一个整体，他们的地位依然相当稳固”①，两千年来一直如此，以后也一定是这样。

从“叫魂”案中乾隆皇帝与官僚集团的冲突和博弈来看，乾隆皇帝对于官僚集团的抵制，准确地说是皇权对于官僚制度的抵制显得有些力不从心。虽然说皇权是至高无上的，皇帝可以对官僚们罚俸降职，可以褫夺官职，甚至可以大开杀戒。但上述措施终究只是治标不治本罢了，这些手段始终无法彻底改变官僚制度本身的弊端。皇帝只能对这些官员施以惩戒，寻找替罪羊再次警醒他的官僚们。庞大官僚体系的惯性与制度本身有着固有的缺陷，皇帝能做的只不过是利用一些特殊事件动用至高无上的威严对官僚制度的缺陷和问题进行适时敲打。皇帝，这个中国古代封建王朝的最高统治者，面对这样一个复杂的“仪器”，能做的只不过是局部的修修补补罢了。从“叫魂”案中乾隆与官僚们的互动来看，皇权虽然至高无上的，却也并不是无所不能的。

“叫魂”这样一个引发全国性的妖术大恐慌案件以个别行省官僚受到轻重不一的惩戒警告而告终，实在是情理之中的结果。即使皇帝动了雷霆之怒，也只能接受这个不了了之的结果。这个为期十个月的清剿，表面是对“叫魂妖术”的查办，但实际从其过程来看，皇权和官僚制度之间的博

---

① ［美］孔飞力：《叫魂》，陈兼、刘昶译，生活·读书·新知三联书店、上海三联书店2017年版，第289页。

弈已经远远超过了对“叫魂”案追查的本身。这一次博弈虽然说乾隆皇帝重创了部分行省官僚,但很难说最终的胜利属于他。

官僚制度发源于秦,延续两千余年,自皇权建立,官僚制度便产生了。中国历史上,皇权与官僚制度之间的关系一直以来都是十分微妙的,一方面,皇权和官僚制度是相互依赖的;另一方面,皇权和官僚制度之间的矛盾又是显而易见的。

官僚制度是中国封建时代的政治基础之一,是国家机器运转的基本支撑,因此,皇权的巩固得益于官僚制度所取得的成就。然而官僚制度这个原本只是被皇帝认为附属于皇权的衍生物与推行皇帝意志的工具,逐渐发展成为一个庞大、错综复杂、根深蒂固的官僚体系和势力,也即文官制度。这种制度内部,是依靠利益、人脉、权力相互交织起来的,有极强的韧性。虽然这张“网”上的任何一个个体都有被除掉的可能,但大多数情况下,不过只是换了个人继续前人的工作,这种制度成长起来以后,会有自己的惯性和发展方向,容易慢慢缺乏创造力、变得僵化和保守。

基于官僚制度这样的特点,难以避免与皇权产生尖锐矛盾。首先,皇帝需要的是真正的“能吏”绝非“庸吏”,以“睁一只眼闭一只眼”的态度来施政和治理、并求安稳而自保的官吏当然是完全违背了皇帝的意愿。其次,官僚集团欺下瞒上的行径,大多数皇帝是了然于胸的,这样的做法也最为大多数皇帝所深恶痛绝,所以历代以来对官僚集团会实施严格的考核与监察,但监察机构也是官僚制度的组成部分,也会出现官僚制度的通病。因此,皇帝只得通过其他非常规的手段对官僚们予以监视,而官僚们则会更加小心谨慎以求自保,如此一来,皇帝与官僚之间的相互猜忌则更为加剧,皇权和官僚制度之间的矛盾会更加激烈。最后,官僚制度既是静态的,又处于不断的发展和变动过程中。官僚制度内部的人脉网络和运行规则一般是固定的,但整个官僚机构有不断膨胀的趋势,相比于皇权,官僚体系不啻为一个根深蒂固的庞然大物,一个让至高无上的专制皇权都受到制约的庞然大物。两千余年，这个庞然大物见证着一个又一个皇朝更迭，而它却岿然不动！

孔飞力先生的《叫魂》一书见微知著，将皇帝与官员的矛盾在“叫魂”案中的斗争与冲突入木三分地进行了分析和揭示，把皇权和官僚制度之间难以分割、相互依赖而又此消彼长的微妙关系描述和表达得淋漓尽致。他对“叫魂妖术”案抽丝剥茧的呈现，将中国封建王朝中皇权和官僚制度的尖锐矛盾和盘托出，向我们描述了一场精彩的皇权与官僚制度之间的复杂博弈。《叫魂》一书中对上述问题的深刻揭示和相关理论洞见，至今读来仍令人醍醐灌顶，受益匪浅。

话一回乡土

黄远霞*

“林断山明竹隐墙，乱蝉衰草小池塘。翻空白鸟时时见，照水红蕖细细香。村舍外，古城旁，杖藜徐步转斜阳。殷勤昨夜三更雨，又得浮生一日凉。”①这是苏轼的《鹧鸪天·林断山明竹隐墙》里所描绘的乡村景色。

如诗中所述，乡村的景，或许是沃野千里、生机勃勃的庄稼；或许是农家白墙灰瓦的房屋；或许是那枝上叫着的蝉，水里唤着的鹅鸭，脚下踩着的青石板，雨中浸泡着的泥土香；或许是渔歌唱晚，鸟鸣蝶绕。城市里的，尤其是年轻人，应该没有尝试过在春雨时节挽起裤脚，用脚步去丈量水田，弯下身子，用手播种出一片绿野；也没有感受过夏日炎炎里的“但惜时节长”；更没有体验过用柴火点点来烧出口中粮。今天的乡村，在大多人眼中变得遥远且陌生。很多人只能透过书本、新闻看到乡间的片面场景，而真正的乡村，就如烟囱里窜起的一团炊烟，轻飘飘，静悄悄，风一吹，很快就散了，人们也就淡忘了。

城镇，中国西南部很常见的城市结构。在那里，一半农村，一半城市，乡村和城市连为一壤，公路边就是菜地或稻田，街道外就是果林和村落。

---

* 黄远霞，西南政法大学行政法学院本科 2017 级学生。

① 李静等：《唐诗宋词鉴赏大全集》，华文出版社 2009 年版，第 257 页。

每天去菜市场,买到的是从地里刚采摘出来水嫩嫩的新鲜菜。那里,正如费孝通先生在《乡土中国》书中所说的一样,他们很多人以农为生,世代定居。他们因着伺候庄稼,也像书中描述的那样半身插入了土里,离不开土地,也放不下锄头。毋庸置疑的是,《乡土中国》中的很多文字对应着西南一隅现实中的许多情景,因此也就可以结合实际,以小会大,领会这本书的意味。

一、格局之本

首先,中国农村聚村而居,这是自然的。在山地结构的西南,有典型的梯田水地。顺着地势高低,一块一块的梯田,像是大规模的弯曲的楼梯,即使有山脉和断崖阻挡,它也会在另一头继续绵延下去。就像王安石诗中所说的:“一水护田将绿绕,两山排闼送青来。”[①]乡下的人是守着庄稼的。在稍平坦的地方,几户、几十户聚在一起。或叫什么湾,或叫什么坡,或叫什么林,都是符合其居住地的特点,便于记忆取的。

聚在一起的住户,通常是一个大家族,就像是一块石头,选定了一个点,然后丢进水里,在水面上那个点推出一圈圈的波纹。仔细一想,这种情形,今天应该是不会再有了,因为在上个世纪的那个年代,确实每家每户都生了许多孩子,为了家里有更多的劳动力,孩子多为男子。男子长大成家,家里住不下,在相邻的地方,建造属于自己小家庭的房屋。这样一圈一圈,一团一团,也就几户几十户了。而今天,我们这一辈,只生一两个孩子,这种伸缩能力就小了。变的不仅是部落格局,其实说到底是时代的进步带来的观念的改变。并且,今天乡村里的年轻人,大多选择离开农村

---

① 田军:《中国古代田园山水边塞诗赏析集成》,光明日报出版社 1991 年版,第 880—883 页。

进城发展。即使有留在乡下生活的情况，也是继续住父母的房子，所以新建的房屋很少有，顶多是三代同堂，翻修扩建一下房屋。且每个新家庭的组成，都是两个家族之间的联系。一旦新家庭有了，双方的亲戚自然也都多了。更不要说这些小家庭，聚成的大家族，一脉一脉，可想而知，是多么庞大的一系。家族网就是这样推出去的。人多了，随着一轮又一轮的结婚生子，就会将一个村落的联系向外推出去。但是，不管怎么推，只是家族更庞大了，居住地或许是分散的，家族体系仍是完整具体的。小家庭称为“家”，大家庭聚为“族”，这是家族的繁衍发展。

二、文化之需

时代的快速发展常常令人忘了当时从何处开始出发。如今的社会，乡村和城市，被分成了两个圈子，城里是高楼、大厦、柏油路，除了必要的小区街边绿化，很少能看见一大片浓密的绿色，泥土在干净的街道上更不会存在。而乡下，晴着倒还好，要是下雨天，一出门回来，保准你一脚的稀泥，褐黄褐黄的。这也是别人所说的，乡下人所自带的“土”气。但这种气，其实不是老土的“土气”，而是中国人与生俱来的土生土长黄种人的“土气”。

《乡土中国》里有一章是讲文字下乡，农村人老是被人看成没有文化、土里土气的代表。但是，一个生活在乡土社会中的人，他所需记忆学习的范围和生活在现代都市的是不同的。可以理解为，城市里面，因为你要去适应快速发展的社会，挑战高难度的工作，所以你必须要更广泛地学习，像陀螺一样不停地旋转。而在农村，你每天面对的，其实就只有你自己的土地。它们即使有好几亩、十几亩地，但是春播、夏忙、秋收、冬眠，随节气而作，随天气而息，这才是他们自己的文化所需。也就是说，需要适应的环境不同，造就了人发挥出来的能力也不同。所做行为的出发点都不一样，怎么能要求过程甚至形式方法一样呢？

因此，乡土社会中，反复地在同一生活环境下定型的人们，并不是愚到字都认不得，而是没有用字来帮助他们在社会中生活的需要。他们只不过都是在各司其职，道不同，需就有所异。如果互相走到对方的那个领域，就知道农村人也不是土里土气，城里人也并不是高人一等。例如，土生土长的乡村人，他到了高速发展的城市里面，从事的或许仍是适合自己的工作，但是他会感慨城里的月光没有乡里的亮，人也没有邻里的亲。同样，城里的人，到了乡下，他也不会插秧，不会除草，却也羡慕着乡村的空气怎么那样清爽，乡下的人是那样的无忧无虑。其实，也就是文化是依赖个人自身而适应存在的。大家都各取所需，各擅所长罢了。

三、礼之所至

《乡土中国》中，也提到了礼治秩序。礼是社会公认合适的行为规范。乡下，又有乡下独特的礼。

前面说到，记忆是实用的，是为了生活而匹配产生的能力。其实，乡土社会中的人，记忆力是你想不到的。举个例子，每个家族聚族而居，但是同周围的其他没有血缘关系的人、家族，并不是没有联系毫无交流。其实这个以家族衍生开来的同心圆，放大了就是一个村落、一个镇。村里又分支队，周围的邻舍或者是自己家族一脉上的亲戚，大到白发老人，小到黄口小儿——如此庞大的人员系统。可是人们一般都会记得别人家里有什么成员，名字是最基本的，一家几口兄弟样貌相似也绝不会认错。别人什么时候生日，多大岁数，这些都是一问即来。这说到底就是一种礼，一种自然而然的记忆，一种懂得关心邻里的礼貌。其实，也就是乡土社会里的人互相传递信息，之间没有阻碍，平常的唠嗑和记忆的习惯就形成了记忆系统。

每家每户，过生日、办丧礼，不需要挨家挨户地通知，邻里邻舍就会自觉地来参与、帮忙。男的一般负责劈柴、烧火、搬桌椅、端菜、喊礼等力气活儿；女的就负责摆碗筷、洗碗、择菜、洗菜等心细活儿。不同的活动又有不同的礼制，丧礼需要披麻戴孝，父母丧子女要不食荤腥，人一去世需要马上出门放一轮鞭炮以示有人过世，家中的长子需要出门拜求邻舍请求帮忙以示礼貌。还有“落叶归根”，不论离家多远的人，临别之际都想要回到生养自己的这片土地，离世后葬于土里，化作一抔黄土，才算作真正的“土生土长”。吉礼也有很多讲究，尤其是菜式，分热菜凉菜汤菜炒菜，先上瓜果零嘴，再是凉菜后是小炒，接着才是汤菜，头道汤菜要等主人家敬酒以后才能开动，最后一道一般都是清水白菜当作压席菜，用来解腻和作结束的标志……许许多多，这些都是乡土社会中累积下来的经验，传了一辈又一辈，经验不断累积、保存，这是乡土社会的特色。

读《乡土中国》，悉中国乡土。仅以西南一隅，与之取得一些联系，为幸，以记。

依法治国原则的确立、价值与实施：新时代国家治理法治观的视角

秦周全*

一、依法治国原则的确立历程

（一）依法治国原则的确立历程

法律是维护国家秩序的基本方式，纵观古今中外，法律是国家统治最普遍的形式，国家因法而治、因法而兴，然而，人治下的法律统治和法治有着根本性的区别。柏拉图认为，一个国家的法律若处于从属地位，没有权威，这个国家一定将要覆灭，服从法律是一个国家的最高美德。①这也许是人们对于国家治理较早时期的法治观。法治的治理方式在国家治理中具有认同性高、操作性强的特点，能够充分凝聚人民的共识，表达人民追求的公平正义价值，是国家治理的必然选择。依法治国原则的确立初步构建了我国国家治理法治观的框架，国家存在需要国家治理，新时代我国国家治理法治观的制度实践表现为依法治国原则纵深发展指导下的中国

---

* 秦周全，西南政法大学行政法学院2019级宪法与行政法学专业硕士研究生。

① ［古希腊］柏拉图：《法律篇》，张智仁、何勤华译，商务印书馆2016年版，第123页。

特色社会主义法治体系，作为国家治理能力提升的基础之一，“法治在推进国家治理现代化和建设社会主义现代化强国中具有基础性、支撑性、引领性作用”①。

回顾依法治国原则的确立，是在人治和法治的论争中萌芽的。自中华人民共和国成立以来，“文化大革命”开始以前，中国的民主与法制已经进入了初步探索进程，甚至可以追溯到新民主主义革命时期。②1978年12月中国式现代化法治的重建和发展是中国特色社会主义法治进程中的两次法律革命，前一次的法律革命因“文化大革命”遭受到严重挫折，甚至消耗殆尽。③党的十一届三中全会揭开了党和国家历史的新篇章，是中国共产党历史上具有深远意义的伟大转折，也开始了以思想解放为显著特征的法治新时期，法学理论和法学实践逐渐复苏，出现了中国法治史上著名的“一日七法”。当时的法治论者立足于完善和加强社会主义民主和法制这一基本点，认为新中国成立以来的法制实践已经证明，社会主义法治才能保障人民民主权利，真正体现人民当家作主，实现社会主义法治具有重要意义，且具有可能性，存在途径和方法。④1982年《宪法》和一大批公布的重要法律形成了实行社会主义法治需要的法律体系框架，法制建设全方位推进。党的十五大提出，“依法治国是党领导人民治理国家的基本方略”，依法治国原则正式确立。1999年《宪法修正案》增加了“中华人民共和国实行依法治国，建设社会主义法治国家”，依法治国原则被纳入宪法，社会主义法治迈向新阶段。此后，党的十六大、十七大都强调重申了“依法治国”

① 张文显：《中国法治40年：历程、轨迹和经验》，载《吉林大学学报》（社会科学学报）2018年第5期。

② 中国共产党在新民主主义革命时期法制的初步探索，主要包括于1931年颁布了《中华苏维埃共和国宪法大纲》，1941年颁布实行了《陕甘宁边区施政纲领》，1946年颁布了《陕甘宁边区宪法原则》。建国初期的法制实践主要包括1949年《共同纲领》和《中央人民政府组织法》，1954年第一届全国人大一次会议通过了《中华人民共和国宪法》。

③ 公丕祥：《中国特色社会主义法治道路的时代进程》，载《中国法学》2015年第5期。

④ 王人博、程燎原：《法治论》，广西师范大学出版社2014年版，第82页。

原则，法治成为中国特色社会主义事业建设的制度依靠和价值目标。

“以中共十八大为历史节点，中国特色社会主义进入新时代，中国法治也跨入新时代。”①党的十八大强调全面推进依法治国，党的十八届四中全会发布《中共中央关于全面推进依法治国若干重大问题的决定》，全面勾画了“依法治国”原则的蓝图，全面依法治国成为“四个全面”战略布局的安排之一，我国的法治建设站在了前所未有的历史高度。党的十九大提出，全面依法治国是中国特色社会主义的本质要求和重要保障，是新时代坚持和发展中国特色社会主义的基本方略，对新时代推进全面依法治国提出了新任务。党的十九届三中全会通过了《深化党和国家机构改革方案》，决定组建中央全面依法治国委员会，实现对法治中国建设的统一领导。党的十九届四中全会强调坚持全面依法治国，建设社会主义法治国家是我国国家制度和国家治理体系具有的显著优势。“依法治国”原则经历民主与法制萌芽时期、法制实践初步探索时期、恢复和重建时期、正式确立时期、新阶段时期和全面推进新高度时期等不同的历史阶段，其内涵理念不断丰富发展，并在全面推进新高度时期国家治理法治观走向成熟，形成新时代国家治理法治观，探索出在中国共产党的领导下具有中国特色的社会主义国家法治治理模式，进入了全面依法治国新征程。

（二）依法治国原则的确立依据

1. 法治的关键在于法律对权力的控制

法治的关键在于法律对权力的控制，实现对公民权利的保障，依法治国原则是维持社会秩序的治国思想。人民基于同意组建政治共同体，对

---

① 张文显：《中国法治40年：历程、轨迹和经验》，载《吉林大学学报（社会科学学报）》2018年第5期。

于不断扩大的权力，人民必须找办法来限制专横和防止滥用权力。[①]法治在权力限制与制衡中表现为规则和程序，最终转化为权利的价值目标。世界各国自古皆有不同形式的法律，文明进程中主要采取的是人治下的法制，现代化进程中法治成为追求人权的手段，法治是法制的动态化，法治用法律的绝对权威体现人民的意志，显著区别于人治。法治是否能完全代替人治，学界还存在一定争议，但将二者比较起来，法治较人治还是更优，此已经为人类历史政治实践证明，选择法治、实行法治是世界不可逆转的趋势。[②]实现国家整体现代化，政治、经济和文化的现代化，要同法治现代化并驾齐驱，同向而行。当人治下的权力被法律转移，人民便实现了对权力的控制，权力的法治化轨道保证了人民权利的实现。

2. 我国实际层面产生的法治需要

依法治国原则符合中国社会建设需要，法治为中国建设提供制度依靠和前进指向。十年“文革”对中国法制建设的破坏是严重的，可以说是对社会主义法制的全面摧残，法治是在“拨乱反正”中发展起来的中国人民对于国家治理的思考。“文革”是一个没有法制的时代，是“无法无天”的时代，是20世纪50年代末期法制不健全、阶级斗争扩大化和极“左”思想泛滥导致的必然悲剧。[③]“文革”时期林彪、江青反革命集团竭力否定社会主义法治原则，破坏了本就不正常的司法组织体系，宪法权威效力被完全无视，十年“文革”表现为非法律化、非制度化和非有序化的状态。[④]“文革”的悲剧带来的经验教训，使人们认识到法治的必然性，十一届三中全会的召开奠定了国家治理法治观的基础。依法治国原则自开始恢复和重建到正式确立，新阶段的转变，法治带来了中华人民共和国成立以来最高

---

① [英]洛克：《政府论》(下篇)，叶启芳、翟菊农译，商务印书馆2018年版，第113页。

② 王人博、赵明：《超越“轴心时代”——读〈社会主义法治意识〉》，载《中国法学》1995年第5期。

③ 王人博、程燎原：《法治论》，广西师范大学出版社2014年版，第319页。

④ 同上书，第327页。

度的政治文明、经济发展、文化繁荣和社会和谐。进入新时代，法治成为坚持和发展中国特色社会主义制度的内在要求。从“健全社会主义法制”到“健全社会主义法治”，从“依法治国”到“全面依法治国”，从建设“法治国家”到建设“法治中国”，从建设“法律体系”到建设“法治体系”，依法治国的原则内涵不断丰富发展，“源于对人治教训的深刻分析和对治国理政规律的深刻把握”，[①]党领导人民不断迈向法治为基本理念的国家治理体系和治理能力现代化。

二、依法治国原则的价值蕴含

（一）新时代国家治理法治观的内涵

国家治理法治观的一般涵义表现为国家和公民之间在法治秩序之下如何行为的基本观点。法治是国家治理各环节的治理手段，是国家治理目标，表达的是法治在国家治理过程中核心地位的基本看法。法治是国家治理的最优选择，国家治理要以法治为基本方式，在新时代我国国家治理语义下，国家治理法治观意为党领导人民治理国家的中国特色社会主义法治道路，即“在法治轨道上推进国家治理体系和治理能力现代化”。新时代国家治理法治观彰显了依法治国原则在新时代全面依法治国实践中特有的价值蕴含，是习近平法治思想的凝练表达，是符合中国实际、具有中国特色、符合我国社会发展规律的国家治理理念。国家治理体系和治理能力法治化是国家治理体系和治理能力现代化的核心内容，“推进国家治理现代化本体上和路径上就是推进国家治理法治化，法治对于国家

① 张文显：《中国法治 40 年：历程、轨迹和经验》，载《吉林大学学报（社会科学学报）》2018 年第 5 期。

治理现代化具有根本意义和决定作用”①。国家治理体系和治理能力现代化包括经济、政治、文化、社会和生态文明的全面推进，法治作为这些治理领域的连接点，使得国家治理成为系统的网络布局，得以发挥宪法法律在国家各领域治理中的推动和保障作用。

1. 主体法治观

国家和人民是法治秩序下的恒定主体，国家治理要坚持人民主体地位，新时代国家治理法治观下人民是治理主体，国家是治理对象。人民是历史的创造者，党的十九届四中全会指出，坚持人民主体地位，确保人民以各种途径和形式管理国家事务。“人民主体地位原则作为全面依法治国的根本价值准则，是在继承了中国传统以人为本优秀思想基础上，通过反思和扬弃人民主权思想，创造性发展而形成的中国特色社会主义民主法治理论。”②党的十九届四中全会提出，坚持人民当家作主，发展人民民主，密切联系群众，紧紧依靠人民推动国家发展是我国国家制度和国家治理体系的一项显著优势。我国实现人民当家作主有根本政治制度和基本政治制度保障。中国共产党领导人民治理国家坚持人民主体地位，主要体现在党的宗旨和初心使命上，党领导人民运用法治治理国家，出发点是为人民谋幸福，落脚点也是人民谋幸福。民主集中制是国家机构原则，国家机关接受全体人民的监督，国家机关在制定、执行和适用法律时，充分反映人民意志。

2. 规范法治观

党内法规体系和以宪法为核心的中国特色社会主义法律体系为党和国家机关的行为提供规范依据，“法无明文规定不可为”是新时代国家治理法治观规范层面的基本含义，法律规范的解释必须符合现行宪法法律

① 张文显：《法治与国家治理现代化》，载《中国法学》2014 年第 4 期。

② 汪习根、陈骁骁：《习近平关于中国特色社会主义法治重要论述的科学构成》，载《中共中央党校学报》2018 年第 6 期。

规定的基本精神。党内法规指导党的各级组织和全体党员的行为，宪法法律是国家和公民行为的基本规范，二者的制定兼顾合法性和合理性原则，为法治在国家治理运行中提供规范凭借。党内法规制度体系保证党领导权的纯洁性和先进性，宪法法律构建了国家各项制度体系，宪法法律规范的覆盖全面性特征意味着国家治理更强调宪法法律的规范作用。党和国家机构改革，赋予了全国人大宪法和法律委员会合宪性审查的职责，一定程度上促进法律规范的正当性，维护国家法制的统一、尊严、权威。合宪性审查的方式、程序、标准等制度和工作的落实，配合具体的监督程序，宪法和法律委员会才能在宪法实施监督方面发挥更大的优势和作用，保证法律法规的一致性，为国家运行提供合理的制度规范。①党内法规体系和中国特色社会主义法律体系的同向共同完善发展，方能为国家治理法治化供给科学规范。

3. 系统法治观

推进国家治理现代化，需要从国家治理的各个方面入手，深入开展全面依法治国实践。②依法治国原则是深化依法治国实践的总体指导性原则，需要明确国家治理法治观的中心环节和调整领域，运用协同社会治理理念，系统落实依法治国原则。新时代国家治理法治观强调法治必须统筹兼顾、把握重点、整体谋划，更加注重系统性、整体性、协同性，全面推进依法治国在新时代进入协同推进和纵深拓展阶段。③党的十八大以来，法治发展战略从法治各环节领域相对分别运行到全面系统推进依法治国转变，推进全面依法治国这个系统工程，要把法治建设的各个方面协调整合起来，在法治道路上，运用法治理论指导实践，通过法治制度的执行使依

---

① 熊威：《论全国人大职能的回应型演进路径——以合宪性审查为中心》，载《人大研究》2020 年第 1 期。

② 卓泽渊：《国家治理现代化的法治解读》，载《现代法学》2020 年第 1 期。

③ 马怀德：《全面依法治国进入新阶段——学习习近平总书记在中央全面依法治国委员会第一次会议上的重要讲话》，载《紫光阁》2018 年第 10 期。

法治国原则得以全面展开、协调推进和具体落实。[1]新时代国家治理法治观包括了多重系统整合内涵，首要内涵是坚持党的领导、人民当家作主、依法治国有机统一，其次是坚持依法治国、依法执政、依法行政共同推进，坚持法治国家、法治政府、法治社会一体建设，坚持依法治国和以德治国有机结合。[2]立法、执法、司法、守法构成新时代国家治理法治观的完整系统链条，各个环节的精准施策，才能保证发挥国家法治治理系统的最大价值。在系统法治观内部，需要注重关键部分的作用，依法治国首先要坚持依宪治国，依法执政首先要坚持依宪执政，新时代国家治理法治观的整体系统性注重宪法规范的纲领性作用。

（二）新时代国家治理法治观价值的形式与实质之辨

“法治的尺度不仅在于是否以法治国，而且在于法律本身所追求的价值以及这种法律形成的权威程序化的机制。”[3]国家治理法治观在新时代走向成熟，丰富了法治价值形式与实质的内涵，形式法治与实质法治都体现了法治在国家治理现代化中的重要价值影响，人民群众向民主、公平、正义、安全、环境方面延展的美好生活向往都能通过法治体现并得到实现。

1. 国家治理的法治保障环节

在新时代国家治理法治观的视角之下，国家治理的多个重要方面都由法治提供保障，国家治理的法治保障侧重为程序之治。新时代我国程序法治不断加强完善，面向立法决策、行政执法、司法活动的程序规范化法治化，守护着中国法治建设。良法是善治之前提，程序法治能够保证良法的制定并获得普遍的服从。2015 年《立法法》修改，从原来的 94 条增

---

① 李林：《习近平全面依法治国思想的理论逻辑与创新发展》，载《法学研究》2016 年第 2 期。

② 习近平：《决胜全面建成小康社会夺取新时代中国特色社会主义伟大胜利——在中国共产党第十九次全国代表大会上的报告》，人民出版社 2017 年版。

③ 王人博、程燎原：《法治论》，广西师范大学出版社 2014 年版，第 87 页。

加到105条，进一步具体明确了立法权限、立法程序，保证发挥立法的引领和推动作用，提高立法质量，需要更好地规范程序法。2019年9月国务院公布了《重大行政决策程序暂行条例》，规范了重大行政决策程序，促进了科学民主依法决策，有助于提高决策质量和效率。法治政府建设是国家治理的关键环节之一，政府是践行法律程序的主要主体，其行为必须按照法定步骤和方式进行。深化行政执法体制改革，就是各级政府要根据宪法法律规定的事权行使职责，依法行政。坚持严格规范公正文明执法，特别是建立健全行政裁量权基准制度，就是要保证行政执法行为过程的合理性。设定法定程序推进公务公开，是对公众知情权、参与权和监督权的保障，也有助于政府治理能力提升。努力让人民群众在每一个司法案件中感受到公平正义，司法的过程严重影响最后的结果公正。完善司法管理体制和司法权力运行机制，健全办案过程符合程序公正的法律制度，加强诉讼过程中的人权保障，实解决执行难的问题，都属于新时代国家治理法治观在司法领域所做的程序法治回应。程序法治能够在充分尊重个人尊严基础上解决社会中的各种纠纷，法治对立法程序的要求，能将实质法治从价值选择的封闭中开放出来。①程序法治是国家治理法治观的形式价值体现，首先其作为达成实体法治的过程，其次表现在程序自身的内在价值。正当的法律程序能够限制约束权力，通过参与保证公正公开来高效解决纠纷，有助于增强全民法治观念，推进法治社会建设，最终形成全社会的法治信仰。在新时代国家治理法治观视野下，程序法治被放在了与实质法治并重的地位，程序法治在法治中国建设中彰显了别样的核心魅力。

2. 法治和权利共生共荣的内在逻辑

实质法治或实体法治体现了对法治的实质价值的追求，实质法治和

① 汤善鹏：《论立法与法治的契合——探寻程序法治的理论逻辑》，载《法制与社会发展》2019年第5期。

程序法治都是国家治理法治化需要实现的环节，新时代国家治理法治观蕴含了实质法治和程序法治的价值观，实质法治体现在与权利共生共荣的内在逻辑之中，权利集中表达法治实质价值，法治就是自然权利、法定权利、主体的现实权利三者依次转化的结果。[①]法治所能实现的各种实质价值，包括秩序、正义、自由和幸福都能通过权利的实现得到彰显。我国法治建设基于保障人民民主，推进民主制度化、法律化的需要，回归到保障人民根本权益这个出发点和落脚点上。实现全面依法治国总目标，必须坚持人民主体地位原则，人民通过各种途径和形式管理国家事务，是对人民政治权利的保障。坚持法律面前人人平等原则，任何组织和个人都必须依照宪法法律行使权力或权利，以规范和约束公权力为重点，通过宪法法律的实施对权利的行使设定边界，探索我国人民权利实现的特色治理模式。党的十八届四中全会明确了依法保障公民基本权利，保障公民人身权、财产权、基本政治权利不受侵犯，保障公民经济、文化、社会等各方面权利得到落实，实现公民权利保障法治化。权利是法学理论的核心范畴，[②]亦是法治实践的核心范畴。

我国社会主要矛盾已经转化为“人民日益增长的美好生活需要和不平衡不充分的发展之间的矛盾”，美好生活的向往在法治层面的追求，应当使人民的权利得到实现，让人们活得更有尊严。生态文明写入宪法，为人民生态权利的实现提供了宪法保障，生态权利不再是自然界中的权利，不再只是单项价值和单一内容的权利，在新时代国家治理法治观视野下，宪法环境制度框架的生态法治为生态权利实现提供了保障路径。[③]《民法典》将人格权独立成编，作为学者讨论的最具“时代感”的分编，为人格权保护和实现提供了充分的民事请求权法律基础，是对党的十九大保护人

① 王人博、程燎原：《法治论》，广西师范大学出版社 2014 年版，第 140 页。
② 童之伟：《论法学的核心范畴和基本范畴》，载《法学》1999 年第 6 期。
③ 张震：《生态文明入宪及其体系性宪法功能》，载《当代法学》2018 年第 6 期。

民人身权、财产权和人格权思想的实践立法，体现了以人民为中心的发展思想。法治是社会主义核心价值观的核心内容之一，法治和德治在国家治理中共同发挥作用，制定公共文化服务保障法，制定文化产业促进法，这些保障人民基本文化权益的文化法律制度体现了法治环境下对于人民文化权利的保障，《宪法》第二章的公民基本权利规范提供了人民广泛文化权利保障的规范依据。实质法治的权利观念是新时代国家治理法治观价值的根本体现，构成了依法治国实践的核心，形式法治的程序理念为实质法治提供了屏障。实质法治要求法律符合人权的要求，维护人的尊严，形式法治与实质法治相比存在缺陷，但二者并非对立关系，而同为法治中国建设的重要内容。①

3. 党和法治之间的一致性

中国共产党坚持依宪依法执政，国家治理法治化需要坚持党的领导，党的领导需要依靠国家法治治理进行，党与法治在根本是一致的。党领导立法、保证执法、支持司法、带头守法是推进程序法治和实质法治的政治保证，党为实质正义提供了一道最后防线，党所拥有的政治权力确保程序正义的实施不被动摇，承担着守护实质正义灵魂的责任。②党与法治的关系主要体现在党的政策与宪法法律的关系上，体现在党内法规和宪法法律的关系上。党的政策意志通过法定程序成为国家意志，通过制定体现人民根本利益和社会发展要求的法律，党将自身的行为纳入程序法治和实质法治的范围之中。党依法执政所依之法主要包括政党法律规范、宪法法律以及立法法所确认的各种法律形式层面的内容，但凡与党的领导、执政相关的法律，都是依法执政所依据的法律。③党内法规是管党治

① 李桂林：《实质法治：法治的必然选择》，载《法学》2018 年第 7 期。

② 李世默：《中国与法治》，载《东方学刊》2019 年第 4 期。

③ 李步云、李林等：《全面推进依法治国 迈向法治新时代》，载《法学研究》2013 年第 2 期。

党的重要依据，是建设社会主义法治国家的有力保障，党内法规制度建设是党内法治的主要任务，党内法治是新时代国家治理法治化的内容。“实现党内法治，不仅要求党在宪法和法律的框架管党治党，而且要求依照党内法规实现自我规制”①，党内法治的实现也必须基于我国国情的制度规则和程序规则。实现国家治理法治化，彰显新时代的形式法治和实质法治价值，有赖于国家宪法法律和党内法规的权威高效实施，“党的领导是中国的基本法治国情”，法治为权利的实现提供了立法保护和司法保护，中国共产党作为代表最广大人民根本利益的政党，带领中国人民走出了一条符合我国国情的中国特色权利实现道路。

三、依法治国原则的实施进路

“改革开放以来，党领导人民建设社会主义法治国家，形成了以宪法为核心的中国特色社会主义法律体系，形成高效的法治实施体系，是建设中国特色社会主义法治体系的重点难点。”②依法治国原则从确立之始，一直在国家治理中被强调，进入新时代，依法治国原则的实施体现在深化依法治国实践中，体现在宪法实施与监督、法治政府建设、司法体制改革和全民法治意识提升上，最终回归到宪法法律的实施上，保证宪法法律实施就是保证党和人民共同意志的实现。新时代国家治理法治观的目标实现依赖宪法法律的实施，首先要将国家治理回归到宪法治理上，重视宪法权威。③其次是法律的实施，主要依靠行政执法、司法适用和公民守法，宪

① 张薇薇：《党内法治的法理证成》，载《法制与社会发展》2019 年第 4 期。

② 周强：《形成高效的法治实施体系》，载《求是》2014 年第 22 期。

③ 韩大元：《近 30 年我国宪法学方法论的演变》，载《法学论坛》2013 年第 1 期。

法实施和法律实施具有共通性。

(一)新时代宪法法律实施的多样可能性

1. 宪法实施的新特点

国家法治治理是我国国家制度和国家治理体系的显著优势,将显著优势转化为国家治理效能,坚持和完善中国特色社会主义法治体系,要健全保证宪法全面实施的体制机制。我国宪法具有鲜明的中国特色,我国宪法的实施必须遵循我国特殊的历史逻辑、理论逻辑和实践逻辑;宪法实施的水平如何,是全面推进依法治国一个至关重要的课题。①党的十九大指出,加强宪法实施和监督,推进合宪性审查工作,合宪性审查是推进我国宪法实施最直接的手段。合宪性审查同样是一项系统工程,对于合宪性审查的程序、主体等②,还处于不断摸索创新发展的过程,目前仅仅停留在全国人大常委会对规范性法律文件的备案审查阶段③,建立健全"中国模式"的合宪性审查机制,已是我国法治建设的必然。

宪法是法律的根本规范依据,立法是宪法实施的间接手段。立法制度是规范立法活动的基础,要健全立法工作体制机制、健全有立法权的人大主导立法工作的体制机制,加强和改进政府立法制度建设,提高立法质量和效率,促进中央到地方立法工作的高效有序展开。立法是新时代宪法实施的重要任务,立法要围绕宪法文本展开,要全面推进科学立法,加强重点领域立法。比如生物安全领域立法,习近平总书记在中央全面深化改革委员会第十二次会议时强调,把生物安全纳入国家安全体系,系统规划生物安全风险防控和治理体系建设,加快推进生物安全领域立法,更好维护国家安全,确保人民群众生命安全和身体健

---

① 翟国强:《中国宪法实施的理论逻辑与实践发展》,载《法学论坛》2018 年第 5 期。
② 刘连泰:《中国合宪性审查的宪法文本实现》,载《中国社会科学》2019 年第 5 期。
③ 梁鹰:《2019 年备案审查工作情况报告述评》,载《中国法律评论》2020 年第 1 期。

康，生物安全立法是对宪法环境条款和国家安全条款的规范阐释，是宪法规范的具体实施。我国宪法实施的含义广泛，实施主体多元，实施方式多样。[①]宪法实施还依靠宪法宣誓制度、宪法宣传教育体系、宪法监督制度、宪法解释程序机制等各项制度的协同配合。维护宪法尊严、保证宪法实施是全国各族人民、一切国家机关、各政党、社会团体和各企事业组织负有的职责。

2. 法律实施各环节的制度更新

党的十八届四中全会指出，我国法治建设存在许多问题，主要表现为：有法不依、执法不严、违法不究比较严重，执法司法不规范、不严格、不透明、不文明现象较为突出，部分社会成员尊法信法守法用法、依法维权意识不强等。这些问题，又集中在法律实施上，法律实施作为宏观的法律运作机制，需要坚持和寻求法律实施各环节的制度更新。新时代国家治理法治观在法律实施方面，要求政府、司法机关在法治轨道上开展工作。为推进法治政府建设，国务院深入推进简政放权、放管结合、优化服务的“放管服”改革，取消大量行政许可事项，改革市场准入制度，全面实行清单管理制度，是深化行政执法体制改革的具体延伸。深化司法体制改革主要解决的就是司法公信力不足的问题，司法作为公平正义的“最后一道屏障”，法律的公平正义最终要在司法环节得到实施落实。推进审判权和执行权分离体制改革，设立最高人民法院巡回法庭，改革法院案件受理制度，构建开放、动态、透明、便民的阳光司法机制，健全行政执法和司法制度衔接机制，法律实施在行政执法和司法适用得到了来源于实践的制度更新。公民法治意识的提升需要行政执法和司法适用提供支撑，政府在治理过程中的法治能力以及司法机关在化解纠纷中对法律的运用直接影响人民对于法律的获得感。法律实施依靠人民群众的自觉遵守，法律权

---

① 孙晓勇、高尚：《人民法院实施宪法刍议》，载《法律适用》2019 年第 19 期。

威来源于人民内心的真诚拥护，要培养高素质的法治队伍，推进多层次多领域的依法治理，健全依法维权和化解纠纷解决机制。“关键少数”尤其体现了习近平法治思想在法律实施方面的新理念，领导干部这个“关键少数”是全面依法治国的关键，作为各项权力的具体行使者，对于法律应充分了解掌握，带头尊崇捍卫法治，依法办事，用实际行动推动法律精准正确实施。法律实施不仅是简单的被施行的问题，还是运用法律方法解决法律问题的过程，法律实施还要依靠法律解释、法律方法和法律论证等法律方法来解决法律问题。

3. 宪法和部门法律之间的协同化实施

法治的核心是宪法法律的实施，宪法法律实施是当代法治的基本内涵，是抽象的行为变成具体行为的过程，我国宪法法律实施存在诸多制约因素，应加强和改进宪法法律实施方式。[①]加强和改进宪法法律实施方式，保持宪法和法律统一正确实施，需坚持和寻求宪法和部门法律之间的协同化实施。宪法和法律共同的法本质属性、共同的法治价值目标，二者的源流关系，提供了二者协同化实施的基础，而宪法和部门法律之间的协同化实施需要一套以宪法为核心的跨部门法协同的法律实施机制。宪法和部门法之间应相互理解，达成有效沟通，达成公法与私法、根本法与部门法的有效沟通，进而实现功能互补，实现局部性功能的整合。[②]宪法和部门法律存在天然的联系，人格权概念在宪法和民法上都有规范的表达，民法上人格权是宪法理念的落实，人格权得到了来自公法和私法的双重庇护。宪法实施必然依赖部门法，宪法实施通过部门法的制度设计得到实现，二者的协同化实施是必然的，而学界的部门法研究即是加强宪法实施的重要方式，是坚持依法治国的重要实践探索。

① 徐汉明:《法治的核心是宪法和法律的实施》，载《中国法学》2013 年第 1 期。

② 张震:《中国宪法的环境观及其规范表达》，载《中国法学》2018 年第 4 期。

（二）新时代关于宪法法律实施的四个认识

1. 法治在改革发展中完善提升

“改革是中国的第二次革命”，我国今天取得的成就源自改革，改革需要在宪法法律允许范围内进行，法治建设是改革在法治方面的深入，法治在改革发展中完善提升，宪法法律实施在改革中不断加强。宪法法律实施所面临的突出问题，根本途径要依靠改革解决，而宪法法律的实施过程是决定着改革能否持续、能否成功的关键所在。①法治和改革是实现全面建成小康社会的两个轮子，新时代国家治理法治观强调法治与改革相辅相成的关系，国家经济、政治和社会各方面制度的改革过程需要法治提供保障，改革成果需要法治保护，而法治在各领域改革深化中带来了治理理念和实践的更新。改革与法治需要协调推进，法治为改革掌舵，宪法法律的实施依赖于改革得到加强，法治的成果源自改革，保护这些成果，要维护宪法法律权威，确保宪法法律实施。法治与改革围绕着中国的实际运转，法治在改革中有引领和推动作用，保证改革围绕法治运行，需做到“凡属重大改革都要于法有据”。法治与改革服务于国家治理现代化的全过程，在法治轨道上推进改革，在改革中完善法治是新时代对于法治与改革关系的回答。

2. 宪法法律的有效实施有赖于道德支持

国家治理需要道德和法律共同发挥作用，依法治国和以德治国相结合在新时代国家治理法治观视野下得到了更丰富的诠释。德治源于中国传统儒家思想的治国理念，强调“为政以德”，2001 年江泽民同志就提出了“把依法治国和以德治国紧密结合”的治国方略，党的十八大以来，习近平总书记指出，建设法治中国，要使法治和德治在国家治理中相互补充，相互促进，相得益彰。道德对于法治有支撑作用，宪法法律的实施有赖于

① 周尚君：《法治中国建设的系统方法论》，载《光明日报》2018 年 7 月 20 日第 11 版。

道德的支持。从法律规范的法治原则，到具体的法律适用规则，在实施中会产生不同的认识，当权利难以完全得到保障时，以道德作为基础判断，能回归纯粹的理性和人性，维护宪法法律实施结果的正当性。一个社会的文明程度的提高能够为法治创造良好环境，社会主义核心价值观集中体现社会主义道德，推动社会主义法治成为良法善治。道德与法律之间存在错综复杂的关系，并非所有的关系或比较都可以用来证成德治，以德治国会面临需要解决的困难①，宪法法律的实施需要德治的土壤，但不能混淆二者的区别，过分迷信德治②，法治始终是国家治理的核心基点。

3. 法治素养的提升是深化依法治国实践的重要现实出路

主体法治观强调国家治理坚持人民主体地位，全民法治素养一定层面决定着宪法法律能否得到有效落实，坚持以人民为中心是深化依法治国实践的根本目标，法治素养的提升是深化依法治国实践的重要现实出路和有效方式。良法能否得到有效落实，实现善治，取决于行政机关的规范执行，同样取决于全民法治素养的提升，全民法治素养的提升能为宪法法律实施奠定坚实的社会基础。人民的主体意识是法治素养提升的关键，新时代国家治理法治观下，人民作为治理主体，要提高运用法治思维和法治方式的能力，参与到法治中国建设的伟大实践之中。法治素养的提高需要依靠法治宣传、法治教育，需要社会主义法治文化的建设，需要增强在宪法法律实施过程中的获得感，需要人民的共同努力，最终形成全社会的法治信仰，使得新时代全面推进依法治国思想成为人民群众的自觉信念和自觉实践。

4. 宪法法律实施的保障机制

法治的价值之一，在于保证法律价值实现的同时，将权力置于一个合适的位置，实现权力的制约，因为即使是合法性的权力也可能产生权力的

① 杨伟清：《道德的功用与以德治国》，载《中国人民大学学报》2019年第2期。

② 王人博、程燎原：《法治论》，广西师范大学出版社2014年版，第404页。

异化或腐败现象。[①]权力依据宪法法律产生，权力的行使必须受到宪法法律的约束。中国共产党是国家的最高政治力量，党的领导是全面推进依法治国、加快建设社会主义法治国家最根本的保证，中国共产党坚持依法执政是依法治国原则实践的政治保障。党的十九届四中全会提出，坚持和完善党和国家监督体系，新时代国家治理为党和国家监督体系和宪法法律自身构建的责任追究制度提供了宪法法律实施的制度保障。法治的核心目标是实现权利保障和权力制约，同党和国家监督体系的构建具有一致性，法治为党和国家监督体系完善提供制度层面的路径，党和国家监督体系的监督权的行使是依法治国、依法执政和依法行政的重要保障。保障宪法实施，必须构建一个既满足宪法基本要求又符合中国国情的宪法实施保障体制[②]，违反宪法的行为需要承担宪法责任。十八大以来，通过建立重大决策终身责任追究制度及责任倒查机制，全面落实行政执法责任制，实行办案质量终身负责制和错案责任倒查问责制，健全落实领导责任制，充分保障了宪法法律的实施。

四、结语

新时代国家治理法治观体现了我国国家制度和国家治理体系的显著优势，新时代国家治理法治观的实践就是要坚持全面依法治国，建设社会主义法治国家，切实保障社会公平正义和人民权利。新时代国家治理法治观指导着国家治理实践，基于中国特色社会主义制度产生展开，坚持和完善中国特色社会主义法治体系，服务于国家治理体系和治理能力现代

---

① 王人博、程燎原：《法治论》，广西师范大学出版社 2014 年版，第 128 页。

② 杨解君：《全面深化改革背景下的我国宪法实施体制创新——关于设立宪法实施委员会的思考》，载《江海学刊》2015 年第 1 期。

化，是新时代国家治理法治观的衍生逻辑。依法治国原则所确立的国家治理法治观在新时代得到了全新发展，主体法治观、规范法治观和系统法治观是新时代国家治理法治观的内涵表达，是国家治理法治观在新时代的新发展。新时代国家治理法治观的实践依赖于宪法法律的实施，法治实施被赋予了新的内容，习近平总书记全面依法治国新理念新思想新战略有了充分的实践表达。“社会主义现代化强国必然是法治强国，把握习近平总书记全面依法治国新理念新思想新战略，将助推国家治理体系和治理能力现代化，助推我国制度优势更好转化为国家治理效能。”①中央全面依法治国委员会第三次会议强调，我国社会主义法治凝聚着我们党治国理政的理论成果和实践经验，是制度之治最基本最稳定可靠的保障。新时代国家治理法治观是习近平法治思想的凝练表达，是马克思主义法治思想中国化的最新成果，是依法治国原则在新时代的丰富发展，是提供坚定中国特色社会主义自信基本依据的显著优势，指导着全国各族人民在全面依法治国伟大实践中的具体工作，为国家治理的法治中国建设格局提供思想指引和道路方向。

---

① 付子堂：《习近平总书记全面依法治国新理念新思想新战略：发展脉络、核心要义和时代意义》，载《中国法学》2019 年第 6 期。

对本土资源的补充性论述

——《法治及其本土资源》读书报告

王　玮*

一、本土资源论的论证思路

苏力先生在《法治及其本土资源》一书的《变法，法治及本土资源》一文中采用先破后立的方法，对当时主流的"变法"模式——政府运用强制力规制经济和社会的法制建设模式，提出质疑。①第一，这种理论本身存在缺陷，即"过分强调法律对市场经济和社会塑造的作用，因此有唯意志论倾向"②。第二，举例论证了这种模式在实践过程中会遇到极大的阻力。因此，苏力先生在书中提出其新的观点："中国的法治之路必须注重利用中国本土资源，注重中国法律文化的传统和实际。"③从其适用成本低、地方性知识和有限理性两个方面论证利用本土资源的合理性。在《法

*　王玮，西南政法大学行政法学院本科 2017 级学生。

①　苏力：《法治及其本土资源》，北京大学出版社 2015 年版，第 3 页。

②　同上书，第 4 页。

③　同上书，第 6 页。

律规避和法律多元》《再论法律规避》两篇文章中提出了本土资源论的具体可行的方法——法秩序的本土化。①

值得注意的是，作者字里行间隐晦地表达了“变法”模式和利用本土资源并不完全排斥，本土资源论这一观点是建立在批判“变法”模式的基础上，并不是否定这一观点。如文中所述，“必须指出，我并不反对吸取西方的观念和法律制度……而且我也承认在今日之世界，不可能有任何国家可能或有必要完全依靠本国传统来发展建立现代法治，法律移植不可避免”。②只是在作者的论证中，作者偏向性地肯定本土资源论，对于“变法”模式所起到的积极作用的相关论述较少。

二、论证中的模糊化和矛盾化倾向

（一）模糊化

在上文中提到了作者对于“变法”模式与本土资源论的偏向性论述。这其实是一种模糊化的论证。由于偏向性，作者模糊了对于“变法”模式的积极作用和本土资源论的消极作用的相关论述，在文中对于本土资源论的缺陷的相关论述是匮乏的，使得本土资源论缺乏完整性。同时，在对于本土资源论的论证中也带有模糊化的倾向。比如“这种模式（‘变法’模式）并不总是成功的；相反，一些初看起来并不激烈的、甚至保守的法律制度变革却获得了成功”③。

综合其历史因素，我认为作者这样写与写作目的有关。在“变法”模

---

① 马丹：《“本土资源”的解构与反思——对〈法治及其本土资源〉的一种解读》，载《法制博览》2015 年第 33 期。

② 苏力：《法治及其本土资源》，北京大学出版社 2015 年版，第 37 页。

③ 同上书，第 4 页。

式为主流的时代，作者看到了在这一模式下中国法制建设进程中出现的问题，并迫切地希望引起关注，并使问题得到解决。因此本土资源论的提出，与其说是为中国法治建设构建一条新路线，不如说是对其(法律普适性)提出的反思和新的挑战。这也正如赵晓力在本书的序中所说“我认为，苏力在本文集中最重要的贡献便是对盛行的法制建设的‘现代化方案’的反思和挑战”①。

(二) 矛盾性

矛盾性体现在多个方面。第一，在本土资源和法律移植之间的矛盾。作者在论述中多次强调本土资源的重要性，如“作为一种制度的现代法治之所以不可能靠‘变法’或移植来建立，必须从中国的本土资源中演化创造出来”②，但是在另一方面，作者又认为“不可能有任何国家可能或有必要完全依靠本国传统来发展建立现代法治，法律移植不可避免”③。对于本土资源和法律移植之间的权重，作者并没有对其进行明确的阐述。第二，在于法律多元与法律一元的矛盾，作者认为“国家法律须保持一定的震慑力和权威性”④，同时认为“国家制定法作出妥协也许更为紧要”⑤，对于国家制定法与民间法之间的平衡似乎也显得摇摆不定。

对于上述的矛盾，根据唯物主义辩证观，矛盾并非不可调和，在二者相矛盾的情况下可以具体情况具体分析，寻求一个平衡点。但是在作者的论述中并没有很好地调和这些矛盾，反而在论述中给人摇摆不定之感，使得本土资源论缺乏现实可行性。

---

① 参见苏力：《法治及其本土资源》，北京大学出版社 2015 年版。

② 同上书，第 19 页。

③ 同上书，第 37 页。

④ 同上书，第 62 页。

⑤ 同上书，第 70 页。

（三）模糊化和矛盾化的根本原因

对于作者论述模糊化和矛盾化的根本原因，也许正如强世功所说的："这种批评的无效性与其说是由于苏力立场的不坚定，还不如说是由于苏力所批评的东西是漂移的，使得他不得不移动位置来瞄准，而这一切是由于苏力没有将理论对象明确地建构起来，他所批评的对象并没有被他死死地钉在地上。"[①]作者论述的问题源于自身理论的不成熟，对于本土资源这个核心概念，作者其实没有很好地界定。作者自己也如是说："我几乎从来不为本土资源这个概念辩护，在抽象层面上讨论中国有没有本土资源而是讨论具体的问题……抽象的讨论本体资源是空洞的，没有意义的，资源是在使用中确认的。"[②]因此，想要弥补其论述的缺陷，必须先从本土资源论本身补足，对本土资源进行重新界定。

三、对本土资源的补充性论述

（一）实践中本土资源运用——从许霆案说起

其实在法治建设的实践中，对于本土资源的运用其实是自然而然的，很多时候并没有深究究竟何为"本土资源"，也正是因为这份自然而然的中国本土印记，才可称为是本土滋生的资源。这里将运用许霆案来说明实践过程中对本土资源的运用。

许霆案，发生于 2007 年、2008 年判决的中国广州的一桩刑事案件。许霆利用银行的 ATM 取款机发生故障，取款 17.5 万元人民币，广州市中级法院以盗窃罪判处其无期徒刑，经上诉后改判为有期徒刑五年。其中

---

① 强世功：《暗夜的穿越者——对法治及其本土资源的解读》，http://fgfy7112654eef274125bd8c6e4a00fbce2fh5ncbk0qbwfbk6u6n.fbby.oca.swupl.edu.cn/data/38343.html。

② 参见苏力：《批评与自恋》，法律出版社 2004 年版。

前后两次量刑相差之大，个中原因是很值得深究的。一审判决宣告后，民间反响强烈，普遍认为量刑过重、量刑“不合理”。刑法理论界、实务界多数意见认为本案量刑“不合理”，但判决“合法”。那么这个“不合理”不合的是什么理呢？笔者认为这里的“理”就是一种“本土资源”，它无法言明，我们只得笼统地称之为“情理”。这份情理，是从中国本土发展出的人们的思维方式和行为模式。具体而言，公众对于案件的立场与态度，往往取决于他们对于涉案当事人主观善恶状态的认识和判断。①而人们心中的是非善恶观念是根植于社会的，尽管会因个人生活经历的差异而有所区别，但在大体上是趋于一致的。在许霆案中，人们会认为许霆的行为是恶，但并非大恶；有过错，但银行方也有过错；在人们的固有思维中，人们总是对于弱势方总是有更多的倾向。这些并不是出于专业的法理分析，而是出于民众心中朴素的善恶观。同时，社会生活中所形成的常识与经验，是公众认知司法个案并据此表达判意的又一依据。许霆的行为，并不符合传统公众认知中对于盗窃的想象，因此在人们的认知中其行为不应该适用常规的刑罚处罚。②这些判断善恶、认识是非的标准和方法，来源于社会的组织形式、思想意识、地理环境等各方面因素的共同作用。而这些，是我们传统所认为的本土资源，但根据上述分析，真正在法律运作中起作用的是由此而生的思维方式和行为模式。

而这个案子是如何得以改判的呢？在一审判决中，法官的确严格适用了法律，单纯按照相关法条来判，似乎是做到了罪责刑相适应，但是却不合理，且违背了刑法的目的，而一个公正的判决应当是既合法又合理的。难道在这一情况下，我们就可以断言国家制定法与民间的“法”相冲突吗？其实并不然，经过多年的完善，在法律中其实多了很多可解释的空

---

①② 顾培东：《公众判意的法理解析——对许霆案的延伸思考》，载《中国法学》2008 年第 4 期。

间，如《刑法》第十三条但书、免于刑事处罚和减轻处罚等相关规定。我们在解释、运用这些“空间”时，运用的理论正是我们的本土资源。许霆案的改判正是运用了我们的思维方式和行为模式去解释《刑法》第六十三条第二款关于减轻处罚的规定——当时认为行为人是以平和的方式取财，无事先预谋；同时未给他人造成人身威胁；事发偶然，动因强大，对其期待可能性低；以及对这个年轻人的同理心等这些方面去理解行为人的行为。这些是从法理的角度进行分析的，但在笔者看来，这也正是运用法理对民众朴素认识的概括升华。这是一个运用本土资源协调法与理的生动实践。

（二）真正的本土资源——结合《乡土中国》来看

通过对许霆案的分析可以得出：从本土发展出来的人们的思维方式和行为模式。在这一部分将结合费孝通先生的《乡土中国》对其作出具体的阐述。

所谓“本土”，是指在一定的地域内，包括其所承载的政治、经济、文化等各方面。同时这也是一个双向塑造的过程，“本土”中所有的因素孕育出资源，而“本土资源”又在时间的推移中反作用于“本土”。从《乡土中国》中我们明晰了乡土社会这一概念，并用之理解中国社会后发现，人们从乡土社会中培养出的思维方式和行为模式会在各个方面影响人们的社会活动，并且这种思维方式和行为模式会在代际之间传递，并不会随着时间的推移和社会的变迁有根本性的变动。如人们对于“礼”的遵守，或许如今的“礼”和先前的“礼”已经大不相同了，但是人们对其本能的尊重并且遵守却依然没有改变，这也由此构成了中国实质意义上的“本土资源”。正如苏力在书中论述的法律规避，驱使人们进行法律规避的正是出于人们思维方式和行为模式的影响。符合人们思维方式和行为模式的规定人们就去遵守，法律的实施成本也就较低；反之，人们就会采取规避的方法，去寻求他们所认为的最佳解决方案。

界定了本土资源，要如何解决上述矛盾，如何利用其发展法治呢？笔者认为目前法治建设进程中应该将本土资源置于辅助地位。单靠本土资源是发展不了法治的，法治应该在本土资源的基础上有所超越。在这里先不论中国有没有法治的传统，法治要超越本土资源，就需要借鉴从其他土地上孕育出的资源以及从“本土资源”上建立的法治，这样才能为那些依靠自身“本土资源”不能解决的问题提供启发。使这种启发可操作化，再将其置入我们的本土资源中去实践，并不断完善，最终使其得以内化。

如何使本土资源起到辅助作用，就像许霆案所体现的那样。在立法上，我们给予一定的预设空间，使国家制定法在可以保持其震慑力和权威性的同时，具备可解释的空间。同时在法律的实践过程中，可以对其在民间的反响作好反馈，根据民间的反应以及社会条件的变化，对法律作出及时、适当的修正。在司法过程中，注重运用本土资源来协调法与理的冲突，使判决尽量做到既合法又合理。

四、结语

本土资源是从本土发展出来的人们的思维方式和行为模式，并且在目前法治建设的初级阶段本土资源的作用应该处于辅助地位，但是随着法治建设的不断发展，本土资源的作用将会越来越突出，其作用将随着社会的发展呈现出动态变化。

论中国本土化法治发展

——读《法治及其本土资源》有感

杨泽楠 *

一、创作背景

《法治及其本土资源》一书于20世纪90年代出版，正值中国建设社会主义市场经济体制时期，社会转型导致社会内部各领域都发生着改变，法学也不可避免地发生着巨变。一时间，“法律规避与法律多元”“什么才是适合市场经济的法律”“如何看待抗辩制改革”都成为了亟待解决的法学问题，苏力教授同其他法学家一样也对这些表示忧虑。他看到生硬的、不加本土化的学习西方法律制度可能非但没有从根本上解决社会问题，反而为今后的法治发展带来了困难，不禁提出质疑“什么是你的贡献?”而本书体现出了后现代主义写作风格，其重点在于解构，面对着种种问题，也并没有给出一种合理的解决方案。作者自言，读者不必过分追求具体结论，而应更多地注重文章撰写的角度、分析过程以及对此现象的评价。

* 杨泽楠，西南政法大学行政法学院本科2017级学生。

作者在行文中也没有对问题进行严密论证，更像是针对当时社会问题而进行着一场自我辩论，目的在于展示正反两面的利弊，至于相比之下，双方谁更适合中国法治的发展，则进行了回避。

例如在《关于抗辩制改革》一文中，作者对于抗辩制在司法审判中的引入进行了较为全面的分析，提出了抗辩制相较于询问制可能从一定程度上增加了社会成本，可能会打破我国"以事实为依据、以法律为准绳"的原则，习惯于重视实质正义的中国老百姓可能难以接受由有错必纠到有错不纠这一原则的改变等问题。同时，作者又站到了辩论的另一方，从经济角度以及防止司法机关和人员的贪污腐败、提高司法系统的权威性角度对于推行抗辩制的必要性进行了分析和论证。回顾作者的写作思路，仿佛他并没有直接对中国法治发展或改革提出有推动性的意见，但是正如作者所言："本文并不打算抽象的、无背景的讨论抗辩制与询问制之优劣"①，"提出一些问题仅供人们思考，却不急于回答这些问题"②，作者的目的在于将隐含的、深层次的问题提出来。

二、作者笔下法治问题的矛盾根源

本书更注重从中西方法律制度的差异性角度来论证其观点，正如作者所言"中国当代的法学研究更缺少学术的传统，缺少研究中国实际的传统。中国法学不仅无法与积淀深厚的中国传统学科文史哲相比，与社会学相比，也缺少像费孝通先生那一代很有成就的学者"③。而由于法学与社会学之间有着紧密的联系，我们可以从社会学的角度分析中国法治发

---

① 苏力：《法治及其本土资源》，北京大学出版社 2015 年版，第 166 页。
② 同上书，第 167 页。
③ 同上书，自序第 5 页。

展以及建立社会主义市场经济体制过程中的法学问题。

依据《乡土中国》的观点，中国古代社会是一种典型的乡土社会，长期以一种较为成熟的礼法结合的方式维系着国家机关的运行与社会的稳定。从国家统治层面，君主颁布相应的法律、敕令严格规范底层人民的行为，而在社会内部结构中，又运行着另一套以“礼”为核心的习俗规范，这将中国法律制度从根本上与西方国家的法律制度区别开来。然而近代西方国家的大规模侵略活动使得近乎毫无关系的二者被迫进行沟通交流，而近代中国在战争方面的失败迫使其做出了相当痛苦的转变，不断进行改革与内部革命。虽然中国凭借西方政治、军事等方面的武器武装自己并最终取得了战争的胜利，然而却留下了至今仍未解决的社会问题，中国当下的法律制度正是处于此种状况。

西方法律制度是在与社会发展中逐渐适应、磨合形成的，彼此促进、相互补充，二者相当自然地融合在一起。[①]而与西方国家法律制度较为稳定、缓慢的发展过程不同，中国近代法律制度自确立之时起，便由于人们对于法律制度的“先验”思想，承载着超负荷的重量，其作用在于推翻旧制度，建立一种新型意义上的法律体系。西方国家可能利用法律进行内部改革。当统治者决定将法律作为一种革命工具用于推动社会向西方化转变时，法律便同旧社会形成了长期的对立关系。在相当长的时间里，法律作为强行限制人民行为的权威，一定程度上规范了中国的发展方向，为中国走出阴暗起到了较为重要的作用，但是这期间伴随着的剧痛，也导致法律失去了某些公信力，因此在《法治及其本土资源》一书中，我们会发现20世纪末诸多法律与社会的矛盾点。

---

① 张震等主编：《外国宪法》，中国人民大学出版社2014年版，第一章“英国宪法”。

三、当下中国法治存在的问题

（一）公法领域

从社会学的角度看待中国社会，便不难发现我们当今的政治、法律等问题，很大程度受历史传统影响。由于我国传统经济类型属于重视农业生产的小农经济，使得中国无论是社会还是家族、家庭都有着浓厚的家长制色彩。正如《乡土中国》中讲到的："教化性的权力虽则在亲子关系里表现得最为明显，但并不限于亲子关系。凡是文化性的不是政治性的强制都包含着这种权力。"①从夏商周时期的萌芽阶段，到宋元明清的完善阶段，中国家长制观念在传统社会中是中国人思考问题的重要方式，在家族层面体现为，元老统治家族的一切事务；在社会层面体现为，君主拥有至高权力，国家政治拥有主导型力量。法律成为政治的下属分支，逐渐沦为政治的工具。虽然近代中国引入了平等、自由等思想，但是受传统因素的影响，法律仍然表现出政治色彩过于浓厚的特点。这对公法与私法的发展造成不同程度的阻碍。从公法领域讲，法律承载了更多的政治目的，使得我国在 20 世纪 80 年代确立了超职权主义刑事诉讼构造。中国刑事诉讼由古代的纠问式转变为如今控辩模式，国家承担了刑事检察职责，正因如此，在一段时间内，国家法律与乡土社会的礼节形成了强烈的对立关系。国家法律依靠国家强制力作为保障；而乡土社会的礼节代表着人们千百年来的生活习俗与生活方式，是人们所信仰的规范。因此便出现了该书中"秋菊的困惑"与"山杠爷的悲剧"。回望历史，这种悲剧与无奈似乎是无可避免的。国家强制力具有威慑性，而传统习俗在乡土社会中也

---

① 费孝通：《乡土中国》，北京大学出版社 2012 年版，第 110 页。

拥有着让人无法抵挡的力量，甚至在某些地区，违背习俗导致人们的精神的死亡，死刑带给人们巨大的恐惧。因此大批像“秋菊”的人夹在二者之间，无论其如何选择，结果对其来讲注定是弊大于利的，这也是百年前的社会巨变残留下的余毒所致。而随着改革开放中国城市化进程的加快以及年轻一代人对于中国法律制度的认同，中国法律制度在农村推行的阻力逐渐减小；与此同时，人们在发现依照法律办事带来的切实的好处后，更愿意主动将民俗与法律进行有机融合，因此作者所讲的本土资源融入乡村社会的构想正在逐步实现，但是由于人们接受程度等因素决定了这个过程是缓慢的。

（二）私法领域

在私法方面，存在着更为复杂的问题。从根本讲，中国自古以来的农耕经济与西方国家的经济方式明显不同，这也注定了法律所代表的精神及意志与西方社会发展的需要截然不同。从近代社会讲，中国的资本主义力量相对薄弱，与资本主义国家法律的要求相距较远，由于意识形态的不同，中国在私法领域的发展一直处于停滞状态，中华人民共和国成立初期推行的法律仅是较为模糊的、难以指导实践生活的法律草本；这一情况的改变源于中国的改革开放。随着市场经济的发展，西方国家关于私法的较为先进的观点被引入中国。与历史一样，在此出现了受政治影响的法律“先验”的思想，即利用法律的强制性，使得政治力量过度干预市场的正常运行，从而一定程度上违背了经济的正常发展，加之中国在市场领域相对空白的历史经验，因此暴露出了私法领域立法方面的种种不成熟，“法律的经济成本”考虑不周，以及出现了一些较为粗糙的法律在灵活的资本市场中失效等亟待解决的阻碍市场经济发展的问题。中国之所以频频出现法律“先验”现象的原因，从一定程度讲，源于紧张的国际形势所带给中国的压力，迫使中国必须做出大跨步、剧烈的改变与改革。如果没有外界的封锁与针对，中国经济可能便不会发生如此痛苦的转型，而是采取相对温和的方式发展。

四、中国法治的未来

（一）如何认定中国法律所处的位置

如何看待法律方面出现的这些问题，这将取决于如何看待法律的作用，移植西方法律，就代表我们对法律发展的要求也要同西方国家相同吗？如果说法律的力量根植于人民、社会对于法律的信仰与依赖，那么这将从根本上改变我们对法律的看法。正如《法律与宗教》中所言："法律必须被信仰，否则将形同虚设。""它们（法律与宗教）因此将任何既定社会的法律秩序与这个社会对于终极的超验实体的信仰联系在一起。"[①]我们可以着眼于西方先进的法律制度而推行相应的改革，但是基于与其他国家不同的社会现状的事实，我们如今（至少是现在）所思考的应该是如何采取以一种较为符合本土文化的改革方式唤醒民众的法律意识，让民众信仰法律，如何引导公民以法律的思维思考问题，从而为当前的法律制度注入活力，而非照搬西方法律制度，否则将又会如南橘北枳般水土不服，落入"先验"思想的泥潭中。

（二）后现代主义存在的弊端

苏力教授在书中写道："在经济发展的同时或之后，世界也许会发问：以理论、思想和学术表现出来的对于世界的解说，什么才是你——中国——的贡献？"[②]这确实值得我们思考。但是一定程度上后现代主义借

① ［美］伯尔曼：《法律与宗教》，梁治平译，商务印书馆 2012 年版，第 17 页。
② 苏力：《法治及其本土资源》，北京大学出版社 2015 年版，自序第 2 页。

助于消解语言中间固有的意义，而消解人类的价值观。它消解的不仅是因循守旧的道德，还包括了历史。其中也存在着一些深刻的矛盾和严重的弊端，不仅对于整个人类文明，就是对于当下的中国社会的文明也已经带来不可漠视的负面影响。我们不可以忽略历史的价值，首先对于我们的内心情感而言，这无异于会造成一场更大程度的危机；而对于社会，也会导致秩序的崩溃。也正如苏力教授所讲，就过去一百多年来说，中国无论是在自然科学、社会科学还是人文学科，都主要从外国、特别是西方发达国家借用了大量的知识，甚至连这些学科划分方式本身也是“进口的”。学习的关键在于我们如何把握好外来与本土资源的关系。改变的过程中总会是伴随痛苦的，如何将痛苦限制在人民、社会的接受范围内才是我们当下所要思考的问题。

（三）中国法治发展的方向

可以说我国的法律一度经历了填鸭式的学习阶段，但就现在中国法律制度现状而言，中国已经逐渐摆脱了单向输入的被迫学习阶段而逐渐转为借鉴世界先进法学观点以补充我国法治发展空缺、较为良性的自我成长阶段；而当我们用中国智慧创造出一种更适合中国法律制度与社会的发展道路时，我们自然便会利用我们的法律制度本土资源为世界提供中国方案、作出属于中国的贡献。

一些怀疑与困惑

——《法治及其本土资源》读书报告

沙　颖*

1992 年 10 月，中共十四大确立了建立社会主义市场经济体制的目标。此后，如何建立起与社会主义市场经济相匹配的现代法治成了法学界讨论的热门。当时，许多学者主张的是更多移植经济发达的国家和地区的法律制度，并运用国家强制力以尽快建立一个现代的法律体系，即苏力所称的"变法"模式。但在苏力看来，中国法制建设的难点不在于法律移植不够，而在于立法中过于注重借鉴所谓的现代外国法律，反而忽略了中国本土固有的法律习惯与惯例。①他认为，中国的法治之路应当注重利用中国本土的资源，注重中国法律文化的传统与实际②，这一论点贯彻了《法治及其本土资源》全书的内容。

总体上我认同苏力不能过分强调法律移植、应当尊重社会实际状况的观点，但文中部分论证分析的过程令我产生了一些怀疑与困惑，接下来我将就这些疑惑作出一些解读。

---

* 沙颖，西南政法大学行政法学院本科 2017 级学生。

① 苏力：《法治及其本土资源》，北京大学出版社 2014 年版，第 3 页。

② 同上书，第 6 页。

一、存在成功利用“本土资源”的案例吗?

在《变法,法治及本土资源》一文中,为论证借助中国的本土资源建立现代法治的可行性,苏力曾以20世纪农村经济体制改革(实际上也是法律的变革)为例。在他看来,初看之下这种改革似乎仅仅是政府决策的改变,是一种“变法”,但细细对比就会发现,改革的重点家庭联产承包责任制与中国历史上长期存在的以一家一户为单位的小农经济制度非常相似。因此,农村改革的成功并不是因为其打破了传统,而是因为回归了传统。①

对这一论证在逻辑上是否成立我持怀疑态度。在农村经济体制改革前,农村经济生产中出现的主要问题是高级合作社和人民公社化脱离了中国农村生产力发展的实际水平,高度集中的劳动方式和分配中的平均主义影响了农民生产的积极性。在面对这种大规模集体经营带来的难题时,通过与其相反的分散经营来打破困境似乎是一种必然的选择,我们很难说这一定是受到了传统的影响。无论是凤阳小岗村最先决定包产到户的18位农民,还是后来将这一模式推广到全国的政府官员,他们在决策时恐怕都没有考虑到中国传统,更不会想到利用本土资源。在我看来,所谓的“回归传统”只是一种巧合,即使中国古代没有类似的传统,当时的人们也会那么做。甚至可以说,如果当时面对这种困境的,若经济模式、文化传统与中国截然不同的西方社会或许也会作出相同的选择。

纵观全书,苏力其实并没有找到本土资源在本土成功发挥作用的案例,当然这并不是说苏力的结论就错了,在此我仅仅是想指出他论证过程

---

① 苏力:《法治及其本土资源》,北京大学出版社2014年版,第16页。

中的一些有待商榷之处。

二、中国法治与社会背景脱节了吗？

在《秋菊的困惑和山杠爷的悲剧》一文中，苏力试图通过分析电影《秋菊打官司》中主人公秋菊的案例来证明，中国当代正式法律的运作逻辑在某些方面与中国的社会背景脱节了。[①]苏力认为，秋菊觉得村长可以踢她丈夫王庆来，但不能踢他的下体，这种权利的界定明显不同于法学界的权利界定[②]；此外，秋菊只是想要个说法，并不打算将村长送进监狱，当代法律制度的安排上没有给秋菊想要的"说法"留下足够的空间[③]，从这两点可以看出，中国法律制度在设计上没有充分考虑到本土的文化语境。

但事实的确如此吗？翻查《人体损伤程度鉴定标准》（以下简称《标准》）我们可以发现，相比其他一般人体部位，有关会阴部位的损伤程度界定标准在许多方面要更加严苛。比如，《标准》中规定"阴茎皮肤创口或者瘢痕长度 2.0 cm 以上"即可构成轻伤二级，这明显低于头颈部构成轻伤二级的标准，而手部产生的创口和瘢痕仅能构成轻微伤；再比如，《标准》中规定"阴囊皮肤挫伤"既可构成轻微伤，但四肢部骨挫伤才能构成轻微伤。由此我们可以看出，法学界的权利界定和秋菊的权利界定在一定程度上是相同的，法律同样认为"不能踢下体"。

至于秋菊想要的"说法"，根据《中华人民共和国民法总则》第一百七十九条第十一款规定，承担民事责任的方式包括"赔礼道歉"，而秋菊要的说法"大致是要上级领导批评村长，村长认个错"，如果法院判决村长承担

---

① 苏力：《法治及其本土资源》，北京大学出版社 2014 年版，第 23—37 页。
② 同上书，第 25 页。
③ 同上书，第 26 页。

“赔礼道歉”的民事责任，那么秋菊的要求完全是可以被满足的。村长最终被逮捕是因为王庆来被判定为“轻伤”，达到了刑法上故意伤害罪的立案标准①②，需要注意的是这属于自诉案范围，倘若秋菊提起的是民事诉讼而非刑事诉讼，那么法律其实能够达到秋菊的希冀而不至于使其感到困惑。当然，我们完全可以理解电影出于艺术表达和戏剧效果的需要让案件背离了秋菊的愿望，但苏力基于此批判法律裁决不合情理就显得有失偏颇了。

文中苏力还提到，案件的裁决破坏了村里原本存在的“尽管有纠纷但仍能互助的社会关系”，并由此解读出秋菊认为村长可以踢其丈夫正是因为这种社会关系中暗含的“权利和义务的交换”。③在他看来，村长因为承担了帮助村民的义务而获得了踢人的权利，但就电影情节来看，秋菊觉得村长能踢人其实是因为她丈夫先骂了他，村长有权报复回去，并不涉及“权利与义务的交换”。

三、被抛弃的农村女青年

在《法律规避和法律多元》一文中，苏力提到了一个私了案件：青年甲爱上青年乙，在两人约会期间，甲试图与乙发生性关系，乙拒绝了，但甲以强力奸污了乙。乙回家后向家人哭诉了经过，其父母向当地派出所报案，在警察正式逮捕甲之前，甲的父母来到乙家请求私了，条件是：甲和乙结婚，并支付乙人民币 3 000 元，而乙撤诉。乙家原则上同意这些条件，但

---

① 参见《最高人民法院关于适用〈中华人民共和国刑事诉讼法〉的解释》第 1 条第 2 款。

② 在苏力原文中和电影中，因王庆来被判定为轻伤，村长受到治安处罚被判行政拘留 15 天，但实际上，如果构成了轻伤，村长应该受刑事处罚，构成轻微伤才是治安处罚。

③ 苏力：《法治及其本土资源》，北京大学出版社 2014 年版，第 29 页。

要求赔偿数额为10 000元，双方最后达成协议，赔偿5 000元。尽管甲乙双方都未达到法定婚龄，他们还是通过熟人领取了结婚证。但是，这一规避法律的私了被政府发现了，婚姻被宣告无效，男青年甲受到正式起诉并被判刑。①

苏力认为，案件中双方当事人的做法并不是因为不懂法，而是在知法的情况下出于理性考虑作出的法律规避。女青年如果要求严格执法可能会失去很多未来的利益，选择私了却能保护她的名声，让她的家庭得到一笔赔偿费，再考虑到她对男方的复杂情感，她最终的选择是非常“理性和合乎情理的”。

然而，在这个案例中，理性的选择给女青年带来了什么？男方获得了逃避法律制裁的机会，女方家庭获得了赔偿费，而女青年本人得到的是一个强奸犯罪的丈夫。从女青年一开始选择报案就能看出，被甲强奸后她对男方的情感显然是负面的，她想要的其实是男方受到惩罚。可最终结局却更像是女方受到了惩罚——嫁给强奸她的人，我很难相信乙和强奸犯罪的人婚姻会是幸福的。

比起理性的选择我更想用残忍的抛弃来形容这种做法，由于错误的贞操观念和不菲的赔偿费，乙被她所处的社会和家庭抛弃给了甲，唯一没有抛弃她的是法律，因为强奸属于公诉案件，甲最后还是被起诉并判刑。苏力在文中提到如果乙是一位城市青年或者美国青年那么私了就不会达成，显然我们都很清楚“嫁给强奸犯罪者”这一潜规则存在是基于愚昧落后的农村社会环境。在这种情况下法律要做的应该是改变这培育恶之花的土壤，让农村女青年能够和城市女青年、美国女青年一样有底气行使不私了的权利，让农村女青年不再被抛弃，而不是默认这潜规则存在，认为“存在即合理”。

---

① 苏力：《法治及其本土资源》，北京大学出版社2014年版，第29页。

四、法律规避能够改变民间法吗？

在上文的私了案例中，苏力提出法律规避不仅不会让国家制定法的威严被民间法损害，最终甚至能够从根本上改变民间法①。其逻辑如下，选择规避法律首先需要了解法律，对法律了解的越多在规避过程中越能掌握主动权，因此规避法律的过程在某种程度上也是学习国家制定法的过程。而规避者在此过程中获得的制定法知识会对他和他周围人未来的行为产生影响，制定法其实是以一种特殊的途径改变着人们的行为，因此也就是在改变民间法。

上述推理论证过程可能是全书中最令我疑惑的地方。我国法律规定，明知是不满十四岁的幼女而与其发生性关系，不论幼女是否自愿，均应依照《刑法》第二百三十六条第二款规定，以强奸罪定罪处罚；行为人确实不知对方不满十四岁，双方自愿发生性关系，未造成严重后果，情节显著轻微的，不认为是犯罪。比如张三是个恋童癖，他专门诱骗即将满十四周岁外表看起来较同龄人成熟的幼女与其发生性关系，罪行暴露后辩称自己确实不知其未满十四周岁，并成功逃脱法律制裁。即使张三本人真的从此不再犯罪，和他一样有恋童癖且无道德底线的人们，在知道他逃脱法律制裁的情况下，更大概率上是会仿效张三作案而非告诫自己不能像张三一样。因此苏力所认为的法律规避最终从根本上改变民间法的模式在我看来过于乐观，几乎没有实现的可能性。

---

① 苏力：《法治及其本土资源》，北京大学出版社 2014 年版，第 49 页。

法律的"中国思维"

李　芳*

画龙破壁，凌空而起，言一笔之机巧；法史泱泱，触直去曲，承往继之绝学，此即吾心中之法。执一本《西窗法雨》，轻启扉页，看似蜻蜓点水言法之万象，实则是观者不知读者自惊。好比天外北斗，看似寥寥星宿，实则自成机巧，行引世人。

"正义不仅应得到实现，而且要以人们看得见的方式加以实现"，这句论述程序正义的经典法谚为我们听、闻、习、用，耳熟能详，但在中国，人们却似乎更加看重实体的正义，而对程序公正要漠视三分，这种对于法律现象的心理和思想，我们暂且称之为法律的中国式思维，这种思维显然更倾向满足大众的情感诉求，而决非凸显法律的理性逻辑。予一例以验之，电视剧《人民的名义》中省委书记沙瑞金为了给民做主，无视法院判决，直接撕毁大风厂的封条，此一举深得百姓赞许，诸如此般在现实中也是时常有之，实质正义的优先地位在中国百姓的心中有着根深蒂固的渊源。但在《西窗法雨》作者刘星笔下，苏格拉底在面对不公正的判决时却依旧选择饮毒自尽，而不愿为世俗的生命与法律相左，同样是对待"不公正"的法

---

* 李芳，西南政法大学行政法学院本科 2017 级学生。

律，两者有着截然相反的表现，这也许就于无形中折射了东西方不同的法律信仰和思维方式。在中国，人们渴求正义而选择法律，却又时常因为正义而背弃法律，这种将法律当作诉求工具的片面认识很大程度导致了只要实体正义无需介怀程序公正的一边倒情形。但是，忽略程序公正，法律就失去了被信仰的特质；过分杂糅法与情，法律也就不再是纯粹的法律，而只是利益的工具了。

正确的法律思维过程应当是从法律中来，又归于法律，正如哈佛大学法学院有一句名言所揭示的那样："因为法律，我才服从。"但若以"中国思维"的视野出发，仅仅将正义交付给法律裁决显然是远远不够的，比如，理应交由法律裁决凶恶奸佞为道德所不容之徒，人们总倾向使之受到比法律明文所定刑罚更为严厉的法律制裁。这显然与司法程序公正要求司法机关依法办事，不偏私、不歧视、不专断、平等对待相对人的法律精神相悖。这种想法也在试图挑战法律的程序公正，更堵塞了程序正义的理念在中国百姓的生活中得以发展的本土化路径。王泽鉴先生讲到："法律存在，是基于人们的权利感情，人民敢于向不法行为作斗争，法律才成今般模样。"①由此观之，当人们不再信仰法律，或者说不再完全按既定的模式信仰法律，无论良法与恶法，都将不复存在。法律并非不讲情感，但动辄用民意主宰审判，只会加剧程序正义与民情之间的紧张关系，而于法治发展无所助益，更是司法不成熟的体现。所谓"秀才谈书，屠户谈猪"，每个领域都应有自己的理性规则，才能实现其自身的使命和价值，因此，法律与大众情绪或曰法律的中国思维理应保持一定的安全距离，这样才能给程序公正以一个良好的发展环境。

《西窗法雨》中"无罪推定"一节给人颇多感触，它也是实现司法程序正义的必要条件。心理学上有首因效应的说法，是指人们往往根据第一

---

① 王泽鉴：《民法总则》，北京大学出版社 2009 年版，第一章"私法绪论"。

印象先入为主地对待一个新的人或事物。这种效应在中国式思维中更为常见，虽然好人和坏人的界限并不是泾渭分明的，但人们更倾向让一个“坏人”受到超越法律、似乎更符合道德要求的严厉惩罚，这种盲目的情绪很大程度误导着司法活动的方向，即以舆情对行为人主观定罪，看人自带三分险恶，便竭力证实其罪名，欲将之绳之以法，由此导致了很多冤假错案。近年来，舆论判案、互联网定罪更是甚嚣尘上，这都呈现出法律中国思维的一种不好的发展趋势，一种对实体正义的泛化追求，而愈发地失去了边界，为此，我国的法律虽没有引入无罪推定原则，但在《刑事诉讼法》中却规定了“未经人民法院依法判决，对任何人都不得确定有罪”，充分地体现了疑罪从无的精神，也昭示着程序正义的价值理念在我国已经有了其赖以生存的制度基础，并决心去约束法律的中国思维，以使其朴素的正义理念在现代法治的框架内良性蓬勃发展。吾辈当自知，法律并不是多数人的法律，而是所有人的法律，它保护好人，惩戒坏人，但少数人的权利不应该因为势寡而被剥夺，多数人的权利亦不能因为人多而施压于法律，此也即《西窗法雨》中“男人和女人一样”一节中所述的观点，每个人都应享有不被非法剥夺的权利，如果人人高喊：“国人皆曰可杀，不杀不足以平民愤”，法治便会止步不前。

长期以来，中国认同法律程序工具主义，而忽略其独立于实体法的价值和意义，或直接忽视，或单纯认为其依附于实体法，程序法仅仅被用来保证实体结果的正义。比如犯意诱发型的诱惑侦察手段在前些年中国的司法实践中就不乏实例，为了调查取证，诱使犯罪嫌疑人实施犯罪行为再创造人赃俱获的“司法胜利”，这一行为严重违反了《刑事诉讼法》的程序要求，导致所取得的证据丧失证据能力，即使事实上行为人已经构成犯罪，从证据的层面也不能对其作有罪处理，这就是程序独立价值的意义。如此看来，程序公正与实体公正之间颇具紧张关系，那么现代法治是该择一还是并重呢，我认为，程序公正和实体公正理应在更高的层面上达到统一，即实质正义。现实中有个别案件虽然存在程序上的错误，但其司法结果却是公正的，以至于人们更加笃信程序法就是用来保证实体法正确实施的工具，不断强化其工具性。在该类案件中，虽然保证了实体正义，但更多的人未免会对程序的公正产生怀疑，一旦这种怀疑无法消弭，整个司法活动就不再具有权威性。且人们对一种法律制度的信仰，本就源于其正当性、合理性，如果需要时便拿起程序法，不需要时则将其置之一旁，会严重损害法律的公信力。除此之外，程序错误而实体正确的案例仅为少数，断不能片面地以少数否定多数，拒绝承认程序公正的独立价值，否则终将引发木桶效应，短其一板，遗患无穷。

其次，保证司法程序的正确实施并不一定都是为了实现司法活动的绝对公正，有时候正确的司法程序也会导致不好的结果，但其是为了避免更为糟糕的后果，这是法律在更高层面上对于权益的衡平，而非单纯地保证实体正义，由此更加论证了程序公正的独立价值。故强调程序正义，并不单单因为其工具性，而是因为其内在蕴含和彰显着的现代法治的精神与理念。

法谚称，程序公正是看得见的正义，程序公正理应和实体公正并重发展，甚至某些情况下优先于实体公正得到保障，将法律纠纷纳入合法的程序中，才能更好地实现个案公正。而法律思维虽不是程序公正的全部，但足以为其核心。庞德曾将法律与道德的关系比作法学的好望角，他说："那里危崖林立，狂风肆虐，巨浪滔天，曾经吞噬了近代欧洲众多航海家们的船只和梦想，而法学家若想解决法律与道德之关系问题的话，实不亚于尝试以一叶扁舟横渡这个风暴角"，法律的中国思维就一度试图去挑战这个不可能，企图横渡法学的好望角，使道德审判先于法律审判，或者掣肘法律审判，这显然极为不妥。邯郸学步，对西方照单全收，并不意味着我们就能获得真正的法律信仰；通盘放弃，闭门造车，也不意味着我们就能实现真正的法律正义。相反，让中国法律扎根中国法治思想的土壤，去粗取精，去伪存真，由此及彼，由表及里，使程序公正与实体公正相辅相成，就事论事，就法论法，回归法律理性，才能达到良法善治。

但是，实践证明，法律的“中国思维”并不是一个贬义形容，恰恰相反，它是一个不断砥砺发展的褒义形容。正所谓“流水不腐，户枢不蠹”，曲折中求发展，历史中求创新，实践中求完善，这是区别《西窗法雨》中西法西史的根本一点。从1978年改革开放，到十八大全面依法治国，四十年流光岁月，中国法治建设脱胎换骨，焕发时代新生。中国人有自己独特的东方视角，有自己坚定的世俗考量，更有自己虔诚的法律信仰，一代代的法律人，在完善程序正义的同时一步步地探索着、确认着中国的法律信仰，这是一种带着华夏泥土气息的信仰。正如古斯塔夫·拉德布鲁赫曾说：“某些法律职业人在其学习期间，也许终其一生都不一定知道：法不仅是生活之需，而且也是一种精神；法律学术，不仅是一门手艺，而且也是一种陶冶。”吾辈读《西窗法雨》，识一人，知一书，走一程作者的心路，留一段自己的感悟，知时代正好，吾辈当自强。

探索中国乡村司法制度发展

——读《送法下乡——中国基层司法制度研究》的思考

鲁博文*

近日在班导的推荐下拜读了苏力老师的《送法下乡——中国基层司法制度研究》①修订版，本书是苏力老师的一部力作，也是适合对于笔者这种刚入门的法学生认真阅读思考的一本书，本书于千禧年由中国政法大学出版社出版，十年后经北京大学出版社邀请，苏力老师将这本著作校订重版。无论是著作历经十年重版还是直到现在仍有无数学子把它当作法科学生的入门书、必读书，种种表现都体现了本书强大的生命力以及书中集中关注和讨论的有关中国司法制度的问题对当下仍然有诸多的借鉴价值。

美国著名大法官霍姆斯曾说："法律的生命不在于逻辑，而在于经验。"②结合本书中反映的问题以及对本书中观点的研究，笔者意探寻中

---

* 鲁博文，西南政法大学行政法学院本科 2017 级学生。

① 以下简称为本书。

② 霍姆斯帮助将美国法律思想转向法律现实主义，正如他的格言所总结："法律的生命不是逻辑；它是经验。"他认为美国宪法是"一项实验，因为所有生命都是一种实验"，并认为"因此我们应该永远保持警惕"反对试图检查我们厌恶并认为充满死亡的意见的表达。他在最高法院任职期间，由西奥多·罗斯福总统任命，他支持经济监管的努力，并倡导第一修正案规定的言论自由。他的判例影响了许多后来的美国法律思想，包括支持新政监管法的司法共识以及实用主义，批判性法律研究以及法律和经济学的有影响力的学派。他是少数几个被称为学者的法官之一；《法律研究杂志》将霍姆斯确定为 20 世纪引用次数最多的美国法律学者。

国乡村司法制度的发展，并对如下几个问题进行思考。

一、影响中国乡村司法制度“习俗化”的因素

关于苏力老师在本书第一章中提到的典型案例“收贷案”，笔者认为这集中反映了在农村地区，国家法律与乡土习惯哪个优先适用的问题，也体现了中国乡村司法制度“习俗化”的问题。在本案中，笔者看到了许多不同于之前认知的一些有趣的现象，在笔者之前的认知中，法律是严肃且神圣的，法律的适用有其特定的程序也需要在规定的地点由专业人员进行适用，然而在本书中出现的债务人听说的民间流言、“炕上开庭”、村长自作主张免除诉讼费和交通费等例子，让笔者看到原来在乡村中人们了解信息的渠道不仅有村委会或电视广播的公开宣传，而且人们似乎更容易相信邻里乡亲间茶余饭后谈论的事情。需要走程序的事也不一定要到指定机关，有些纠纷由村长做主进行调解，问题可能更容易解决。这一系列的现象都反映出在乡村中其司法程序运行的独特性，其根据当地实际情况对法律适用进行变通而形成的这种独特性又似乎“天然合理”。

首先，中国是乡土型社会，在乡村环境氛围中，传统观念的影响深远。国人历来重视面子，面子的重要性不亚于其他事物，丢了面子对一些人的心理打击甚至要比身体和财产上遭受伤害更加严重，许多人认为打官司是丢面子的，因为在乡村环境中，大家非常熟悉，谁家发生了什么事，谁家打官司了都会成为邻居的谈资。这样一来，舆论的影响会对想选择打官司的人们造成巨大的心理压力，他们也会因此产生“厌讼”的情绪。相比之下，人们更愿意遵循由风俗习惯长期演变而来的制度化的规则，这些规则在特定的地区会在不同程度上被视为法律，它们不同于国家的正式法，

笔者在这种意义上称其为“民间法”。这套民间法包括在发生纠纷时请村里德高望重的人而不是国家权力介入来评判是非、解决问题等，这也是乡村社会很长一段时间内形成的传统。

其次，“在乡土社会中法律是无从发生的”，费孝通在《乡土中国》中如是说。的确，直到现在，中国大部分农村地区依然是“熟人社会”的模式，人们处理事情非常看重互相之间的联系和情感，除了法律规定之外，情和理是维护稳定秩序的重要手段，熟人社会更是人情社会，这里的规则、契约性的规定甚至人们之间口头的承诺似乎都有一种超强的魔力，约束着人们遵循乡土社会里的秩序。同时受传统儒家文化的影响，民众非常重视道德自觉，并依靠道德约束处理问题，生活中的大大小小事件的处理，都自然地掺杂着“礼”与“情”，这也使人们不自觉地形成了一种朴素的权利观念，人们心中自有一把道德标尺来判断是非对错，解决问题也遵循着长期生活中形成的规矩和准则。通过本书中对乡土社会法治秩序的研究，我们可以更加清晰地看出，在熟人社会中，一些蕴含在乡土社会的信任中，依靠对行为的规矩熟悉到不假思索的可靠性而维持的乡村秩序甚至比法律更加深入人心、更能规范人们的行为。

最后，区域性差异也是导致乡村司法制度“习俗化”的重要原因之一。在城市中，经济发展迅猛，社会发展形势多变，人口流动频繁，人们接受信息的速度快，其他的生活条件也都更加便利，相比之下人们了解法律与适用法律的条件也更加优越，而“天高皇帝远”，在一些乡村地区，尤其是一些极其偏远的贫困地区，国家权力渗透力度可能达不到标准水平，法制建设也亟待完善，笔者曾利用假期时间到四川凉山州普格县进行项目调研时更真切感受到当地宣传信息渠道受限，村民对政策主动了解很少，法制意识也不高。对此，国家应该给予相关财政支持，加上村内领导干部加大宣传，让民众及时了解时事政策，了解司法程序及相关知识，这样才能调动大家的积极性。

二、调解制度在乡村地区的适用

相对于成本较高、运作程序较复杂的国家司法权力来说，乡村地区似乎更"青睐"用实用主义调解制度解决纠纷。[①]调解制度，是指调解组织或者具有调解职能的个人作为第三人，依据一定的法律规定和社会公序良俗等，以说服教育为主要方式，协助当事人解决纠纷的一种非诉讼法律制度。调解制度主要分为人民调解、法院调解、行政调解、仲裁调解四大类。陈柏峰老师曾在其文章[②]中指出过在乡村社会中，人民调解和行政调解更加普遍，它们解决纠纷的数量大大超过了法院的司法调解和审判。本文中的案例也体现出在村中，以"村长"为代表的相关权威人士的话语对问题的解决更有说服力。因为，虽然当代社会崇尚法律至上，但在法律与地方习惯或规矩有矛盾的时候，一味机械地适用法律的效果是适得其反的，而在遵照法律规定的同时又带有情理的调解制度则避免了正面冲突，从而圆满地解决了纠纷。对于民众来说，基层法官合理进行调解，让冷冰冰的法律带有温度更易于人们接受。笔者通过搜罗大量文献并对诸多真实案例进行研究发现，"司法所＋村委会"的模式[③]正是当前基层司法行政在农村行政管理实践中的职能模式。通过这一模式，基层司法所的职能延伸到了村委会，村委会职能的创新有利于更好地维护社会稳定。在这里举某地司法所的报告例子说明该途径的优势，具体如下：

---

① 孙少石：《实用主义调解制度在中国基层司法的实践》，载《宜宾学院学报》2011年第8期。

② 陈柏峰：《当代中国乡村司法的功能与现状》，载《学习与探索》2012年第11期。

③ 王东：《基层司法行政的职能创新：价值、模式与路径》，载《长春工业大学学报》2014年第1期。

某地司法所在县“五五”普法验收工作期间，妥善解决了一起由于押金退还问题而引发的涉及20多名农民工罢工的劳务纠纷，有效维护了当地社会的和谐稳定。报告内容：10月18日上午，三个操着外地口音的人走进了我所，他们自称是陕西省安康县人，现在在四卦村某砖厂打工。年初双方签订有为期一年的劳动合同，荣某收取陈某某、周某某两位领班人押金各伍仟元，年底烧完砖胚一并退还。现在荣某因资金短缺，无法给付工人工资，陈周二人遂发动工友20余人集体罢工三天。在劳动局的协调下，荣某把工资已付清。但现在合同未到期，陈周二人不想继续干下去，希望荣某退还给他们押金，解除合同纠纷。

听了他们的叙述，我们感到了问题的棘手性，答应他们尽快帮助解决。送走了他们，所长联系到了四卦村党支部书记，希望他通知荣某配合我们做好工作。下午两点三十分，所长、乡企业办主任一行五人来到了四卦村，荣某已等候在厂区，工会负责人召集来了陈周二人，调解工作开始。经过调解员对双方摆事实、讲道理，动之以情、晓之以理的说服、劝导，终于形成解决方案：在合同续存期，荣某保证按时发放工资，不得出现拖欠现象；陈周二人继续带领农民工兄弟们安心工作，待合同期满时，荣某主动提出解除劳动合同，退还给二人押金。

通过以上案例我们看出司法所在处理农民工问题时，联系当地村委会协助，并取得了一定的效果。“司法所+村委会”的这种模式在乡村中应用普遍，适合中国乡村发展现状，掌握国家权力的人应更多扮演调解者，而不是审判者的角色。

三、探寻中国乡村司法管理模式创新途径

虽然随着社会变迁，国家重视农村地区的开发并加大普法教育宣传力度，民众法律意识大大提高，通过正当司法程序解决问题的人数量增加，许多类似本书中案件处理的方式所占比例下降，但苏力老师在本书中提到的“中国的现代国家权力至少对某些农村乡土社会的控制仍然相当孱弱”的观点笔者是持赞成意见的，现实也的确在某些地区仍存在一些这样的情况。所以，在总结经验的基础上探索创新乡村司法管理创新模式非常必要。

首先，我们要注重突出情理手段的作用。“入乡随俗”，在重视“情”与“礼”的乡土社会，我们在适用法律时应该结合乡村传统和具体情况，在按章办事的基础上，注重情理手段的运用，让民众感受到法中有温情，更容易接受程序运行的结果，这样也能相应地提升管理效能。

其次，要深化司法公开制度。加强司法公开是落实宪法法律原则、保障人民群众司法参与的重大举措，深化司法公开制度，健全司法权力运行机制，要让司法程序更加公开透明，让民众更加了解并积极参与到其中来。

最后，发挥人民调解委员会的作用。人民调解委员会是村委会和居委会下设的调解民间纠纷的群众组织，在基层人民政府和人民法院的指导下进行工作。有效发挥人民调解委员会的作用有利于减少人民讼累、增强人民团结，也能更好地满足乡村社会民众的多元需求。

以上是读完苏力老师《送法下乡》后关于中国乡村基层司法制度的一些思考，除了苏力教授外，高其才教授、贺雪峰教授、汪世荣教授等都对基层司法制度尤其是乡村地区进行深入研究，意通过基层司法落实依法治

国，提升社会治理能力水平。在此进程中遇到困难是必然的，我们要积极面对问题、解决问题，正如苏力教授所说，“法学道路的此间雪暴不断，路边的雪墙比人还高。但终有长空澄碧的一天，如上帝脚下新铺的一条蓝宝石大道”，[①]我坚信自己将来会在不懈努力下成为一名合格的法律人并作出自己的贡献。

---

① 参见苏力：《法治及其本土资源》，北京大学出版社2014年版。

乡土无讼的根基

——《乡土中国》读书报告

管　宇*

费孝通先生的《乡土中国》首次出版于1948年，已经过去七十多年，历经多次再版，现今仍被视为是研究中国乡土社会的必读书目，其中很多独到的观察角度与研究方法，至今仍为世人称赞。

《乡土中国》全书分为十二章，分别从中国乡村的人文环境、社会结构、权力分配、道德体系、法礼、血缘与地缘等方面为我们描绘了一幅中国的乡村社会全景。其中，最令我感兴趣的当属《无讼》这一章。我们知道有人的地方就一定会存在纠纷，而解决纠纷最公正合理并具有终局意义的方式当属诉讼。那么为什么在中国的乡土社会中会存在“无讼”这一特殊的现象呢？而“无讼”的基础与运行机制又是如何的呢？

费孝通在《乡土中国》中构建的乡土社会的格局，其实也为“无讼”提供了它可以存在的沃土，也就是“无讼”存在的社会基础。与其说“无讼”是与其他章节并列的中国乡土的特点，不如说“无讼”是从中国乡土这棵大树上结出的果实，而中国乡土的其他特点是结出这颗果实所需要的绿

* 管宇，西南政法大学行政法学院本科2017级学生。

叶、枝条、根系以及养料，也就是无讼存在的必要条件。

一、社会结构基础

中国乡土之所以形成“无讼”之现象，它的第一个原因就是有着差序格局这样的社会基础。中国乡土社会的差序格局与黑格尔所说的市民社会有些许相同。二者都是以该社会群体中的人为核心，都以己为中心，都注重维护私人的利益。但是黑格尔是站在辩证的角度来展开市民社会的，他所说的私人或者个人，是各自独立的但是又彼此依赖而结成的共同体或者是联合体，私人在这个共同体中以自身为目的、以他人为中介来达成自己的目的。就如费老所说：“西洋的社会有些像我们在田里捆柴，几根稻草束成一把，几把束成一扎，几扎束成一捆，几捆束成一挑。每一根柴在整个挑里都属于一定的捆、扎、把。每一根柴也可以找到同把、同扎、同捆的柴，分扎得清楚不会乱的。”①一捆柴中的一根柴是一个个体，这个个体只可能存在于这一捆柴中，不可能同时出现在另外一捆柴中，说明个体得益于团体，同样也囿于团体。中国的差序格局则不一样，它是以个人为中心，由关系或血缘的亲疏远近，形成一圈一圈的辐射向外的水波纹，这样的社会结构格局可以说是富于变化的，符合中国人善于变通的性格。个体可以在多个“水波纹”中同时存在，也就是说一个人可以同时与多个利益集团发生联系，这样的社会关系网络是错综复杂的，也是不可以轻易打破的，于是和解也就更适宜在如此错综复杂的网络中发挥着绝对主导作用。

单单由利益网络复杂，中国人不愿意打破这一点或许并不足以说明乡土无讼的社会基础。那么我们就再来细化一下这一个差序格局。中国

---

① 费孝通：《乡土中国》，华东师范大学出版社 2017 年版，第四章“差序格局”。

人的氏族社会，通俗而言为“家族”，再细分一下就是我们所说的“家庭”。

乡土社会的差序格局，利用伦理纲常编制成一个又一个关系网络，而家庭则是其中的重要一环，也是以己为核心的差序格局中最靠近个人的那几圈波纹。中国人常说“血浓于水”，亲情就是他们心中最不想击破、最不想断开的一环。而一个家庭中的每一个成员，只要是遵循传统礼教的规律，必然都会是两个以上家庭的成员。所以原本单一的家庭，也在“水波纹”的扩展中不断交织，不断产生新的关系网络，交织复杂。又有所谓的“家丑不可外扬”，诉讼双方的关系若是血缘关系，在传统的乡土社会的思想观念里，就会觉得这样的家庭不“和”，既然治家都不能和睦，又怎样在社会交往中期待他处事的“厚道”呢？于是，这种不信任就波及家庭中的成员，而诉讼双方也将被视为破坏家庭和睦的元凶，受到家庭内部的排挤。中国乡土的社会又是一个熟人社会，血缘和地缘联系紧密，生活在乡土社会中的人，即使是“水波纹”的最外环，也有着千丝万缕的亲缘关系。诉讼破坏血缘的亲密关系，损害家族利益，在这样一个血缘社会中，发生诉讼的双方，今后又将怎样在他们的生活网络中继续生活呢？

二、秩序与道德观念的基础

传统的中国乡土没有法治，也无需法治，因为他们有一套社会规则——礼治。礼，并非我们所想的那样是空泛的，教人向善，循循善诱，如佛一般苦口婆心地教化。礼是可以杀人的。礼是在乡土中生长出来的，为一定区域内的人所接受的传统。有说“橘生淮南则为橘，淮北为枳”把一套礼从一个地方不加变化地移植到另一个乡土社会中，一定是不适应的。一套礼是维持一个社会相对稳定的社会结构的，与社会环境相伴相生的行为规范。比如，同样的端午节，同样要吃粽子，有的地方要吃甜粽子，有的地方则吃咸粽子。为什么礼能为乡土社会中的人所接受，就是因为礼是与他们的社会最贴切的、最符合他们社会特色的一种秩序、一种规则。礼是社会公认"合式"的行为规范。合于礼的就是说这些行为是做得对的，对是"合式"的意思。如果单从行为规范一点说，本和法律无异，法律也是一种行为规范。礼和法不相同的地方是维持规范的力量。法律是靠国家的权力来推行的。而礼却不需要这有形的权力机构来维持。维持礼这种规范的是传统。我们常说中国人是传统的，中国人迷信传统，坚守传统，特别是在传统的乡土社会中，传统是高于一切的法则。并且，礼不仅有着指导人们如何生产生活的作用，也有如何惩罚违反礼的措施。正是礼的宽严相济，符合社会特色，才会让这一个社会中的人有认同感，从而去接受并遵守它。于是礼治就扎根于传统中国乡土，在乡土社会中起到"定分止争"的作用。既然没有法，乡土何来诉讼呢？

我们知道，法律是由国家强制力保障实施的，那么在乡土社会中取代法律的礼教，又是由什么来保障实施的呢？费老给出了答案——传统。传统是社会所累积的经验。行为规范的目的是配合人们的行为以完成社会的任务，社会的任务是满足社会中个体的生活需要。人们要满足需要必须相互合作，并且采取有效技术，向环境获取资源。这套方法并不是由每个人自行设计，或临时聚集了若干人加以规划的。人们有学习的能力，上一代所试验出来有效的结果，可以教给下一代。这样一代一代的累积出一套帮助人们生活的方法。[①]乡土社会劳动繁重，加之文化水平不高，生活在乡土社会中的人自然没有更多的精力去关注规范自己生活的规则。那么，这种世世代代流传下来的"教条"不正满足了他们无需辨别而自发遵循的便利需求吗？

我们说乡土社会存在着差序格局，这种社会格局是复杂的，生活在其

---

① 费孝通：《乡土中国》，华东师范大学出版社 2017 年版，第八章"礼治秩序"。

中的每个个体也当然是精巧的，只有善于变通才能在这样一个社会中生存。差序格局中的每一个连接点都有一种独特的道德在维系，在不同的网络中，这样的道德是不尽相同的。大家的道德观念都会有着不同又相似的解释，中国人追求中庸，追求和，即使道德标准上出现些许分歧，也会在中国人的中庸中化解。这就是乡土无讼的道德基础。

三、特有的争端解决机制

在一个法治社会中，解决争端的机制有很多，诉讼就是其中最重要的一个部分。乡土社会中所谓“无讼”，那么它的争端又是如何解决的呢？这就要说到乡土社会中特有的争端解决机制——长老统治。

在中国的社会中，自古就有尊老的传统。因为年长的人意味着见识广，经验丰富，对于传统的实践也比青壮年多。能够有效解决相对封闭社会中的难题。与年轻人相比，老人具有传统赋予的权威，处断会更加公正，使人信服。于是在乡土社会中，长老就像是一个拥有无限的自由裁量权的司法者，处断乡里的大小纠纷。很多时候，长老作出的决断可能并不合法，但是却被大家信服，争端也因此解决。这是因为他们所遵循的是更让乡里人信服，或者说让乡里人迷信的礼。此外，在血缘小于地缘的乡土社会中，长老与各个个体都会有或多或少的裙带关系，所有人对于长老，都秉持长幼秩序的尊敬。一个德高望重的人所说的话，有时候比一个英明的法官所作出的判决听了更让人信服。

在我看来，乡土社会的无讼的根基由三个方面组成：差序结构这一社会基础、礼治与变通的道德观念以及它特有的争端解决机制。三者共同作用形塑了中国乡土特有的纠纷解决模式，构成中国传统法律文化的重要环节，也对现代法治与德治的融合提出了启发式的思考。

“差序格局”的产生及其影响

董睿哲*

《乡土中国》是费孝通先生在西南联大和云南大学讲授“乡村社会学”课程的内容。这本书阐述了中国特别是在20世纪四五十年代乡土社会的特点和本质，挖掘并展示了中国基层传统社会中一种特有的、支配社会生活各个方面的体系。而“差序格局”是作者从具体社会现象中抽象出的一个概念，用以定义中国人的人际关系。人际关系对心智的发展、“自我”意识的形成和社会组织与制度的构建有重要的影响，这种社会互动的模式贯穿着每一个具体的社会现象，了解“差序格局”有利于我们更好地认识中国的乡土社会。

一、“差序格局”的溯源

“差序格局”一词由费孝通先生在《乡土中国》中首次提出，旨在描述亲疏远近的人际格局。“以‘己’为中心，像石子一般投入水中，和别人所联系成的社会关系，不像团体中的分子一般大家立在一个平面上的，而是

* 董睿哲，西南政法大学行政法学院本科2017级学生。

像水的波纹一般，一圈圈推出去，愈推愈远，也愈推愈薄。”①

在更早的时期，西方就已经出现了与“波纹状”的差序格局相类似的“多重同心圆”学说。19世纪英国著名法律史学家梅因指出，在古罗马时代，家庭为基本群体，由地位最高的男性传承人掌控；若干家庭组成氏族，若干氏族组成部落，若干部落集合成联邦，其关系结构呈“多重同心圆”状。②英国人类学家布朗也认为，这种亲族关系秩序亦可用“多重同心圆”表示——最内圈有父母、兄弟姐妹、子女等，向外一圈由表亲构成。

在国内的学术界，“差序格局”也并非费孝通独创，同为西南联大的李树青教授就曾阐述过中国社会的“乡土”问题，也即“差序格局”的雏形。他曾提出三个“主义”——“自我主义”“家族主义”“乡土主义”，用于分析中国社会的基本特征。这三者都是从“自我”出发，逐渐“向外推”。③此外，冯友兰先生在一篇论文中写道，“在传统的中国，家在广义上实际就是社会……按照传统的社会理论，广义的家虽可无限扩大，但个人对家的责任并非没有固定极限。在极限之内，责任大小仍有差等。这都表现在所谓‘丧服’上……如此按照传统的社会理论，每个个人是个中心，从这个中心向四方辐射出关系……在这辐射圈内，有着轻重不等的亲情和责任……如此按照传统的社会理论，每个个人是一个社会圆的圆心，社会圆由各种社会关系构成”。④冯友兰对丧服制度的研究进一步确认了人际关系中的“同心圆”现象。

二、“差序格局”的成因分析

中国的人际关系是同心圆性质的，中心是自己，形成的网将彼时彼刻

① 费孝通：《乡土中国》，商务印书馆2011年版，第28页。
② [英]梅因：《古代法》，沈景一译，商务印书馆1996年版，第74页。
③ 李树青：《蜕变中的中国社会》，商务印书馆1947年版，第37—59页。
④ 冯友兰：《中国哲学小史》，中国人民大学出版社2005年版，第145—146页。

自己身边的人概括进来，这样一种弹性极大模糊性极强的形式导致任何一种人际关系都可以随空间和时间改变而改变。

与“差序格局”不同，西方注重团体的划分，个体往往存在于团体之中，关系相对固定，团体间界限清晰分明。由此，中西方人际格局的不同可以从以下两方面的比较中进行解释。

第一，从文化的角度来看，中国自古受儒家文化的熏陶，讲究伦常，而“十伦”正是差等顺序的表现。在西方文化中，宗教则扮演十分重要的角色，“人人在神面前平等”和“神对人人公道”是西方人道德观的理念支撑和来源；西方基督教这一神教的存在极大增强了人与人之间的同质性，血缘与地缘关系的作用变得微乎其微。而中国传统上的儒教、佛教、道教相互融合，如在农村的庙堂里常常可以看到数座神像共存，从某种意义上来说乡土社会中的成员也并没有虔诚地信奉神，只是当作聊以自慰的心灵寄托，这也意味着宗教在中国社会中并未达到可一扫人伦差别的高度和地位。

第二，从经济学的角度来看，中国是小农经济，即生产出的商品不进行商品交换，而是以家族为单位自行消化，因此在能够自给自足、自产自耗的前提下，不需要与其他人发生过多交往，个人的社会关系就以血缘、地理为主要因素，以自我为中心，向周围一圈一圈推出波纹，离中心越远则关系越疏远，便形成了差序格局。西方则走上了自发而野蛮的商业化之路，迅速发展至以交换为特点的商品经济，人与人之间必须通过频繁地交流才能使商品得以交换，获取利益。在愈渐发达的商业贸易中，形成了强调人人拥有平等权利，每个人都要遵守约定、履行义务的商事惯例；此外，在传统小农经济为主的社会中，一些稀缺的资源必须以血缘和地缘为纽带，遵从族长的意思，按照同心圆结构的家族辈分进行分配，作为这种分配方式的前提和保障，差序格局的地位也被加以维存。

三、“差序格局”对中国传统社会价值观的影响

“团体格局”对应的是个人主义，在团体中，平等观念甚为重要，同时他们也愿意上交一份权利维护这个团体的利益，由此就推进了法的诞生。此处个人与西方形成的团体格局并不冲突，相应地，个人相对团体而言正如分子对整体。而与“差序格局”对应的是自我主义，由己推人，因此中国人按照“个人—家族—国家—天下”判断利益的价值，根据亲疏远近处理人际关系。这种思维方式经过长期运用和影响，已经内化到民众的思维结构中，广泛支配人们的社会行为，影响着社会活动的方方面面。自我主义可以解释个人“自扫门前雪”的私，可以解释个人为什么对公共秩序鲜少关注。甚至正是这种主观性极强、任意伸缩的交际网，规则常常会因为人情、面子、关系而被扭曲、失效。

五四新文化运动时期提倡的民主、自由对传统文化进行了批判，随着不断进行的思想解放和社会演进，1978 年改革开放初步建立了社会主义市场经济体制，法治观念逐渐深入人心。但是我们依然可以看到，在当下市场经济背景下，对权力与利益的追逐加速了社会不良风气的产生。

在经济领域，随着社会主义市场经济体制的建立和完善，市场发挥着重要的配置作用。一方面，传统的血缘精神与现代契约精神是对立矛盾的，会阻碍市场经济的发展，事先订立的合同并不能很好地约束熟人社会中的交易；另一方面，现代化的社会分工要求以人的能力为依据，最大化地使用人才。而传统的“差序格局”仍然囿于血缘和地缘之中，任人唯亲而非任人唯贤，这也正是许多家族企业不能做大做强的痛点。

在政治领域，“差序格局”的惯性思维产生了两个问题。一是自我主义价值观泛滥。某些官员按“差序格局”向外推演，将个人的利益、家庭的

利益、所在部门的利益、所在单位的利益、国家的利益依次排序，当其遇到利益冲突时，首先牺牲的是公共利益，这将导致一个国家的政治思想松动，政治环境恶化，政治生态崩塌；二是形成圈子文化。一言以蔽之，就是某些官员拉帮结派、党同伐异。他们往往会依据和上级领导的关系来调整自己的行为，通过努力工作和拉近关系，求得上级官员注意、认可和赞许，当“圈子”核心的领导腐败了，就有可能使腐败沿着“差序格局”一层层逐级向外推开，最终造成“塌方式腐败”。

此外，“差序格局”的存在也阻碍了现代法治社会的演变和发展。一方面，传统儒家的孝悌观念，主张“亲亲得相首匿”，这与现代法治的公平正义相冲突；另一方面，中国人注重“面子”和“关系”，在解决问题时首先想到的就是能否动用关系。司法审判中缺乏有力的监督，往往使人情、面子和关系渗透其中，妨碍了司法公正，削弱了法律的威严，这种情理观念在农村百姓社会互动中占据了重要的地位，人们耻于“吃官司”，为了面子往往选择私了，因而“厌讼”的社会现象仍然存在。

消减“差序格局”对社会的负面影响绝不可能一蹴而就，在全面依法治国的大背景下，如何在促进法治建设的同时又能“入乡随俗”，当下在司法和行政执法领域已经有了一些可以借鉴的答案。如进行家事审判的试点和实践，推进家事审判专业化，推进家事解决机制综合化，在行使司法救济职能的同时更注重情感的修复；在执法领域，对简单交通事故的私了既节约了当事人的时间，免于对簿公堂，又加快了执法效率，节约执法资源。总而言之，有两个对策是应该贯穿改革始终的，一是加强法制建设；二是大力弘扬社会主义核心价值观，这将有利于消解“差序格局”下形成的自我主义价值观，使人们从对金钱和权力的盲目追从转移到理性精神和公民权利的实现上来，只有从思想和制度内外两个方面进行改造，才能有效地遏制差序格局发生变异。

四、结语

"差序格局"这一费孝通先生首创的社会学概念，准确地展现了中国乡土社会中的互动模式和人际关系的处理方式。以大家族的同心圆结构为基础，加以小农经济和儒家文化的影响，"差序格局"渗透到了社会的各个领域。当今中国，"差序格局"仍是社会的重要民情，无论其产生了怎样的影响，都是我们社会发展不可逃避的社会现实。

这一概念对当今社会尤其是农村的改革与治理有很大的参考价值，如何在顺应客观发展规律和民情的同时以正确的方式开展城镇化的推进，在法治与礼治的博弈中占据有利地位，在现代社会中扬弃地传承乡土本色是值得我们继续思考的问题。

颓圮的水渠

——读《乡土中国》有感

王　淼*

走在乡间的水渠上，四面竹树环合，清净秀美，不远处鸭子嘎嘎叫唤，这番宜人景色与都市钢筋水泥的单调截然不同。美中不足的就是那水渠，20世纪90年代的水泥崩解、破裂，上面长满了青苔，而干涸的槽底再也见不到过去的草鱼。农村，除了春节及国庆期间以外，再也不能像三十年前那般热闹了。

七十年前，费孝通先生把控制中国乡村的主要的权力，划为了长老权力、横暴权力。而权力的形成，往往与既定的资源配置形式相关：长老权力可以说成是宗族或自然村内资源配置的产物，通过长老等自然生成的代理人与政府进行联系；横暴权力是政府的中央集权，在乡村的主要体现就是农业税和大型水利工程的集体修建、维护，还有那些从乡村汲取资源、保障农业生产的基础设施。这两个权力的合作维系着上千万乃至上亿农民与中央政权的资源交互，是中国农村数千年稳定的基础。不过，纵使近年来三农问题年年谈，但农村土地的荒废、水利工程等公共设施的废

* 王淼，西南政法大学行政法学院本科2017级学生。

弛，让人不禁想问：我们的农村，病在哪？

中华人民共和国成立后旧有宗族势力的瓦解，是长老权力衰落的开始。而进入市场经济时代后，村庄的能人纷纷外出打工，是给以其最沉重的打击——如同清末废除科举一般，农村那次失去的是精英，这次失去的则是能人。精英组织的乡村工作，是在儒家经典指导下的、有一定道德标准的，以和谐为目标的；能人则只能单纯地组织工作，或许可以给村子一些经济利益，但他们脑海中的目标不过是从前教诲的残余。精英的离去，使农村传统礼俗文化的继承遇到了阻碍，或者说发生了异变：部分地区把本为新生家庭的经济基础的彩礼变为了“卖女儿的货款”，嫁妆少得可怜；丧礼和婚礼都是一样的请客吃饭，一样的送礼收礼；鲜有老人能够在面对频繁的早婚早孕、不慈不孝事件时，处置到位。以金钱、权力为核心的新的能力评价体系，随着每家每户的人在全国各地的发展而成为大多数人的首选——似乎越有钱(权)便越有能力，越有评判事情的本事，现在一旦村里人之前出现问题矛盾，村委会往往会咨询当事人家中学历最高、最有钱或是最有权的几个人的意见，再由这些人和家里人沟通。

农业税的废除，确实极大地减少了农民的负担，不过也是横暴权力对乡村控制减弱的重要标志，代表着人民公社以来农村的基层政权的解体，代表着基层政府组织能力的崩坏。农业税背后代表着资源由下至上的汲取系统，而这个系统的反向利用，便是组织起来的大规模水利工程建设，便是一群可以用一个声音说话的农民集体，而这个集体由于税种的消失、征税人员的离开和资源的难以流动而解体——村委会、村民小组长的背后再也没有千方百计想要收钱的地方政府。没有强制力支持的他们，很难找到合适的理由动员个人的财产、劳动力去为集体获利——比如大规模建设水利工程、帮扶困难户种地、保护林场，而乡村干部也没有欲望去主动推动这些——又不用想办法讨好村民让他们交税，干群关系从此之后在扶贫之外少有互动。在这个宗族复兴运动仅在中国极少数的乡村初步展开的时候，基层政权的解体无疑给诸多农村带来了无法组织的状况，没有人能管理农村内部的基础设施建设。没有对集体收的农业税，农民真正成为了个体，内部交易成本上升；组织能力下降，无法在一个流域组织相关群众进行大规模建设。近年来，某些农村的水利工程有不少仍是在吃老本，在财政转移支付下能够翻修的大中型水库，因为无法与年久失修的小型水利工程相衔接，以前可以灌溉十万亩的水库现在只能灌溉一万亩。乡村农业人力资源的无法调配，从前使农民获益良多的"七站八所"制度无法和成为散沙的农民对接，也使农业更容易受到自然灾害、病虫害的冲击，种田利益的下降、灾害风险的上升又使劳动力更多地流向城市，形成了一套完整的恶性循环。

颓圮的水渠之下，是整个乡村荒废的危机。长老权力和横暴权力的退出，使乡村不得不独自面对千百年来首次遇到的彻头彻尾的大变局。

那么，有其他的权力可以用来替代这两个吗？时势权力是不可能的，我们稳定的时局使这种情况不可能发生。同意权力呢？可能性也不大。

说"同意权力"，就无法避免谈"法律下乡"。我们有着完备的法律体系、背着国徽下乡的法官们以及随叫随到的律师，但农民依旧谈官司色变，对着律师费发愁。法律与本土情况的不适应使农民的有些诉求无法得到满足；"法律下乡"带来的一系列执行难问题，使执行庭的法官们疲于奔命；农民普遍法盲也给了少数不良律师做手脚的可能。对农民来说，相较于学习陌生人之间如何通过法律解决问题，熟人之间毫无疑问应该用更为方便快捷而且便宜的手段来解决争端，这样既可以避免伤了和气，也可以最大化地节约成本——可以不请律师。虽然现在法院的庭前调解取得了相当大的成绩，但如果能像贺雪峰先生所说：充分利用村民小组长（队长）这种廉价的"司法系统"来进行调解，即利用部分的长老权力，很多问题就不成问题了——比如子女不给家长赡养费，若是熟人社会中的长老，他们的呵斥，可能带来的就是子女无法使用家族社会资源的惩罚，再不孝，也得夹着尾巴做人。法律本从社会规范中抽离，由国家强制力保证实施，如果直接能够利用社会规范的维护者，那何必舍近而求远呢？

重新活化长老权力，从某种意义上来说是成本最低的选择，但就又不得不面对怎么让乡村的吸引力提升，使能人乃至精英愿意回到农村的问题。充分利用农村现有资源，营造一个生活压力不大、社会氛围温暖的环境，使人们在自己的故乡就能获得比在城市里更多的满足感，同时仍能获得与城市相比并不逊色的机会。在互联网迅猛发展的现在，这似乎是个值得思考的论题。

不过现在，最大的问题仍然是乡村的不断失血——劳动力的流失。不论是村务的实行、空巢老人、留守儿童还是农田抛荒，都无法回避这个问题。

能人和青壮年的离去，使积极村务几乎成了不可能的理想——村庄里大部分都是老爷子老太太，为自己孩子种种南瓜养养鸡鸭，顺便带带自己的孙子孙女，自家附近的几畦田土有水即可。虽然在转移支付的支持下，各地新农业（一般是雇用在外打工的本地人，使劳动力部分回流，但由于技术的发展，现只需要极少的人力）风生水起，但乡村干部面对老龄化的村庄只能通过消极村务来维持其存在——老年人少有心力参与一些村务活动。而道德观念较为薄弱（较儒家知识分子而言）、文化水平较低的能人很少会注意到村庄缺了什么，总是感慨世道变化太快、家乡很少有从前那般温暖的味道，却难以在文化上对村庄环境进行良性的改造，使村庄更能留住人（在外出务工现象十分普遍的川东丘陵地区，近年来，每年春节回老家的人数都在减少）。大部分在城里有稳定工作的人都选择想办法在城里定居。人才资源难以逆转的流失，新型农具的技术、资金的高门槛，使山村小农几乎不可能与平原地区有市场营销计划的、大规模的企业化、机械化生产相抗衡，典型现象就是扶贫农产品的滞销。

贫瘠的旧式农业无法满足青壮年劳动力的辘辘饥肠，那每家每户那五六张嗷嗷待哺的小嘴，让孩子们不再忍受“新三年，旧三年，缝缝补补又三年”的衣服。而能让人吃上饱饭、顺带挣两个小钱的城市不断向汉子们打着花花绿绿的广告——机会不均等、产能不平衡的城乡差距使农村不得不在青壮年稀缺的情况下，面对城市化带来的空巢老人和留守儿童问题，维护那些年久失修的水利工程，去维持自己作为一个村庄的形态。

当养活孩子再也不是问题的时候，当去城市务工由补贴家用变成挣点外快的时候，当农村的基础设施和城市相比差距不大的时候，远比陌生人社会更让人安心的熟人社会的吸引力自然就上来了。这样想的话，怎么重整基层政权的组织能力，使村庄从消极村务的怪圈中走出来才是重中之重。

希望有一天，不再面黄肌瘦的农民们能像过去那般，以一种为子孙后代谋福利的心态，带着集体的责任感，参与着公共设施的建设维护，使颓圮的水渠能让鱼儿畅游，使乡村一直都能成为我们的故乡。

钱穆“重法不重人”说辨析

魏　瑶*

一、问题的提出

“重法不重人”是钱穆“传统政治非专制”论的重要组成部分，强调中国传统政治偏重法治而非人治。在普遍赞同“西方重‘法’，中国重‘人’”的传统学界，钱穆反其道而行之，结合实际和历史对传统观念进行反驳，认为“西方近代政治，则比较偏重在人治，在事实化”①，而“重法不重人”是中国政治的一大特色。“现代一般人，都说中国人不讲法；其实中国政治的传统毛病，就在太讲法。”②在钱穆看来，中国古代存在法治，从皇帝至平民都受到“法”的限制。中国政治的弊端不在于重人，而在于因过于重法而限制人的发展。

对于此观点，学界历来颇有争议。多数学者持反对态度，认为钱穆所说的“重法不重人”只看到传统政治的表面特征，而忽视了“法”仍为人事

* 魏瑶，西南政法大学行政法学院本科 2018 级学生。

① 钱穆：《中国历代政治得失》，生活·读书·新知三联书店 2018 年版，第 177 页。

② 同上书，第 129 页。

所操控的本质。张君劢在其《中国专制君主政制之评议》中指出，君主制度下“无人民主权之规定，无国会之监督，无三权分立之牵制”[①]，对钱穆“传统政制非专制论”进行批评，侧面批驳了“重法不重人”一说。然学说的提出，必有所缘由。本文将基于钱穆《中国历代政治得失》一书，探讨本书中钱穆自己所表达的“重法不重人”之真义，并在此基础上，探究此观点是否存在其合理因素。

二、钱穆所理解的“法”与“人”

欲探究“重法不重人”之真义，必须理解在钱穆语境中的“法”与“人”之意。从句法上看，“法”与“人”相互对应。故欲理解“人”，必先理解“法”。“法”一字含义丰富，既可以理解为法律，也可以理解为法制或者法治。在《中国历代政治得失》中，钱穆虽无独立解释“重人不重法”中“法”的含义，但从相关论述中可对其进行解读。钱穆在书中曾数次将法治与“重法不重人”的思想相联系，最典型的就是在对比中西方政治时，曾描述中国政治“实在一向是偏重于法治的”，而在“法治之下，人才就受束缚了”[②]，由此可以推断出钱穆对“重人不重法”中“法”之一字的解读表面上更接近于“法治”。

谈及法治，普遍会想到这是一种以法律治理国家的政治模式。与之对应的，此句中的“人”便可为理解“人治”，即权力胜于法律的国家治理模式。如是“重法不重人”便成了“注重以法律具有最高权力的治理模式，是权力具有最高权力的治理模式”。结合历史可知，这一观点与中国传统政治是完全相悖的——传统政治中的法律仅为统治的手段。作为史学大

---

① 张君劢：《中国专制君主政制之评议》，弘文馆出版社 1975 年版，第 16 页。

② 钱穆：《中国历代政治得失》，生活·读书·新知三联书店 2018 年版，第 177 页。

家，钱穆不可能不清楚中国古代皇权至上、法律处在个人权力之下的史实。那么，钱穆又为何犯了这种“低级错误”呢？

钱穆提倡从历史的客观角度看待问题，“……不该单凭时代意见抹杀已往的历史意见”①，故在探讨“重法不重人”说时，也应将此观点置于钱穆所处的时代背景之下，而非以当今时代盛行之观点解读历史。“法治”一词是20世纪法政思想的核心概念，自清末民初至新中国成立前，众多学者如陈启天、梁启超、孙中山等人都曾试图对这一概念作出阐释，但在西学东渐的背景下，法治概念尚模糊，不同的阐释者可能会赋予法治不同甚至与现代意义相对立的含义。如果不考虑钱穆当时的时代因素，单将现代法治之意安在钱穆所言“法治”之上，便易对“重法不重人”产生误解。钱穆曾在1945年出版的《政学私言》之“法治新诠”篇里，从宪制结构和政治传统的角度上阐述“法治”和“人治”，或许可以从中找到一些答案。他认为中国政治偏于稳定、追求秩序，更注重传统礼法对于人的约束，故为法治；西方的市民政治追求变革，个人主张和意志偏向对于政治的影响较大，故为人治。从这些观点中，可以看出钱穆所认为的“法治”和“人治”与现代意义上的概念有所冲突。“法治新诠篇”有助于理解“重法不重人”的部分概念，但最为合理的解释，还应当从《中国历代政治得失》一书中去寻觅，其是为本证，是最直接的证据。

在《中国历代政治得失》中，钱穆分别在唐代考试制度、明代政治制度两节中完整地提到“重法不重人”之观点。分析比较此两节，或可以探得他所赋予的独特含义。

在“唐代考试制度”一节中，钱穆介绍唐代科举制度的同时，将西方的政党政治同中国传统用人制度相比较。他指出西方民主制度虽借鉴中国考试制度，但仅有事务官可不分党派而经考试选用，政务官须从同党派中选用。这种政党政治强调人在政治形式中的支配作用，从本质上看仍是

① 钱穆：《中国历代政治得失》，生活·读书·新知三联书店2018年版，第3页。

重人的表现。而在中国传统政治中，用人全凭考试和铨叙（即审查官员的资历，并根据才能、成绩确定级别、职位），即使是皇帝也不能任意用人做官。“如是则变成‘重法不重人’，皇帝并不能随便用人做宰相”①，这种受统一客观标准约束的形式就是重法的表现。

流品制度贯穿于明代政治与科考制度两节，钱穆以此为例阐述中国传统政治的重法不重人。流品是中国人所特有的一种等级意识，它起源于明代，盛行于明清，至今仍存于中国人的观念中，是中国传统礼法制度在社会政治层面上的具体体现。流品将不同行业乃至行业间的不同分工都划分了高下等级，“在上面流动的叫‘清流’，在下面沉淀的是‘浊流’”②。例如，不同职业，官员是清流，商人是浊流；为同阶官职，文官是清流，武官是浊流。在注重流品的明代，即使是学问突出、能力卓绝，只要是属于浊流一层，就永远无法上升为清流。如此一来，吏永远没有资格成为官员，秀才、举人终生困于小官。这一种严格地执行清浊等级的社会规则体系，在钱穆看来，“深一层说，还是一种法，还是一制度”③。因此，“当时的政治传统重法不重人”。④

唐代用人制度为明文规定的行政制度，流品制度则更偏向为一种约定俗成的社会观念。钱穆在阐释“重法不重人”时，却把唐代的用人制度和明代的流品制度都当作一种法。这似乎表明了在钱穆眼中，法即是制度，法治即为制度之治。然而，钱穆的这种随意性描述模糊了“法”与“制度”的界限，因此欲探求“重法不重人”的真意，还应深入理解钱穆眼中的“制度”。

三、钱穆所理解的“制度”

要彻底地理解“重法不重人”的含义，便要理解“制度”。通读本书，不

---

① 钱穆：《中国历代政治得失》，生活·读书·新知三联书店 2018 年版，第 57 页。
②③④ 同上书，第 129 页。

难发现钱穆认可的制度涵盖范围广，包括财政、政府组织、军事等制度，这些都是由人制定或承认的。同时制度也有成文制度与不成文制度之分，如明文规定的科举制度和隐藏于社会中的流品制度，重要的并非是成文与否，而是这个制度是否对人和形势产生普遍的约束力。由人制定或承认、具有普遍约束力的法令制度也不都能成为“制度”，比如有过多的私心掺和其中，否则便只是一时的法术。在“清代”一章中，钱穆补充道：“每一制度，不当专就此制度之本身论，而该就此制度与政府其余各项制度之相互关系中来看此制度所能发生之功效与其实际的影响。”①因此，所谓制度应当是由统治集团为统治需要而非出于个人私益制定或者承认的，产生对社会具有普遍约束力的、具有长久效力的具体政治规则，它能与其他政治规则相配合，从而对整个社会产生实际的影响，其具体表现为以礼法为核心构建起的政治规则体系。不难看出，钱穆所理解的“制度”与近代“法”的概念有所相似。

因此，钱穆在书中，多处将法与制度并列甚至等同。例如，相较于西方，中国古代更具有对政治的一种固守。在西方近代政治中，选举出的多数党对政治起到决定的作用，“法制随多数意见而决定，而变动”。中国古代则“往往一个制度经历几百年不变”②，如科举制的用人制度从唐延续至清。为了达到稳固政权的效果，历代以构建重重的制度为手段，以普遍的规则约束人的行动。在这种情况下，钱穆便认为“这当然只说是法治，是制度化”③。

故钱穆所谓的法治，实意为“制度之治”，其强调的是细密稳定的规则被严格执行而对人所产生的普遍约束。相应的，“法”在钱穆的眼中，不是民法、刑法、行政法等部门法，而是以“礼法”为核心的传统规则体系。钱穆强调的“人治”，更突出个人特性和自主性对于政治的影响，偏向于西方

---

① 钱穆：《中国历代政治得失》，生活·读书·新知三联书店 2018 年版，第 162 页。
②③ 同上书，第 177 页。

以民意为核心的民主政治，而所谓的“法治”，则更突出制度对于人的自主发展空间的束缚，偏向于中国以礼法为核心的传统政治。

四、钱穆“重法不重人”的合理因素

由前述可知，钱穆所谓的中国政治“重法不重人”说，对比的是在政治形势中制度和个人的影响力，即在皇权统治的背景下，中国政治更侧重以严密规则管制人的发展，而压制了人对于制度变化的影响力。

近代以来，关于中国传统政治属“人治”还是“法治”的讨论并不在少数。传统史学认为中国政治为一种“贤人政治”，重视官员个人的贤能。近几十年来，一些西方学者也持有此态度，如加拿大学者贝淡宁认为选贤制度一直是中国政治历史上的关键主题。传统史学与钱穆观点的分歧，实际上是出于两方基本视角与概念理解的差异。钱穆将“法治”赋予非传统上的含义，将法、制度、中国礼法体系的内涵合为一谈，从政治中制度与个人发展的视角，得出中国传统政治“重法不重人”的结论；传统史学则严格遵循法与政治制度的具体界限，以对权力的实质控制为评判标准，认为中国传统政治“重人不重法”。

在传统社会，人的活动受制度的框架限制。即使是居于最高统治地位的皇帝出于巩固统治的目的，其权力的行使也受到制度的一定约束，如“苟其勿自越出于此种习惯法之外，也就不必定要一一再咨询众意”①。在钱穆的理解中，中国政治传统对制度的固守往往会压抑个人，而并不像西方那样更注重人的因素，制度因人事变通。当然，钱穆并不否认这种“重法不重人”具有一定的益处。

---

① 钱穆：《中国历代政治得失》，生活・读书・新知三联书店 2018 年版，第 57 页。

钱穆的“重法不重人”服务于他的“中国传统政治非封建论”，这是具有其时代背景的。钱穆撰写《中国历代政治得失》一书时，学界仍有一股批判中国传统制度、提倡西化的潮流。因此，钱穆研究中国传统政治时，特别把眼光投注在中国传统政治制度的特殊性上，极力地强调中国传统政治有它自身存在的价值。“重法不重人”一说，本是为对抗批判传统政治极端人治的思想，倡导求诸历史，不可一概否认传统政治的优点，照搬西方制度。尽管其存在着将法与制度模糊混淆的缺陷，但从理论和现实因素看，钱穆的“重法不重人”一说是有其合理因素支持其存在的。

对法律的思考

万学敏*

文如其名,《西窗法雨》开的是"西窗",下的是"法雨"。总觉得文学与法律相隔很远,其实是没碰到高手。读《西窗法雨》才知道文学与法律是可以联姻的。[①]刘星先生将西方法律知识与文学有机地协调在一起,以风趣幽默、通俗易懂的叙述向我们阐述了西方法律文化,打破了传统法律书本的枯燥与晦涩。每一篇文章可谓是短小精悍,用一个或几个案例引出西方法律知识,吸引读者的兴趣,也引发了读者对于法律的思考。根据作者的行文顺序,我展开了对法律的思考。

为什么要遵守法律?作者在书中提到:"人们要法律,就是想要社会有个方圆,有个秩序。"[②]即使法律有时是不公正的,在西方人眼里也应该遵守。以苏格拉底之死为例,苏格拉底明明可以选择越狱,但他却选择了服从不公正的法律。这与中国人的思想可谓是大相径庭。在中国人眼中,法律如果是非正义的,那么法律不仅可以不被遵守,而且有必要予以废除。这里就可以看出中西方的法律文化差异了。我想我们实在有必要

---

* 万学敏,西南政法大学行政法学院本科 2019 级学生。

① 刘星:《西窗法雨》,法律出版社 2013 年版,序,第 1 页。

② 同上书,第 2 页。

思考一下苏格拉底甘愿选择赴死的原因。苏格拉底慎重的原因就在于：人们的价值判断是各种各样的，我们不能把自己的标准强加于人。如果法律轻易就可以违反，那么便会容易导致社会没有理性、没有秩序而只有暴力。因此，法律不能被轻易违反，要想社会有秩序，就必须遵守法律。

有没有超过法律的法上"法"？古希腊戏剧学家索福克勒斯写了一个十分著名的悲剧叫做《安提戈涅》。这个悲剧体现的是自然法与制定法之间的冲突、习惯法与国家法之间的矛盾。道德律令与宗教法律要求安提戈涅必须安葬兄长，而国家法律禁止埋葬城邦罪犯。安提戈涅面临着一个两难的选择，但她宁愿受国法处置也要安葬兄长。因为安葬兄长是安提戈涅良心上的要求。都说法律是最低限度的道德要求，如果安提戈涅选择遵守国家的法律，那么她的良心将会永远遭到谴责。安提戈涅最终的命运如何并不重要，重要的是她的行为选择。在面对法律与道德的矛盾冲突时，我们无法摆脱世间命运的安排，但是可以选择自己的行为。法律只是最低限度的道德，而道德是最高的法律。

为何选择法治而非人治？治理社会有三种形式：法治、人治、无为而治。为何我们选择法治？《西窗法雨》以乔治在皇家空军机场观看飞机日常训练这一案例告诉我们，西方国家也曾有人治的痕迹。法律的优点在于法律具有稳定性和明确性，而人的智慧却可以随机应变、灵活处断。但西方国家还是选择了法治而非人治，并非法律没有缺陷，而是因为法治比人治更可靠，因为人的自觉自律是不恒常的。即使法律的缺陷是法律固有和无法消除的，法治也以其明确性、稳定性战胜了人治。

政府与法院的关系是什么？西方人由于对人的基本看法是"缺乏信心"，因而选择了"让旁人教育，让法院纠正"的办法。作者在书中以尼克松"水门事件"为例，讲述了西方国家"以权力制约权力"的制度。"水门事件"带来的启示是：制度设计和安排增加了反腐败的成本和风险。反腐倡廉是一个复杂的问题，直到今日，中国仍然强调"打老虎，拍苍蝇，深入推进反腐倡廉建设”。反腐是一个现代社会复杂的系统工程，法制观念、民主监督、舆论监督、司法公正等，缺一不可。西方国家实行的“政府旁边的法院”，将政府置于法院法律法规的制约管理之下，有效地打击了官员的腐败。但是西方的制度设计和安排增加了反腐败的成本和风险。

死刑究竟该保留还是存续？作者在书中就死刑的存废进行了论述。在某些国家已经废除了死刑，理由在于：第一，死刑助长了人性的残忍，实行死刑是“人杀人”的恶性循环，冲淡了人道主义的思想感情；第二，刑罚的目的在于防止犯罪，而非杀掉罪犯；第三，个人生命权不能交给国家处置。在有些国家死刑依然存在。就中国国情而言，死刑不可废除。要想在将来有效预防杀人行为的出现，就要对杀人犯有足够的威慑。中华人民共和国成立后，毛泽东同志一再告诫全党和全国人民：“凡介在可杀可不杀之间的不要杀，如果杀了就是犯错误。”[①]1956 年《论十大关系》的报告中又指出：“今后社会的镇反，要少捉少杀。”根据这些理论指导，我国确立了“保留死刑但严格限制死刑”的死刑政策。因此，死刑的存废依各国国情而定。

法律有无善恶之分？在我看来法律是有善恶之分的。而判断良法与恶法的标准是：当时社会大背景下人们的一般道德观念。而人们的一般道德观念又会因时间地点的改变而变化，随着历史的发展，有的法律可能已经不适应新的时代大背景而沦为恶法。那么恶法非法还是恶法亦法呢？仁者见仁，智者见智。关于这个问题在西方存在着两个不同的回答，形成了两种观点。认为恶法非法的人高举“法律就是正义”的旗帜，认为邪恶的法律违反了正义就不能成为法律。而认为恶法亦法的人认为，法律应该摆脱价值判断的干扰，法律应该被遵守，即使它在一些人看来是“恶”的。作者在书中谈到善良违法。所谓“善良违法”，是指当民众认为

---

① 汪铁民：《凡介在可捕可不捕之间的人一定不要捕》，http://newspaper.jcrb.com/html/2014-05/12/content_158785.htm。

某项法律法规的规定并不合理时，可以采取非暴力的、理性的方式拒绝遵守该条法律，但同时，因为是违法行为，拒绝者有义务且有勇气接受违法后的法律惩罚。即使面对不合理的法律，我们也需要遵守，而不遵守的违法行为是不应赞许的，但是在政治和道德上则是可以赞许的。且这种善良违法行为又在一定程度上有利于法律的修正与改革。正如约翰·奥斯汀所说，法律的“不正义”并不意味着就没有强制性或约束力，并不意味着人们可以不去遵守。根据奥斯汀的观点，凡是实际存在的法律就是法律，无视这种法律，绝不能被认为法律上是正当的。①尽管从纯粹的道德观点看，这种无视实在法的做法是可以原谅的。采取非暴力的、理性的善良违法行为并愿意承担违法后果，正是对恶法亦法理论的践行。

法律的条文与目的之间的关系是什么？当今社会强调依法治国，加强法治建设。那怎样才能实现法治呢？书中举了这样一个案例，西方某市区城管法律条令规定：“在市区公园内不得通过或停放任何机动车辆。”一名二战军人将一辆军用吉普车开进公园以作纪念。根据法律条文来判断，这个行为显然是违反法律规定的，但是法院最后却判处军人的行为是合理的。这里就涉及法律条文与法律目的之间的关系了。法律条文是法律目的的外在表现形式，法律不仅仅是条文，它还包括目的；司法不仅要看条文，而且要想目的。因此，严格依法办事不能处处唯条文是举，要将目的视为法律的一部分，才能更好地实现依法治国。

法律就是强制？一谈到法律，人们总是不自觉地将“法”与“刑”联系在一起。法律的外在表现形式是惩罚与强制？我认为并非如此，法律应该是民主的。法律创制需要秉承着民主化原则，在一个国家的法律创制中，贯彻民主化的原则具有非常广泛和深刻的意义。作者在书中提到：“如果法律就在于它有强制性，那么为什么强盗者的命令不能成为法

① 刘腾：《浅析“恶法亦法”与“恶法非法”》，载《法律与经济（下旬刊）》，2012年第1期。

律?”[1]法律是自下而上的，不是自上而下的，法律存在的基础在于人们主动接受，而不是被迫服从。法律只是需要刑罚来惩罚犯罪、预防犯罪。但究其本质，法律更多的是与民主联系在一起。

细读《西窗法雨》，你将会对法律有更深层次的了解，也会促发你对法律进行更深层次的思考。《西窗法雨》这本书开篇以苏格拉底之死展开叙述，结束篇又谈到苏格拉底之死，首尾呼应。本书告诉我们，法律文化的健康发展，需要人们的不断反省。总而言之，作者在《西窗法雨》这本书中通过叙说西方法律文化现象，启蒙中国人的法律意识和法治观念，生活中的案例信手拈来，告诉我们：其实，法律离我们很近，并且不只是那些条文，而是我们的教育过于僵硬，把法律肤浅化了。不可否认的是，西方法治发展起步时间比我国早，我们应在立足于本国国情的基础上，学习西方优秀法律文化，不断完善我国法律制度，从而深入推进法治建设进程。

---

① 刘星：《西窗法雨》，法律出版社 2013 年版，第 68 页。

第四编

慎思明辨

高山仰止，景行行止

张恬园*

“一所大学的灵魂真正在于她的精气神而不是其他。”

——题记

刚下法语课，公交车上充斥的刺鼻空调味将6月的闷热隔绝在窗外，晕车的我瘫坐着发呆，身边坐着的是仍在坚持着背书的师姐——她已经保研到南京大学了，但无论是对待法律还是对小语种的学习，都有着一如既往的坚持和好习惯。我并不是个坚持不懈的人，甚至常常偷懒，但由于每周周末都会有师姐在我身边用行动告诉我什么是努力、什么是对自己负责、什么是对未来有打算，我才能在她的带领和督促甚至是种种“过来人的警告”下，一直努力，不敢懈怠。正如长年被我敬重地放在书橱中央的一本《歌乐年华：献给西南政法大学》——西政先辈师长的努力，凝铸了西政精神，润泽着代代后来人。受着他们的引领，我们佩戴着“西政人”这一骄傲的勋章，在人生的路上，奋勇前行。

“海纳百川，有容乃大”，和而不同的人相聚在一起往往碰撞出奇妙绚

* 张恬园，西南政法大学行政法学院本科2018级学生。

丽的火花。西政78级学子受历史的影响，彼此之间具有很大的差异性：学生花名册里包含了运动员、军人、医生、干部、演员、电影放映员等各种职业来源的学生，他们年龄差距极大，社会阅历各不相同。而也正是由这样的学生构成，使大家能够接触到更多不同的思想，看到社会的方方面面。他们常常激烈地讨论各种问题，在交流的过程中也常有摩擦，但这样的交锋使他们更深入地理解与看清了人世百态。书中说："西政学风像麻辣小面一样，各种调料尽收眼底，各种思想和观点在这里汇集、沸腾、碰撞。学子们思想敏锐、言辞犀利，烩就了一锅锅火辣辣的西政论辩文化大餐。"①差异造就了交锋，交锋产生了智慧，而兼容并蓄、如旷谷般的包容之心便是这其中的桥梁和纽带。

"心有猛虎，细嗅蔷薇"，一个有野心、有血性的大学更能够培养出团结、有闯劲的学子。78级学生刚入校时，西政校园几乎就是一个施工工地。当同学们一路颠簸来到校园，却只能用"失望、震惊、茫然、稀烂工地"来形容对大学的第一印象——脚上的解放胶鞋常常陷进校园道路淤积的烂泥中，开学典礼在废旧的游泳池中举行，上课时，毛毡屋常因施工的炮响而被震得往下掉土，甚至在宿舍还发生过床铺木板断裂的事情。学生们每周有无偿服务劳动课来轮流帮厨、搬运石料、打扫厕所，伤筋动骨事故常常发生……真正是生于忧患！俄国物理学家列别捷夫说过"平静的湖面练不出精悍的水手，安逸的环境造不出时代的伟人"，正是环境的艰苦磨砺出他们敢做敢为、百折不挠的顽强品质。尽管我们不吹捧苦难，但当苦难来临时，我们应当咬紧牙关、迎难而上，勇敢地克服困境。如今我们的学习与生活环境与过去相比有了很大的提升，当面临压力或困难时，更应当用"天将降大任于斯人也"的勇毅和志气激励自己，在困境中汲取成长的养分。

① 张建田：《歌乐年华：献给西南政法大学》，法律出版社2016年版，第233页。

“天下兴亡，匹夫有责”，从“五四”而来，“以天下为己任”成为青年学生最高的理想。西政78级学生的洪绍泉在本科时便站在法庭上正义凛然地说出“我站在维护法律尊严、健全社会主义法治的立场讲话”这样激动人心的话语。“张志新案件”出现时，学校墙报上登出了许多令人动容的学生评论：“她把带血的头颅放在生命的天平上，让所有的苟活者都失去了重量”“暴力可以伤害美丽，但是无法消灭美丽”①……作为一名法学生，我们需要接触社会的种种态象，需要揭开生活的青石板，去走近和体察生活的辛酸残酷、不为人知的另一面人世，去挖掘剖析社会事件背后的来龙去脉。我们肩负着推动国家法制进步的重任，肩负着保障权利行使的使命，因此我们更应该关注社会现实，树立社会理想。而为了实现这样的抱负，我们要不断锻炼自己的“笔杆子、嘴皮子、腿杆子”——这是西政早先领导、教师们关于学生培养所发表的看法，其中蕴含着学生需要全面发展的理念，而西政学子确也在学业之外的艺术、体育领域大放异彩。他们通过邓丽君的歌曲思考时代，通过舞步宣告思想解放，甚至曾经写信支援李谷一女士。他们也通过体育强身健体、磨砺意志，通过竞赛提升竞争力、锻炼抗压能力。我们这一代法学生能够比过去更便利地获取时事信息，因此更应当学习先辈们的精神，全面发展自己，深入社会实践，将个人的志向与“无穷的远方、无数的人们”结合起来。

经过正反经验教训，78级西政人大多勤于思考，不甘盲从并且敢于质疑权威，比现在的大学生看问题更为成熟。在那个思想逐渐化冻的年代，他们敢于在课堂上随时站起来提出质疑，甚至敢在李燕杰教授的讲座中敲碗表达批判。他们在讨论课上钻研学术、激荡思想，而也“只有思想，才是78级全部的尊严和其全部的精神所在”。②他们热爱思考勇于批判，并且只赞赏经得起推敲的质疑和批判。他们的思想与论证并不是一种年

① 张建田：《歌乐年华：献给西南政法大学》，法律出版社2016年版，第176—180页。
② 同上书，第150页。

轻气盛的无谓宣泄，而是建立在一种对所目睹与经历过的时代进行的深刻而艰辛的思考之上，建立在他们彼此之间激烈犀利的讨论之上。如今的我们处于言论更加自由且表达途径更加多元的时代，确也有许多人勇于在各大平台表达自己的观点与思想，然而其中却不乏故作机灵、人云亦云或是愤世嫉俗无病呻吟之辈。被娱乐综艺绑架情绪，被网络狂欢裹胁思想，被信息茧房束缚视野，真正在大学还能保持内心宁静，不怀有功利心地去潜心阅读与思考的人逐渐变少。或许在喧嚣的互联网时代飞奔的我们面临着比过去更多的诱惑，我们有更多的“机会”向怠惰和依赖心逃逸，但“心远地自偏”，古时的陶渊明能够在闹市而听不到车马的嚷闹，只要我们锻炼一种“生活在别处”的心境和能力，也便能在信息爆炸的鼓噪中甄别真正有用的内容、充实自己的思想、丰盈自己的灵魂、保持独立的人格和精神。

一所大学能给予她的学子最珍贵、受用一生的馈赠，以及一名学子对母校最深刻的记忆与怀恋，源自这所大学的灵魂，源自她深入骨髓、历久弥新的精神。这精神是烙印在大学有形建筑群之上无形的图腾，是维系学子的纽带——一声集结号，一场知识与真理的奔赴，一段歌乐年华，一群西政人——我们在不同的时空一同走过了一段山城的路，师长们的精神品质润泽着我们代代后来人，为我们树立了榜样。高山仰止，景行行止。未来的路，愿我们携着母校给予我们的精神力量，坚定不移、脚踏实地，永远能够问心无愧地说一句：“我是西政人！”

成为这样的“大人”

姜雪颖*

在这个物欲横流的现代社会里，金钱、权利、利益至上被人们奉为真理。为了过更好的生活、自己想要的生活，为了不断适应时代的发展变化，人们不得不时刻打起精神拼尽全力向前奔跑。在成长的过程中，我们都渐渐长成了“大人”，与此同时，价值观也潜移默化地改变了。从年龄、生理、心智上看，现在的自己逐渐与小时候眼中的“大人”形象变得相似。大家想象中的“大人”是什么模样呢？是需要在社会中努力打拼赚钱养家糊口的人？是遗失了童趣纯真变得严肃刻板的人？是要在激烈的竞争压力下流血流汗才能存活下来的人？是整天话题不离金钱政治的人？是在被生活磨平棱角后不抱有美好幻想的人？是不断考虑未来，而往往忽视过好当下生活的人？还是越来越不知道幸福满足意味着什么，只有无穷尽欲望的人？对“什么是大人”这个问题，没有人能给出一个准确的答案，正如一千个读者心中就有一千个哈姆雷特，每个人心中都有自己的“大人”形象。成为“大人”并不是容易的事，有时候我们并不急切地想成为大人，可是随着年龄增长，我们身上又无形中有了些许“大人”的影子特质。

---

* 姜雪颖，西南政法大学行政法学院本科 2018 级学生。

小时候迫切希望长成大人，而到了真正成为大人的时候，却又是犹犹豫豫有些畏缩。于我而言，关于自己想要成为怎样的“大人”这个问题，仍然觉得有些迷茫又无奈。而唯一能在心中明晰的是我希望自己在长成“大人”的同时不要忘记孩童时所拥有的善意、纯粹与初心。正是基于此，时隔十几年再读《小王子》能由心地生发出更多感触。虽然只是童话，却能引起我深切的共感与反思。

一、不迷失于物质，不丢失掉自己

小王子是居住在一个微小星球上的孩子，他在离开自己的星球外出旅行的途中遇到了很多人——他眼中看来怪异的“大人”。

在第一个星球上，小王子遇见了一个拥有“无上权力”的国王。他是整个王国里唯一的居住者，却滑稽地四处发号施令。他是权力拥有者，也是唯一的臣民。他渴望权力、膜拜权力，而事实上其权力所及也只能是管好自己罢了。在第二个星球上，小王子遇见了一个爱慕虚荣的表演者——一个听到别人的夸奖便摘帽子表演感谢致意的人，每天为了听到更多赞美不断重复着相同的摘帽戴帽动作，却浑然不知自己行为有多荒诞。在第三个星球上，小王子遇见了一个矛盾的酒鬼——喝酒是因为惭愧，而惭愧又因为自己是酒鬼。他总在自我反省，于是想要做一些事情惩罚自己，而实际上这种惩罚只是更进一步的堕落而非根本的改变方法。人就是这样的矛盾体，在这样的矛盾中不断消亡自己。来到第四个星球，小王子遇见一个不断数星星的商人。商人认为自己数的星星最终都属于自己，然而他甚至不知道自己可以用星星做什么。自认为自己很富有，其实他所拥有的只是连触摸都不能的星星罢了。如果只是为了满足内心的某种感受和需要，不断地浪费时间和精力去追求它，也最终不过是一个

"空"字。在第五个星球上，小王子遇见一个整天重复着点灯熄灯动作的灯夫——一个饱受规律折磨的"束缚者"。在第六个星球上，他遇见了一个被限制在自己制定的狭隘规则中的地理学家，就如同现实生活里在各种规则的捆绑下批量生产出的"专家学者"一样。小王子遇见的这六类人不正是带有明显特征的现代社会"大人"形象的代表吗？

成为"大人"后，人们比起关注精神世界好像更乐于追求物质层面的东西，大家逐渐变得喜欢谈论数字、收益和利润。卡上的数字是身份的象征，即使不知道用这些数字能去获得什么，只是看着就觉得满足，和数星星的商人有什么区别呢？人是不会知足的，总是会执着于更大的利益，而利益是不可量化的，因此人的欲望也是无穷尽的。人们在对利益的追逐中陷入恶性循环，却忘了自己原本想要的东西。人为什么需要财富权利呢？是为了满足像摘帽人这般的虚荣心吗？还是为了实现最初的梦想呢？现代社会的"大人"们每天都在很努力地打拼着，因为不想生活在社会最底层所以不断向上爬，这也是对于正在或即将成为"大人"的我们来说必须要经历的。在优胜劣汰的社会，不努力就只能生活在泥沼中。我不否认每个人都有追求物质、追求美好生活的权利，但我希望在追求物质的过程中也不要忘记初心，即使在富足的时候我们也不要遗失掉最初打拼的自己。我希望成为这样的"大人"：在财富利益的驱使下也能保持清醒节制，知道自己真正想要的东西是什么，不迷失于物质，不丢失掉自己。

二、人际关系——因为"驯养"，所以珍贵

来到地球上的小王子遇见了一只狐狸，一只教会他"驯养"的狐狸。用狐狸的话说，"驯养"即"建立关系"。"对我而言，你不过是个小男孩，就像其他千千万万的小男孩一样。我不需要你，你也同样不需要我。对你

来说，我不过是只狐狸，和其他千万只狐狸一样。然而，如果你驯养我，我们就将彼此需要，对我而言，你将是宇宙中唯一的了；我对你来说，也是世界上唯一的了。”[①]我愿意将这句话作为交友之道。在成为“大人”的过程中，我们会遇见很多人，有过客、有同伴、有挚友、有爱人，离开的留下的都是有理由的。人际关系是成为“大人”所必需处理好的，也是让人头疼的问题。有人说“认识的人多，走遍天下都不怕”，这句话本来没什么问题，可我是更倾向把时间用在我觉得值得“驯养”的人身上。我们自己是怎样的人，想要成为怎样的人，自然交友会有不同的选择。比起为了扩大人际圈去刻意认识更多的人，甚至是滥交的程度，我更愿意把这些多出的时间花在值得我“驯养”的人身上。现代社会的普遍现象是大家认识的人很多，知心的人却很少。我同狐狸想法一样，对我而言，我认识的人只是万千人中的普通人而已，我们彼此之间是没有达到需要相互依靠的程度的，而我“驯养”的人就是在我眼中珍贵的唯一的存在。比起同时维持多段知道不可能更长远的关系，我更愿意花时间维持“驯养”后珍贵的关系。这并不是在批评广泛社交行为，只是说交友时要学会取舍，遇见与自己有着相同价值取向和共同志向的人“驯养”并珍惜这段关系，真正找到自己的良师益友。就像小王子与他“驯养”的玫瑰花一样，相互之间是独一无二不可替代的，我们与自己“驯养”的人关系也是如此，对于对方来说相互也都是唯一的珍贵的存在。

我希望能成为这样的“大人”，不为社交而社交，懂得维持交往间的关系，找到并珍惜值得相互“驯养”的人，毕竟朋友易遇、知己难求。

三、学会用心灵去洞悉事物

我一直很喜欢《小王子》中的一句话“只有用心灵才能看得清事物本

① [法]安托万·德·圣·埃克苏佩里:《小王子》，尹丽丽译，中国文联出版社 2015 年版，第 56 页。

质，真正重要的东西是肉眼无法看见的”①。

我们一生中会接触到数不清的人和事，学会甄别是会让我们受益无穷的一种重要能力。如何分辨是与非、善与恶、美与丑、真与伪，是我们都免不了要经历的事，如何抉择，要用心去体会而不是用肉眼去断定。不少自以为“公正客观”的大人总是凭借表面去断定一件事或一个人，在不了解真相本质的情况下就理所当然地以高高在上的姿态进行点评批判，他们的感情与判断只基于肉眼而未至心灵。这样的“大人”是我所厌恶的。

在快节奏的生活中，人们总是奔忙往返不停，忙碌了一天回家却又觉得孤独空虚，除了忙之外感觉找不到精神慰藉，这是很多“大人”都有过的情感吧。要承认人生来就是孤独的，孤独地来，孤独地走，即使来去的孤独是我们不能控制的，但是过程如何却是可控的。为什么我们会觉得孤独呢？很大程度上是因为找不到精神的支撑点与慰藉吧。没有朋友会感到孤独，没有家人会感到孤独，没有期待追求的东西会感到孤独。但其实这些都是表面的东西，真正实现了精神的充实这种孤独感是会大大降低的。我们每个人都有自己觉得重要珍贵的东西，它们可能是别人看不见但自己却能真切感受到。一件别人看来极其普通的事物，如果你用心灵去感受过它，那么对你而言它就是重要的东西。我曾追过星，现在的他成为了天上的一颗星星。每次抬头望天时所有星星都在闪着光芒，可我清楚地知道我的星星是哪一颗。每颗星星大概都有着不同的主人，每颗星星对它们的主人来说都是一个重要的存在，而能体悟到这种情感的只有真正用心灵去感受过的主人自身。生活中也正是因为有这些让我们觉得珍贵的事物存在，我们的精神世界才不至于显得那么空洞虚无。用心灵去感知重要的东西，不失为一个为我们寻求精神支撑点的好途径。我希

---

① ［法］安托万·德·圣·埃克苏佩里：《小王子》，尹丽丽译，中国文联出版社 2015 年版，第 73 页。

望并也努力成为这样的“大人”，学会真正用心去洞悉每一件事，我始终相信以客观真诚的心才能看见最本质最重要的东西。

不知不觉我已经成长为二十岁的“大人”了，想要成为怎样的“大人”刚好是目前正面临的问题。《小王子》能让我感知触碰到孩子身上所拥有的人性中最美好、最纯粹、最本质的东西，以至于让我在成为“大人”的途中不会迷失，不会忘记也曾身为孩子的自己。“善良”“节制”“真诚”“理智”——这是我理想中的“大人”模样，我希望并也努力地想成为这样的“大人”。

传播过程中的劝服艺术

杨希捷*

关于态度转变的心理学研究表明态度和观点之间有很强的互动，观点的改变可能会引起态度的转变。它们二者都是隐性的语言回应，能体现一个人内心真正的想法。而观点和态度的改变取决于劝服的效果，在传播过程中劝服效果主要受到传播者、传播内容、受众和反应因素这四个方面的影响。

一、内容概述

我阅读的是《传播与劝服——关于态度转变的心理学研究》这一书，它由美国实验心理学家卡尔·霍夫兰、心理学家欧文·贾尼斯、社会心理学家哈罗德·凯利合著写成。卡尔·霍夫兰是宣传与传播研究的杰出人物，在二战期间和战后，他和一批心理学家对态度与劝服进行了大量实验和细致研究，提出了众多影响深远的理论，以他们的研究为基础，逐渐形

---

* 杨希捷，西南政法大学行政法学院本科 2018 级学生。

成了传播学的“耶鲁学派”[①]。他还是将实验心理学引入传播学研究领域的第一人，其对传播学最突出的贡献在于，一是将心理实验方法引入传播学研究，二是通过研究揭示了传播效果形成的条件性和复杂性。欧文·贾尼斯致力于政策制定的心理学分析、危机管理等方面的研究，因其提出的团体迷思理论而闻名，获得了美国心理学的多项大奖。哈罗德·凯利的主要贡献集中于群体社会心理学、归因理论、人际关系等方面，他在1978年当选为美国国家科学院院士。

本书出版于1953年，记录了霍夫兰、贾尼斯和凯利与其团队在二战及战后期间通过传播实验来观察态度与行为改变的研究。项目研究主要围绕传播者的可信度、恐惧诉求、说服性观点的组织、成员身份及抗拒影响、个性和说服敏感度、通过积极参与获得信念和意见改变的记忆来展开，向我们说明了传播中影响观点改变的因素和造成这些改变的原因。此外，该书的构思和编排很具有逻辑性。书中每一章都包含一个“背景介绍”部分，接下来是有关每个主题的“研究证据”部分和“启示”部分。对于实验的过程和结果，还会采用图文结合的方式，给人一种直观、清晰的感受。同时，该书在进行说服传播研究的同时，也把读者带入其中，通过“提出问题——经过研究得到结论——反思问题”的方式带来更强的参与式阅读体验，完美地践行了有效的传播劝服理论。

根据传播的定义“传播是一个过程，即个人（传播者）通过传播刺激（通常是语言性的）来改变他人（受众）的行为过程”[②]，以下笔者将从传播者、传播内容、受众和反应因素这四个部分来分析传播过程中的劝服艺术。

---

① 传播学的“耶鲁学派”是指美国以霍夫兰为首的传播学派，主要采用实验心理学的方法，致力于说服性传播效果的研究，揭示传播效果形成的条件性和复杂性。

② [美]卡尔·霍夫兰、欧文·贾尼斯、哈罗德·凯利：《传播与劝服——关于态度转变的心理学研究》，张建中、李雪晴等译，中国人民大学出版社2015年版，第10页。

二、传播者的专业性和可信度在传播中所起到的重要作用

第一部分是从传播者的角度来看，具体在本书第二章中研究了传播者的可信度这一因素。传播者的可信度会影响受众对传播的评价和观点改变的程度，但受众的本来偏好和动机也影响着其对传播的评价和反应。如果受众对信源持不支持态度，他们就不会密切关注传播内容，传播效果也就会下降，所以一般来说，传播效果在很大程度上取决于传播者。关于传播者的可信度，可以从以下两方面去探讨。

（一）传播者的专业性

专业性与传播者的年龄、领导力以及其与受众的背景相似性密切相关。年长的人往往被认为更有经验、说话更有分量，这也是日常生活中人们更愿听取前辈建议的一个反映。领导力更强的人也更易获取他人的信服和跟从。如果传播者和受众有相似的背景，更会让受众觉得其十分专业、能够感同身受，从而去接受他的观点。举例而言，一个法学生会更愿意接受一个法学教授而不是生物学教授关于其专业问题的解答。所以强调传播者专业性的同时也要注重其专业性与受众需求的相匹配度，我认为这或许可以称作一种"同类感化效应"。

（二）传播者的可信赖性

受众在接受传播时会思考传播者的动机或意图。通过调查发现，受众倾向拒绝自己认为有操纵意图的传播，而随意和非目的性的传播会让人放下防卫的心理状态。这也许能够解释为什么大多数人对广告推销有较强的反感或抵触，而对朋友的诚恳建议十分受用，对于如何提高广告营

销的效力，我们可以从一面和两面传播、感性和理性诉求这些方面来把握。[①]所以，与低可信度的信源相比，高可信度的信源在进行表达时，受众会认为其观点更加重要、合理和具有逻辑性。

然而，通过对信源可信度的长期效果研究发现，随着时间推移，在传播过程中，信源和内容会出现分离，当分离发生时，信源的影响减弱。那么即使信源的可信赖性不强，传播中包含的观点，也能够创造足够多的积极效果来抵抗由传播者带来的负面影响。这也引发了我的一个思考，相比之下，是否传播内容本身比传播者更加重要呢？

三、传播内容的影响

第二部分是从传播内容的角度来看，包括本书的第三章恐惧诉求和第四章说服性观点的组织。“恐惧性”诉求是大众传播的一个主要类型，例如政治家和社会领袖们通常会在危机时期公开发表宽慰性话语，以避免公众因情绪激动而采取无序行动；其也会被用来激发受众当下的行为，例如号召受众捐款、参与某项活动等。所以，在说服传播中，用内容来刺激受众，使其产生接受传播观点的动机显得格外重要。

（一）恐惧诉求要适当控制

哈特曼的实验表明，包括有“情感”诉求的传播比仅仅依赖“理性”论证的传播更有效。而“情感诉求”中的“恐惧”诉求，即经过反应习惯链[②]（C-E-R）（内容暗示→情绪反应→宽慰性建议）最有可能促使受众接

---

① 张晓静：《态度劝服理论的传播方式和广告效果》，载《新闻窗》2009年第4期。

② [美]卡尔·霍夫兰、欧文·贾尼斯、哈罗德·凯利：《传播与劝服——关于态度转变的心理学研究》，张建中、李雪晴等译，中国人民大学出版社2015年版，第52页。

受传播者的结论。它的原理是传播者激发紧张情绪，而受众为了缓解这种情绪，会接受传播者的观点，认同他的意图。据此，有学者提出了有效的恐惧讯息必须具备的四个条件。①

但是，我认为，并非所有的恐惧诉求都能成功地促使受众接受传播者所提倡的宽慰性建议。比如，受众如果之前接触过传播内容，或许会形成一定程度的“情绪免疫”。同样，过于强烈的情绪诉求也会带来相反的效果，因为这会削弱受众对传播内容的注意力而去关注危险的后果，从而达不到传播的效果。因此，采用较少的恐惧诉求来解释潜在的危险，不但会使人适当关注威胁性后果，从而也会使受众更容易接受传播建议。但前提是，传播者的宽慰性建议要有可行性，否则也无法缓解受众的情绪紧张，达不到观点改变的效果。

日常生活中，激情而富有号召力的演讲大多都会使用“恐惧”诉求的策略。但我们在学习这种说服方式的同时，要提高甄别能力，进行情绪控制训练，增强耐挫力，切记不要被一些没有深度的“鸡汤”言论左右思想和行为。

（二）说服性观点的组织要因人而异

关于说服性观点的组织的研究，主要围绕几个问题展开。一是明确得出结论还是含蓄保留结论的传播效果更好？通过研究得出，面对复杂的话题、水平较低的受众，明确得出结论的传播效果更好，反之，则含蓄保留结论的传播效果更好。二是一面之词的传播对受教育程度较低的群体更有效。三是在说服性传播中，陈述观点的不同顺序安排产生何种效果的问题。当受众起初对所说话题缺乏兴趣时，重要论据内容安排在开头的顺序（突降式顺序）将会最为有效；当受众自身的兴趣能够保证传播内

---

① 苏新:《劝服理论在新闻传播中的运用》，载《亚洲中心时报》(汉)2010 年 11 月 5 日。

容引发其注意时，其他因素对传播效果的影响则会更为重要。四是探讨了伦德所提出的说服的首因律①。

通过阅读关于说服性观点的组织研究，我学习到了在不同情况下，面对不同听众，组织语言的方式也要有所不同。正反两方面的列举、问题排列的不同、重点的前后呈现、结果的明示和暗示、提问采取的方式都会对最后的传播效果产生直接的影响。关于论点的列举，亚里士多德认为："依靠修辞式推论式的演说更能受到高声的喝彩。"②这与霍夫兰的观点有一定的相似之处，更有学者认为霍夫兰的研究就是对亚里士多德所进行的研究的继承发展，他们二者有着很大的相似性和共通性。③

四、受众在传播过程中所起到的作用

本书第三部分是从受众的角度来看，包括第五章成员身份及抗拒影响和第六章个性和说服敏感度这两部分。人是社会的人，传播者和传播内容的影响取决于个人对群体规则或标准的遵循程度。人也是个性的人，不同人的个性特征也影响着传播的效果。

（一）人的群体性和社会性

在一个群体中，一个人越是重视成员身份，他的观点和态度越会遵从群体内的共识，也即观点的改变量与成员身份价值呈负相关，身份价值较高的成员，其群体规范内化更加严重。群体规范对个体的制约，不仅因其

---

① 即首先出现的内容将会比随后出现的内容让人更印象深刻。

② ［古希腊］亚里士多德：《修辞学》，罗念生译，上海人民出版社2016年版，第146页。

③ 刘巧玲：《亚氏修辞学与霍夫兰说服理论观点之对比分析》，载《新课程》2014年第1期。

对个体的重要性，还因为个体违反群体规范可能会受到惩罚。但有趣的一点是，群体因有崇高地位的个体的存在和参与至关重要，因而对其叛逆行为有更大的容忍度，所以个体所获得的身份价值越高，他对群体规范的叛离就越被容忍，在接受对立观点时，他就会感受到更大的自由度。但同样，被赋予高群体地位的个体，相较普通成员能够更加自觉地遵守群体规范，所以说，群体中的领导者是在一个庞大的群体中引领其他个体改变观点的重要个体。这也给我们进行说服传播时作出了一个启示：说服一个群体，从说服他们的领导者开始更为有效，但同时也要关注传播内容与他们群体规范的契合度。

（二）人的个性

在受众倾向的因素中，和说服敏感度相关的个性因素及能力和动机的持久性也十分重要。不同的人有不同的性格特征和生活经历，所以传播效果也部分取决于受众的个人特征。每个人的可说服度有所差异，这主要与个人能力和动机因素有关。显然，一个执拗的人比一个缺乏主见的人更难说服，聪慧的人能够更容易地习得传播内容并且更有效地作出合适的推论，但同时，与一般人相比，他们也可能会以更为批判的态度来接受论点和结论。在贾尼斯对部分大学生所做的研究中表明：自信心低的人、表现出压抑攻击性的人会更多地受到说服传播的影响，而有急性精神病的人会更加抗拒说服传播。

通过对传播中受众的分析来看，在普遍的说服传播规则下，还需要关注受众的群体性反应，要根据不同个体的特征“量体裁衣、对症下药”，才能够达到精准的说服效果。同时，笔者认为还要密切分析和关注受众的情感，在传播中了解受众的心境并积极走入其内心、调动他们的情感，从而产生更好的说服效果，很多富有感染力和号召力的演讲都做到了这一点。

五、积极参与带来的观点改变和观点改变的持久性

本书第四部分关注受众的反应因素，包括第七章的通过积极参与获得信念和第八章的意见改变的记忆这两部分，在日常生活中很多时候，来自社会角色的强大压力常常要求我们违心表达与我们私下信念不一致的看法。但当一个人需要通过积极参与的方式把某个观点传播给别人时，他首先要说服自己，也即在“角色扮演”中，主动参与引起了个人信念的改变。

（一）积极参与能够提高说服传播的有效性

贾尼斯和金所做的几个实验表明，积极参与提高了说服传播的有效性，并且，观点的改变程度与个人在多大程度上对自己的发言感到满意密切有关。当个体认为自己的想法和决定是出于自发行为时，最有可能产生持续性态度改变。所以，在传播过程中，通过对受众的激励性呼吁，让其主动参与其中，往往会获得更好的传播效果。就好比课堂教学，如今越来越风靡的“翻转课堂”相较于以前传统教学方式——老师单向传授知识的模式而言，也是采取了这种受众主动参与传播的思路，已经得到了较好的反响。

（二）影响观点改变持久性的因素

但是，当说服传播带来意见改变后，这种意见改变又能持续多久呢？接触传播内容带来的意见改变，取决于对传播内容和对接受激励这两者的记忆。传播者可以通过对传播内容的重复来使受众加深印象，并且在大多数情况下，结论比支撑结论的细节证据更容易被记忆。受众的动机和兴趣越强，传播内容记忆的程度也就越高。所以，对观点改变的持久性

的研究，是为了从更长远的视角来提高说服传播的有效性。

六、总结与思考

该书以实验研究的方式，从传播者、传播内容、受众和受众的反应这几个方面来阐释传播过程中的态度转变，笔者从中获益匪浅。学习和研究是永无止境的，虽然该书进行的研究参与对象多是大学生，群体范围窄，研究中还有很多问题得不到解决，但其所取得的成就，深刻影响了传播学的发展。《传播学史》一书作者罗杰斯认为，霍夫兰等人的研究直接影响了传播研究对传播社会效果的重视，这些研究项目既是现代态度改变研究的开端，又是大众传播理论若干重大贡献的渊源。

正如库尔特·勒温所言："没有什么比一个好的理论更实际了。"首先，此书所进行的传播研究项目，是希望从实践中提炼出更具普适性的理论，从而可以应用于更广泛的实践问题中去。所以说，理论导向型的研究最终都致力于解决实践问题。近年来，大众传播在现代社会的很多领域中都发挥着越来越重要的作用，大数据时代中，人与人、人与信息之间的相互依赖加深了，无论在国际关系领域还是在政治文化领域，此书所进行的研究具有现代性的启示意义。其次，从日常生活角度来看，我们可以从中学习到人与人交谈的经验，学会如何说话、如何说服他人，更能学到如何甄别传播中的各种观点，在何时坚守，而又在何时改变或完善自己的观点。再次，从专业角度来看，市场营销、广告业、新闻传播业等与说服传播密切相关的行业，都能从此书中汲取经验、习得技巧。就我所学习的监察法专业而言，阅读这本书对从事纪检监察工作中所需要的审查、调查等能力培养也有所裨益。所以说，一本好书有大的格局，能历经时间的检验而依然熠熠生辉，让多数人从中获得思考，得到成长。

此书记录的研究项目借鉴了包括心理学、政治学、社会学等多个领域的理论成果，这启发我们：许多学术领域之间有交叉和共融性，无论是学习还是做研究，都要以广阔的视角去发现各学科领域之间的相关联性，相互借鉴，取长补短，以获得长足发展。如今，已经有越来越多的学者运用传播劝服的理论去充实自己的专业领域，写出了许多佳作。而我也会将从本书中所学到的知识和思维技巧运用到自己的学习生活中去，让自己得到充实和提升。最后我想说，在任何学习研究中，最有趣的就是发现和提出新问题，让我们带着这些新问题走下去，在前辈们的基础上不断探索，在漫漫时间长河中寻找它们的答案。

自媒体该如何优雅地走向明天

——从咪蒙事件说开去

陈榆江*

构建自由、平等、信任与规则并举的自媒体生态，理应成为自媒体平台创作的生命线，也应融入公共监管、公众监督群体底线思维能力建设中，更是对每一个参与其中、享受其中的人的必然要求。但面对现实，一边是打通信息集散“最后一公里”的方便和迫切，一边是真假难辨、良莠不齐的混乱无序，而作为信息的创作、加工整合和发布端，自媒体平台从萌芽阶段到势如雨后春笋，一直都在被点赞和被苛责的舆论场域中前行。

如何在推进信息的内容供给侧结构性改革大势下讲好中国故事、百姓生活，我认为，提高信息的可采性、可利用性、可信度和可甄别性是重中之重；在建立全社会的网络综合治理体系和营造清朗的网络空间的大潮里，更需自媒体人切实履行主体责任，在去伪存真、激浊扬清的基础上掌握说服技能、发扬说服艺术。

* 陈榆江，西南政法大学行政法学院本科 2018 级学生。

一、说服:一套严整规范的理论模型

若你真正走进霍夫兰的说服世界,我想你不会不惊叹于那一系列心理学实验背后的缜密思维和严谨态度,不会不欣喜于态度转变的神奇“化学反应”,不会不震悸于人类内心思维共性的强烈曝光。我真切而强烈地感受到《传播与劝服——关于态度转变的心理学研究》①一书的读者霍夫兰开启的说服世界对我说话、谈论乃至思维上的引导、帮助和支持。但同样不容忽视的是,仅通过改变人工环境来控制外部变量和操纵独立变量进而验证概念化或先验式乃至预设性的假说,并收集特定(即有目的、有意识的)媒介、特定内容等传播条件下少部分人的即时效果,其实验结论可能很难做到最大程度的公允展开。

在本书中,作者主要从外部刺激、说服对象、作用过程和传播结果四个维度展开实验和阐明;具体来看,外部刺激主要围绕传播者的可信度、恐惧诉求、说服性观点的组织、说服时机和环境、情感驱求度等内容展开,说服对象则包括成员身份及抗拒影响、个性和说服敏感度等内容,作用过程则从通过积极参与获得信念着笔,而传播结果则以意见改变的记忆收尾,并附有总结与新问题。示意如下:

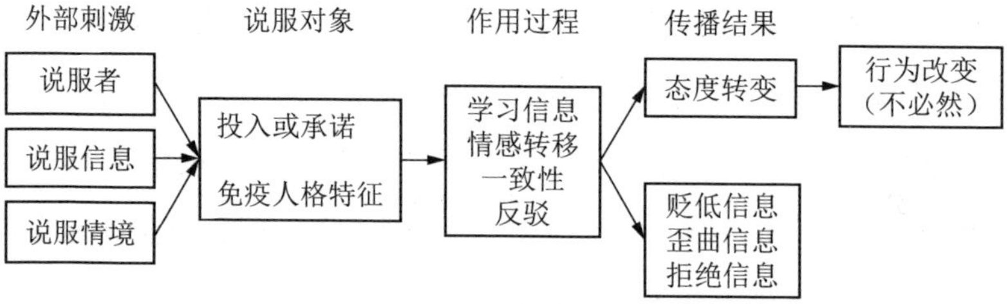

---

① 参见[美]卡尔·霍夫兰,欧文·贾尼斯等:《传播与劝服——关于态度转变的心理学研究》,张建中等译,中国人民大学出版社2015年版。本书将心理实验方法引入传播学研究,通过研究揭示了传播效果形成的条件性和复杂性,对否定早期的“子弹论”效果观起到了很大作用。霍夫兰研究中提出的一些概念,如可信度、对宣传的免疫力、恐惧诉求、休眠效果等,都成为引导后来研究的起点。

因此，在我看来，霍夫兰的研究成果实际上是一整套基于实证研究、体验说服历程、展现说服技巧、揭示说服规律的开放的、鲜活的理论模型，当现实情境被嵌套和运用其中，它也更具生命力和证明力。

二、说服实践：具体说服情境中的理论适用与价值选择

网络上的一篇文章《一个出身寒门的状元之死》最终成为“压倒骆驼的最后一根稻草”：寒门、状元、死亡、底层逆袭、职场对决、城乡对立和阶层隔阂，文章抓住社会痛点，无限放大和肆意渲染根植于身份差异和认同感的焦虑，其“套路”不可不谓犀利、毒舌、浅显、剑走偏锋、煽动性强、充斥着负能量。而正是通过这样非暴力却又在精致的软包装下遍藏机关的手段和信息符号的涟漪式螺旋式传递，给予了信息接收者（其中一部分最终成为接受者）不同程度的信任感和体会意识，以至于产生依赖感和沉浸感，并最终形成认同感，即诸如所谓“懂我”“道出了我的心声”此类反馈，进而引导其态度乃至行为进入或扩泛或收紧或偏移的变动性调整阶段，不断趋向、认同和最终内化于“预定”的方向，即“文字商人”精心铺就的“精神传销”之路，乃至于鄙弃现世幸福、消弭奋斗意志，这便也大致符合霍夫兰说服理论框架的基本形式要素。另外，“杀人”之外又怎能忘记“诛心”，所谓的“价值观”的重组叠合，辅以贩卖焦虑和制造对立，这样的流量写作方法论作为说服理论的背向实例，为何能在相当长一段时间里“野蛮生长”，而以咪蒙团队为代表的头部市场暂时“荒落”后，自媒体生态又该如何优雅地走向明天？

但其实，在说服视阈下，它们归根结底是针对不特定的说服对象，综合利用说服者的头部地位、传播高差和说服对象的心理，在搜刮和确定受众共情的基础上，通过包装、加工、伪造、变造、改写甚至洗稿等方式，并配以特定的说服情境和时机以收割受众的即时感受，从而引导读者步入焦

虑陷阱。

而若将社会评价抽离开来，仅从说服理论的框架结构分析，咪蒙团队在过去相当长一段时间里确实深谙此道：他们的成长和风行，建立在社会普遍的结构性信息化风险的肌理和不少网友斑驳价值观的地表上，有了这些不够理性、缺乏稳定心智的“准说服对象”，社会达尔文主义、职场“暗黑法则”才能通过拉近心理距离、情绪写作、语言污染和重复认同乘虚而入，进而撕裂社会情绪，造成不同群体的对立。

而随着探寻渐深，我们便不难发现，当“精神教母”对“金钱、暴力、性”等劣根母题毫无节制地进行开发和加工的时候，既定的拥趸和由掮客招徕的不特定的准说服对象便都在这“迷宫”的预设线路上单向跋涉着，纵使他们其实也有过回头的机会；但当周边环境的渲染力无限抵近乃至压迫现代人敏感脆弱的神经网络，以至于使说服对象产生“真实感”时，“精神教义”就极有可能被接受、认同、内化乃至二次叠构传播（即原本的说服对象成为新的说服者与原本的说服者共同进行的传播），其传播潜力和实际影响力便会在强势舆论的扩张中渐强走高，而少部分“幸存者”即便没有陷失，但其却可能为力避由其单独持有的某些态度或信念而陷入孤立的境地作出内向说服（即说服对象主动或在某种驱使条件下主动地加深对说服内容的学习、理解和认同）抑或反说服甚至是沉默表示（尽管并不一定能表明说服对象的态度或信念没有发生任何转变），从而产生情绪的共同反刍和传播结果的离散细分乃至再分化，这便是伊丽莎白·诺尔-诺依曼所提出的“沉默的螺旋”理论。和霍夫兰说服理论出奇相似的一点是，两种理论均特别强调说服对象在学习、分析、转化、认知过程中的主观心理感受及其实时变化，善于把握戈培尔效应在说服实践中具体而恰当的运用。

但在思维不断上升的过程中，仅从说服者角度去探求原理显然不够充分和公允，须知，说服对象本身才更应成为整条说服结构链上的“牛鼻子”。客观地讲，我们每个人都无时无刻地处于传播场域内，在更多时候，我们既是自己态度和信念的说服者，也是他人态度和信念的说服对象；倘若辩证地看，在群体分众化与个体相对独立并存的说服语境中，当我们愤慨于野蛮丛林中“猎物”的从众、异化和蜕变时，作为潜在说服对象的我们是否也该照照镜子，看看自己的脸上此时有没有扭曲的笑，问问自己的单纯、道德和廉耻心是否足以构筑起抵御“心灵话术”的钢铁长城？显然，说服对象自身的认识和控制能力，以及说服心理的变化，对传播结果的确实性和稳定性都起着至关重要的作用。简而言之，这是“思”和“懂”的基本范畴问题。譬如，在艾希曼审判中，作为《纽约客》杂志的特派员，汉娜·阿伦特负责跟踪报道，她原本打算亲眼见证屠杀同胞、极端邪恶的凶手受到审判和制裁，但她却大失所望：就是这样一个 50 多岁的瘦弱的中年男子，十分普通的长相，呆板的言语和几乎找不到任何邪恶的动机或狂热的信念，参与输送、驱逐和杀害的犹太人竟有近 600 万人之多！除了热衷于升官，他就只是在执行官僚组织的命令罢了。而在纳粹喉舌极力构筑和维护的法西斯主义理论这一潜说服环境中，新闻舆论走向极端化，宣传工作成了“调子最高”的洗脑和控制工具，其说服对象也自然锚定了那些政治狂热却又深陷精神囹圄而不自知的“好人”。但反过来讲，为什么像纳粹这样的政权，恰恰是靠艾希曼这样的既肤浅又平庸的“好人”来支撑、来维持的呢？这其实与潜说服环境的“筛选”和“会聚”准说服对象的作用密不可分。从康德的“根本恶”走出，阿伦特逐渐改变了对“恶”的看法的视角：“恶”也可能产生于日常生活中的反常行为，即在潜说服环境的影响下，说服对象没有意识到自己的态度和行为发生改变的“无思”或不愿承认改变的“拒绝思考”，而前者被认为是“恶之平庸”的核心。①与霍夫兰说服理论暗合的是，如果说霍夫兰说服理论是一门关于“懂”的学问，在理想条件下所需的是筑建一个闭路且无第三方干预的通道，那么阿伦特关于“恶”的理论则是一门关于“思”的学问，在统一公正的社会评价标准体系中，“有思之恶”一向都是激进的，而“无思之恶”却从来不是极端的，它往

① 葛世林：《浅析汉娜·阿伦特“恶之平庸”思想》，载《才智》2019 年第 15 期。

往没有深度，也没有魔力，却可能毁灭整个世界，而这恰恰就应归因于它的普遍传播和精准说服。换言之，“思”是“懂”的触媒，而“懂”是“思”的合意，而正是基于说服对象的恐惧诉求和慰藉需要，“无思”又往往成为滋生共情乃至共情被滥用的温床，而这也许可以归结为个体无意识驱导和服膺下的集体意识的重新洗牌。试想，当一个“平庸的恶”的链条足够漫长，长到处于这个链条上的每一个人都无法看到链条的全貌时，链条一旦发生意外，似乎链条上的每一个人都有理由觉得自己无辜。

三、传播：自媒体说服行为与公众态度变化的过程

而回到事件本身，事实上，我们很难运用上述确有讨巧之嫌的由点而发的射线式思维进行系统性的全面思考。说服作为一门发展中的学问，其信息传播的内部逻辑结构、作用原理和过程自成体系并日益臻善。而当前，新一轮科技革命和产业变革方兴未艾，网络新技术新应用快速迭代，推动着媒体格局和舆论生态加速重构。在网络生态密林的营建过程中，自媒体平台在泛流量时代的粗放式发展中被按下暂停键，抛开自律和监管因素不谈，在下半场的泅渡中，自媒体平台的说服传播更应在适应社会心理、个体和少数群体情绪等感性因素的变化和积极应对舆论场不稳定因素的统筹考量上多下功夫。因此，舆论的创制、传播、引导和规制自然也就成为说服理论具体运用的有机延伸。

2016年2月19日，习近平总书记在党的新闻舆论工作座谈会上强调，“党的新闻舆论工作必须增强针对性和实效性。要适应分众化、差异化传播趋势，加强构建舆论引导新格局”。同年在4月19日召开的全国网络安全和信息化工作会议上，习近平总书记又明确指出，“要发挥网络引导舆论的作用，营造一个风清气正的网络空间”。而霍夫兰说服理论虽可运用于对网络舆论生产和传播机制进行的观察、分析和疏导全过程，但

由于以说服为目的的网络信息的传播在一定程度上仍是一种借助互联网传播介质的单向因子输出，其受到说服者与说服对象的互动性和互制性的动态影响，最为直接的如信息的对称性、关切度等非限制等要素。因此，对说服解释力的预判、研判、分析、策略制定本身就是说服技巧、规律的再适用，而解释力思维实则是说服传播的底层逻辑。

约翰·R.扎勒在《公共舆论》一书中写道："'态度变化'不应该被理解为一个转变经历，即一种固化的舆论结构被另一种替代，而应被理解为与某个'给定议题'相关的正反两方面意见平衡状态的变化。而意见平衡状态的变化根源在于'考虑事项'的相对凸显性发生改变。"[①]在这一论断中，我们至少可以剖列出三个理解"说服"的切口：第一，作为说服内容的事实性信息，"给定议题"往往不是一成不变的，也不会是单纯随机的，"议题"可能是既定态度或不同意见之间交流对比时的实时表达；第二，公众舆论的出现乃至舆情的发酵并不单单是某一强势意见或态度的引导和持续，而是各方面意见达成相对均衡的结果；第三，和霍夫兰说服理论相似的是，它承认和考虑了公众在面临"议题"和情况变更时对"考虑事项"的"关切度"和理解力，而非简单地以普遍性的抽象判断代替公众差异化的价值思考。诚然，说服对象态度的转变可能并不都是基于高度认同乃至自觉的深层次的根本性转变，因为这样的转变必然基于相当数量且极富解释力的实践经验和个体经过理性思考或非理性判断后所作出的价值选择。因而，要想确保和巩固说服实践的有效性，就必须动之以情、晓之以理、导之以行、勉之以恒，让说服内容的影响像空气一样无所不在，其当然的理论品质也必然是说服内容及其作用过程中的解释力。

一般而言，公众的态度和观点是公众对某一社会现象、问题及其他形式的社会存在的认知、情感和行为倾向的集合，它根植于一定的社会历史条件，又受公众需要的满足程度、群体压力、差异化的认知结构和思维定

---

① 参见[美]约翰·R.扎勒：《公共舆论》，陈心想、方建锋、徐法寅等译，中国人民大学出版社2013年版。

势等因素影响，因此，公众的态度和观点往往都会不自觉地存附于某种主流的强势观点或是能够通过演绎和推原的方式方法最终还归于主流的强势观点，尽管这种存附和还归事实上还具有不同程度的主观性和相对独立性。而落脚到说服实践，当认为述说的行为理由充分合理，说服对象进而就可能确认行为结果也是“可接受的”；相反，如果认为理由难以解释行为，说服对象进而就可能认定说服者应当承担欺骗责任。而此处的“充分合理”正是说服行为、说服内容之于说服对象的“解释力”。在公众眼中，强解释力往往意味着说服内容被视为原因的相对确定性和其固有的原因性与公众理解及预期的原因性之间具有相近性乃至一致性；而由于达成一致的目的、过程不尽相同，故解释力往往是作为一个内部综合动因，在遵循说服基本规律的基础上，调整优化着说服结构和内容的布局，并最终使得公众舆论的分布朝着“内部平衡、外部多元、内外统一和共同服务于说服实践”的方向发展。综上所述，站在说服对象的角度，说服的本质就是对说服者所展示的理由作出基于自由意志和自我意思的符合性测评并对自己原有的态度观点进行归位和整合；显然，排除人为的误解和歪曲，具有强解释力的理由被视为“辩解”或被认为具有辩解动机的可能性理应处于极低的范围内，否则，解释力原理便会面临被解构乃至被推翻的危险，说服结果的自然达成便绝无可能。

倘若将作为“暗线”的解释力和作为“明线”的说服结构链统筹起来思考和把握，便不难发现，解释力就像一枚蓄势待发的子弹，一旦发出，就既贯穿说服全过程，又在客观上成为说服对象进行原因性分析和符合性测评的最重要依据：从外部刺激来看，说服者自身持有一定的态度和观点，并综合运用多种说服技巧，最终通过说服内容的解释力影响着说服对象态度的转变；在一定的说服情景和环境中，说服内容本身蕴涵着具有相当诱导性或启发性的信息因子，而信息因子是否真实、正确、合规自然也成为评判解释力虚实的唯一标准；从说服对象来看，解释力及其最终的被接受强度是影响态度转变的关键性因素；在作用过程中，解释力更是发挥着指导、衔接、协调和理论支撑的作用;而说服结果则是解释力的最终作用效果。从这一角度来看,咪蒙事件的发生和发酵,实际上就经历了解释力的创设、传播、原因性分析和接受的过程。网文《一个出身寒门的状元之死》的甚嚣尘上,也不外乎此。但是,在自媒体发展正由野蛮生长的草莽时期向追求内容质量与价值输出的合规化时期转型变革的关键阶段,如此罔顾事实、凭空臆造、煽惑情绪乃至于纯粹造谣的糟粕,在蒙眼狂奔中"精心"炮制和煨入的扭曲价值观,片面追逐流量、取悦用户的内容生产模式,实难迎来长久的高光时刻,其传播在本质上仍是一种虚强解释力的待转圜状态。

四、解释力:纠错机制和自律自净功能的落地生根

而要阻断这样的虚强解释力,则至少有三种途径,分别是:传播前的审核、传播过程中的及时规制和阻断后的复盘。除此之外,解释力原理实际上还为我们厘定了有效解释和无效解释的边界。所谓有效解释,即说服者在优先获占信息的情况下,出于真诚、负责和善意的态度,真实、全面地传播说服信息,并针对不同说服对象采取不同方法进行个性化的解释,进而形成说服传播的"一轴两翼",即以解释力传播为轴,以自验式和他验式测评为翼的基本形态和整体架构。毋庸赘言,仅基于说服主体身份转换的验证和反验证也共同构成解释力的传播过程。也就是说,说服的实质特征其实是解释力的自我贯通和真实性锚定。所谓自我贯通,即是从逻辑自洽的角度来理解说服信息,说服者所传播的态度和观点实现了与说服对象原有态度和观点的对冲或竞合,这是说服结果达成的基础和前提;但显然,自我贯通仍是自证循环的闭环结构,天然不具有逻辑完备性。因此,要想形成完整、严密、准确和无从辩驳的说服链、说服群乃至说服圈,就需要在系统思维的指导下,充分发挥真实性锚定的纽带和减损作

用，进而拉近双方的心理距离，降低不必要的理解和信用损耗。

从解释力的角度来看，霍夫兰说服理论框架固有的某些约束性特质虽在一定程度上为真实性的锚定扫清了障碍，但也仅仅停留在为对象范围内可以适用的伦理规则划定大致的可行域的层面上。然而，在全媒体时代，解释力的传播范围并不必然确定，而事实上的传播范围与说服者原本意图施加影响的对象范围往往又不具有十足的对等性。因此，适用实在的法律法规、行业标准和规范并辅之以应然的自然法精神固然相对稳定和便利，但显然也无法从根本上铲除“新咪蒙们”的滋生土壤。而从解释力原理出发，虚强解释力本身就是无源之水、无本之木，但其生命力的衰止并不是一个简单的自然消解过程，相反，它更多依赖于伦理规则叙事背景下的制度集束，尤其在纠正和处罚的反馈机制和社会信用体系的分级考核方面更是发挥着能动止损的作用。而从提高对解释力的管控效果来看，说服的作用过程作为集中体现信息传播、内容转化和态度转变的关键环节，如果能对其进行适度和适时的干预，管控效果就可能会产生急剧和直接的放大效应；但从降低解释力的管控成本来看，说服行为一旦使得说服对象的态度发生根本性转变，与此同时，如果管控者缺乏对公众情绪的积极疏导和对说服内容的合理重构，那么即便负性的说服信息被宣告错误或正式终止，其解释力的负面影响也仍有可能继续蔓延。事实上，在应对处置突发事件和舆论挑战上，趋于格式化或避重就轻的敷衍、辟谣和被迫回应往往更易引起说服对象的戏谑、质疑和调侃，乃至于削弱对说服信息的心理认同。由此可知，对说服作用过程的管控成本和风险本身存在一定的不可预知性，这源于由说服信息引起的二次叠构传播影响的不可逆性和说服对象对解释力总体评判的不均衡性。因此，通过适当的公关说服获得公众的谅解和接纳固然必要，但若站在说服者和管控者的角度，切实提高传播受众的公民素养和法治意识，强化公众心理防御机制或许才是治本之策。而霍夫兰说服理论框架实则正为我们建构了一个反复组构、严密叠合的理论模型和现实路径，但这一理论的基石仍是解释力原理。

五、自媒体发展:计利当计天下利,求名应求万世名

统归来看,在融媒体时代,为打造一个积极、健康、充满建设性的自媒体生态,每一位从业人员都至少应看清三件事:第一,互联网不是也不会是永远的大染缸,它在不断演进,更在不断自净;第二,在一次又一次的公共事件中,公众已经渐渐懂得了耐心和理性的珍贵,后真相时代更呼唤公众养成“让真相再飞一会儿”的耐心和对法律的敬畏;第三,放大格局和向往真善美才是最广大的民意和更主流的价值,中国互联网舆论场的民意基础和根本遵循是高度的文化自觉、文化自信和文化自强。在 2019 中国网络媒体论坛上,中宣部副部长庄荣文强调网络媒体要实现新跨越,一是要强基固本,做正能量的传播者;二是要勇于创新,做融合变革的先行者;三是要敢于亮剑,做主流价值的捍卫者;四是要奋发有为,做新技术的引领者;五是要担当负责,做清朗空间的守护者。对于公众而言,面对纷繁复杂的社会现象,首先,我们需要保持必要的理性,尽可能平和、发展地看待问题;其次,我们也需要保持足够的清醒,待辨明事件的原委曲直之后,公允、客观地发表见解;最后,我们更需要保持适度的克制,网络暴力是一盘没有质量的散沙,我们必须拿出对法律和他人人身权利最基本的尊重。

在我看来,说服不仅仅是一项技巧和能力,更是一门学问和智慧,它有着独立、严密的学科品质,更有着深厚的实践土壤和广袤的运用空间。在信息日益交融、内容供给侧结构性改革持续推进的今天,霍夫兰的研究成果仍为现代人的传播实践开辟了一条足够探寻的道路;在追问和反思之余,我们也在不遗余力地探索和发现共同治理和守护网络空间的新模式、新经验。愿借寥寥反思铺设一段小径,为媒体融合与变革背景下自媒体的健康可持续发展贡献一份声音和力量。

群体价值的当代魅力

——《乌合之众——大众心理学研究》读后感

唐厚坤*

读完勒庞的《乌合之众——大众心理研究》，我被这位思想超前的心理学家的思想震撼了，他在书中提及的许多观点在21世纪的今天仍然适用，我内心充满了对勒庞心理学理论的认同感。或许这就是像心理学这样的社会科学热度一直很高的原因吧，即使存在时空的距离，也不能蒙蔽心理学家那洞彻整个社会的双眼。也正是因其与当今社会现象契合度如此之高，因此它在时光的长河中历久弥新，照亮我们前行的道路……

本读书笔记的脉络见图1。

一、《乌合之众》的群体分析

（一）群体的特殊属性

1. 群体具有盲目性

书中有这样一段话："一个心理群体表现出来的最惊人的特点如下：

* 唐厚坤，西南政法大学行政法学院本科2018级学生。

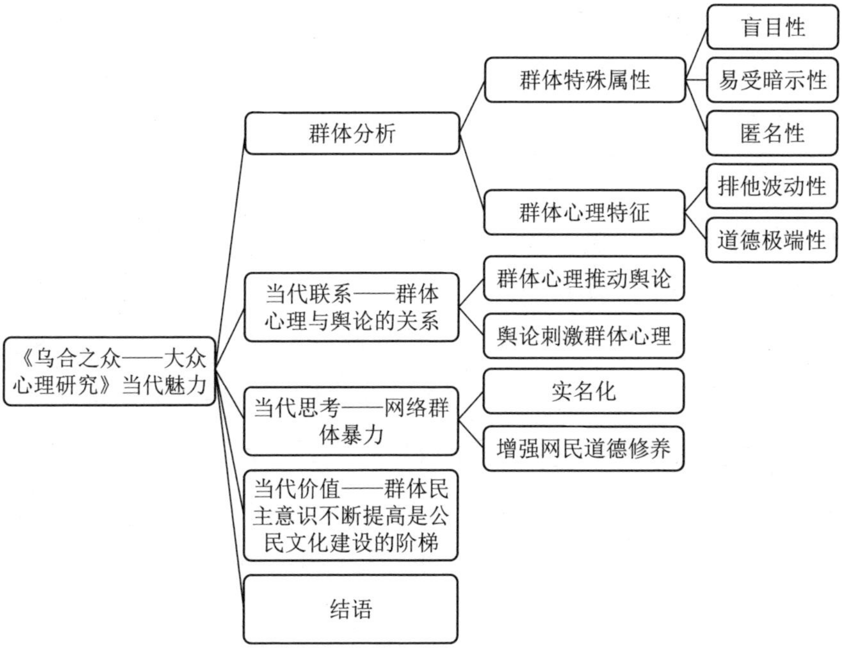

图1 《乌合之众》脉络图

构成这个群体的个人不管是谁，他们的生活方式、职业不管相同还是不相同，当他们变成一个群体这个事实出现，便使他们获得了一种集体心理。”①进而说就是在一个群体中，无论多么有个性的成员，与群体融为一体时他们的感情、思想和行为变得与他们单独一人时不同，此即《乌合之众》所说的群体的盲目性。

群体盲目性放在今天来说是：网络事件出现，因其事件特殊性或者事件不同寻常性，刺激了广大网友，他们会自发形成一个群体，统一其战线，对事件进行评论，形成一个评论阵地，然后刚接触事件不甚了解的年轻人，也会因为接触这个评论阵地而追随大流，发表自己的意见。这实际上就是群体盲目心理在作祟，“沉默的螺旋”理论表示，人们因为惧怕被群体孤立，而

① [法]古斯塔夫·勒庞：《乌合之众——大众心理研究》，冯克利译，中央编译出版社2005年版，第4页。

会选择不发表意见，跟随大多数人意见，最后使得螺旋越来越大，形成了意见一边倒的情况。这样的意见实际上并不能代表多数人的内心想法。[1]

2. 群体具有易受暗示性

群体十分容易接受暗示，轻信他人说的话，因为观点很容易进入群体的大脑，进而转化成相应的行动。在现代媒介环境下，网络进入门槛低，信息开放度高，流通速度快，线上线下互动性强，群体易受暗示的特点就表现得更明显。[2]就以“2012年世界末日”的预言为例子，先是有几个网友在网上发布“2012年世界末日”的预言，告诉人们要提前准备好物资以防灾害的来临，越来越多的人接受了这个观点，随之转化为相应的行为，于是人们纷纷去超市购买面包和矿泉水，在这一过程中，网民群体极端轻信，并且“把歪曲性的想象力所引起的幻觉与真实事件混为一谈”[3]，这便是群体易于接受暗示的特点。

3. 群体具有匿名性

在群体中的每一个人都可以发声，都可以表达自己的观点，他们在群体中不害怕自己被发现，可以畅所欲言，所以他们的言语更加激烈和极端。[4]在今天网络的匿名性和高度自由性下，人们的责任意识会迅速减弱，这便使得网络群体参与讨论时对自己的言辞不加斟酌。[5]他们敢于在虚拟的空间发泄自己的欲望，甚至自发地抱团，成为一个从未联系、互不认识的群体，只为了能够发泄个人情感，不考虑后果地享受网络暴力带来的快感。

---

① 于畅：《社会化媒体背景下“乌合之众”群体现象探讨》，载《传播力研究》2018年第28期。

② 聂妍：《从网络群体事件看现代媒介环境下的“乌合之众”——以勒庞的〈乌合之众——大众心理研究〉为视角》，载《新闻研究导刊》2016年第15期。

③ 同前注，[法]古斯塔夫·勒庞：《乌合之众——大众心理研究》，冯克利译，中央编译出版社2005年版，第6页。

④ 于畅：《社会化媒体背景下“乌合之众”群体现象探讨》，载《传播力研究》2018年第28期。

⑤ 李斯坦：《新媒体中的网络群体心理探究——以微博热点事件为例》，载《今传媒》2018年第6期。

(二) 群体的心理特征

1. 排他波动性

成了群体之后，群体中的个人感情将会汇聚成群体的感情，这种感情是一种极端但却又简单的感情，同时群体又具有易受暗示性，这使得群体对于观点的接受要不就是全盘吸收，要不就是全盘否定。[①]群体中的个人缺少理性判断的意识和能力，他们盲目地相信群体的力量，信任大多数人的意见，而反对、拒绝与他们持有相反态度的个体，这些无不体现出偏执专横的特性，即一种群体心理上的排他波动性。

2. 道德极端性

群体心理在道德方面，也需要引起我们的关注。《乌合之众》一书中阐释了勒庞的观点，勒庞认为群体心理道德方面呈现一种极端化的趋势，就针对近些年的热点事件，由于对群体力量的信任与上帝视角的俯视心理，人人都成了道德家，会经常站在道德的制高点去批驳某些行为或现象，而下意识地忽略事件的本质。群体不是强调反复观察进而得到事件的本质，而是以主观意识去不停地批判，这有违科学的认识规律，暴露出群体心理道德极端性的弊端。

二、《乌合之众》的当代联系

《乌合之众》中所阐述的虽然是跨世纪的理论，但是其中有非常多的理论与 21 世纪的今天仍有许多联系，其中关系最为紧密的就是群体心理和热点事件、热点现象的关系，二者其实表现出一种相互影响的关系。

---

① 朱文轩：《新媒体视阈下"乌合之众"群体心理特征探析》，载《新闻研究导刊》2017 年第 2 期。

(一) 群体心理相互融合推动热点事件、热点现象

《乌合之众》中就提到"群体不善推理,却急于行动,群体因为夸大自己的感情,因此它只会被极端感情所打动"。[①]这就是说当看似不起眼的个体感情在偶然的契机下相互融合形成群体的心理感情,那么其迸发出来的能量是可以推动热点事件、热点现象的发展[②],一定会引起群众的广泛参与。

前些日子发生的万州公交车事件其实说的就是这样一个原理,一开始网上的舆论都是在指责公交车司机没有履行其应尽义务进而导致公交车发生危险,公交车上的人无一生还,但是经过后面的调查发现是车上的乘客对司机进行敲打和辱骂,司机与其争执才导致公交车出现危险,此时舆论反转,开始掉过头来批判这名乘客。

这就会引发我们的思考,正如勒庞在《乌合之众》所说:"当他们变成一个群体这个事实出现,便使他们获得了一种集体心理。"[③]在群体中个人往往会因为融入群体而失去自己的个性情感和思想,会转向群体所认可的共同方向,哪怕这种认知和自己原有的意见相反。

(二) 热点事件、热点现象刺激群体心理

勒庞在《乌合之众》就提过:群体同样会受到外在刺激因素的影响,群体心理在受到外界刺激之后发生相应的改变。某娱乐明星王某某被几个法院限制消费,这消息传出来就引起了轩然大波,自然也登上了微博头条,各大媒体都在报道王某某被限制消费的相关内容,可此时也有一部分人持反对意见,认为不应该过度消费娱乐明星。

其实在该事件当中,我们就可以看到《乌合之众》一书阐释的热点问

---

① [法]古斯塔夫·勒庞:《乌合之众——大众心理研究》,冯克利译,中央编译出版社2005年版,第14页。

② 王阳,《从〈乌合之众〉看新媒体中群体心理与舆论现象的关系》,载《媒体研究》2018年第6期。

③ 同前注,[法]古斯塔夫·勒庞:《乌合之众——大众心理研究》,冯克利译,中央编译出版社2005年版,第18页。

题刺激群体心理，在被各大媒体争相报道之后，群体之中产生了一种新舆论，认为这是在过度消费娱乐明星，同样根据群体的相关特性，这样的新舆论新观点也影响着很多人加入其中。虽然群体心理具有多样性和暂时性，但是我们也需要明白当舆论发展到一定程度后必将对群体心理产生刺激从而激发出新的群体心理，并在群体中蔓延感染而形成新的舆论。

三、《乌合之众》的当代思考

《乌合之众》对我们新时代的发展确有启示，但是我们也要通过《乌合之众》相关理论思考我们新时代所面临的问题，我想这其中最严重的就是网络群体暴力问题。网络群体暴力，是一种网民群体在网上恶意发表、传播具有攻击性的文字、图片的行为现象，在表现形式上可分为舆论言语攻击与图片视频攻击。

网络群体暴力的形成原因就是源于群体心理的极端性、源于群体的易受暗示性等原因。通过阅读《乌合之众》我认为采用以下方法可以有效缓解我们目前面临的网络群体暴力问题。

（一）落实网络安全与实名化管理

在《乌合之众》中勒庞指出："形成群体的个人很难约束自己不产生这样的念头：群体是个无名氏，因此也不必承担责任。"所以为了有效防止网络群体暴力的发生，必须对群体有名化管理，进而就是对网民实行实名化管理。这样有效地提高了可归责性，一旦出现重大的网络群体暴力事件就可以通过实名管理找到实施暴力者，从而降低出现暴力的可能性。①

① 刁生富、陈汇丰：《网络群体暴力的生成与治理——基于勒庞〈乌合之众〉的思考》，载《改革与开放》2018年第6期。

（二）增强网民的道德修养

“他强烈地意识到自己要为一个‘更崇高的事业负责’，在这种责任意识地激励下，他会不自觉地自我渺小化，把自己日常经营的目标与它对立起来，从而理所当然地认为，别人的个人目标同样也是没有价值的。”[①]这是勒庞分析群体道德提出的。应用在缓解网络群体暴力中即加强网民的自身修养，进而降低网络群体暴力发生的可能性。

四、《乌合之众》的当代价值

其实《乌合之众》不仅在理论方面对我们高速发展的时代有着影响，而且本书理论背后的价值同样是值得我们关注的——群体民主意识的不断增强是公民文化建设的阶梯。

勒庞认为，个体的意识个性淹没在群众心理之中，群众心理诱发出情绪，意识形态通过情绪感染得到传播。一国公民文化建设的成败在很大程度上取决于群体民主意识。[②]我国如今迈入了新时代，在新时代的不断前进中我国必须注重对于群体、对于公民民主意识的培养，只有如此，才能为政治的民主化及其有效运作提供良好的思想基础。

五、结语——《乌合之众》为我们提供了看清现实的镜子

“在各民族生活中，有组织的群体历来起着重要作用，然而这种作用

①② ［法］古斯塔夫·勒庞：《乌合之众——大众心理研究》，冯克利译，中央编译出版社，第23页。

从来没有像现在这样重要。”

不合群者不可爱。

不合群的人不肯为群体奉献无知；

不合群的人不想为群体输入冲动；

不合群的人不屑为群体鄙夷异端；

不合群的人不愿为群体抛弃独立。

费罗伊德说：“勒庞的《乌合之众》是一本当之无愧的名著，它极为精彩地描述了集体心态。”这本书里很多观点都有现实意义。初读此书，你会觉得这是一本具有强烈个人色彩、包含偏见的书籍，可是当你静下心来仔细阅读，你会发现其实勒庞向你展示的正是这个社会中的现象或事件，随着阅读的深入你会发现这本书说的群体心理现象越来越有意思、越来越吸引你，我想这大概就是它在心理学著作中地位高的原因吧。

最后用罗伯特·墨顿的一句话结束我的读书笔记：“这是一本广为流行的书；对勒庞的时代和我们的时代一再表现出实际意义；绝对谈不上完全创新，严格地说也不正确；与作者的任何求知行为相比，表现最佳时也只能算较好，最差时也不算很糟；字里行间与字面上有着同样多的意义；眼光时而偏于一隅时而放眼全球；既有预见又观念落后；在实践中有效地利用着历史，又从原则上否认它的真实性和有效性；从当时表现出人类行为共同特点的重要的事件中概括出了一些这样的特点；还有一些并不影响其本质的乌七八糟的意识形态怪论——这就是勒庞的《乌合之众》，一本仍然值得一读的书。”

关于司法裁判中的正义的思考

林铭萱 *

北京大学法学院教授、博士生导师陈瑞华教授所著《看得见的正义》是一本具有随笔风格的学术著作，作者从一些经典的法律格言出发，解释格言形成之初的时代背景、语境和含义，并在此基础上，结合我国法律制度和法律实践，利用格言作出新的理解和评论，为格言注入新的内涵。在作者的视角里，制度、规则与法律条文都是“过眼云烟”，而隐藏在制度背后的“理念”或“思想”，才是具有长久的生命力，并随着时代的变迁和社会的发展，而具有了新的生机和活力。

在书中，作者针对司法程序的正义性进行了评述，介绍了诸如“听审权”“法官回避制度”“一事不再理”“谁主张谁举证”等一系列司法审判的基本原则，并提出了当前在中国司法实践中存在的相应问题。虽然某些观点在笔者看来有些过于强调程序性，忽略了实际工作中应该兼顾的灵活性而趋向法律教条主义，但是总体上作者所提出的当时司法体制所存在的问题大致客观且有针对性，而且大多数的问题在司法体制改革中已经逐渐被注意到，并被提上改革日程。

---

* 林铭萱，西南政法大学行政法学院本科 2019 级学生。

“看得见的正义”,实质上就是裁判过程(相对于裁判结果而言)的公平,法律程序(相对于实体结论而言)的正义。[①]在笔者看来,这个题目应该分为两部分进行解读,其一为“看得见”,其二为“正义”。所谓“看得见”,从字面上解读,即能够亲眼看见,能够实际感知,也就是说整个法治构建需要公开化、透明化,能够给予社会公众真实感。实际上,是要求做到程序正义,即每一步都依照公开的流程和程序稳步推进,通过程序的实质化实现法治的具象化。而“正义”则是法治的基本要求和终极要求,也是广大群众对于法治的最终期待。公平和正义,一直以来都是对于司法的终极追求,是所有司法工作者的目标,而本文试从“正义”角度出发,阐述一些观点。

一、实现正义,需要裁判的及时性

司法裁判的及时性,是指司法裁判结果的宣判不得过于迟缓,司法程序的运作也不得过于急速,即在司法裁判中兼顾效率与质量,综合考量案件的时间成本与司法资源成本,同时兼顾控辩双方心中对于正义的期盼。

(一) 裁判过于迟缓

《刑事诉讼法》对公安机关和检察机关的“最高羁押期限”作出了规定,但是对于审判阶段的“最高羁押期限”并未作出明确规定。在司法实践中存在着“程序倒流”、案件久拖不决等现象,经过多次阶段性的专项治理,情况有待进一步改善。过于迟缓的裁判导致案件的真相随着时间的流逝越来越难以查清,原有的证据可能随着时间逐渐减弱,被告人

① 陈瑞华:《看得见的正义》(第三版),法律出版社 2019 年版,第 6 页。

在羁押期间的人身权利受到严重侵害，被害人的权益也难以得到及时恢复和补偿。

（二）裁判过于迅速

与裁判过于迟缓相对应的是裁判“过于迅速”的问题，无论是普通刑事案件还是案情复杂的重大犯罪，在某些个案中法庭审理可能偶尔存在走过场的现象，比如在法庭调查、法庭辩论阶段，对于证据调查认定、证人出庭作证和控辩双方辩论等环节偶有流于形式的问题。过快的裁判可能导致证据收集和排除存在问题，被告人无法对于存疑证据作出辩护，容易出现冤假错案，侵害被告人的合法权益，对被告及其利益相关人造成不可挽回的后果。当然也可能由于错漏关键性证据使被告人侥幸逃脱，使原告的诉求无法得到满足，被侵害的法益难以得到恢复或者赔偿、补偿。

裁判的及时性既要让原被告双方感到自己的诉求和权利得到充分的考虑和尊重，也要使他们认为相关证据具有充分的说服力。裁判的过程无论过于迟缓还是过于迅速，造成的都是程序上的非正义。①

针对实务中存在问题，2018年新修订的《刑事诉讼法》规定了一种新的裁判程序——速裁程序。根据《中华人民共和国刑事诉讼法》第二百二十二条第一款规定：“基层人民法院管辖的可能判处三年有期徒刑以下刑罚的案件，案件事实清楚，证据确实、充分，被告人认罪认罚并同意适用速裁程序的，可以适用速裁程序，由审判员一人独任审判。”在笔者看来，速裁程序可以理解为对于刑事案件的分流，依据案情的复杂程度和犯罪严重程度大致作出划分，在相对简单清晰的刑事案件中节约出司法资源用于处理复杂疑难案件，如此一来，不仅能够加速简单案件的结案速度，同时将司法资源向复杂案件倾斜，同样有助于提升复杂案件的裁判效率。

---

① 陈瑞华：《看得见的正义》（第三版），法律出版社2019年版，第95页。

二、实现正义，需要裁判的透明性

正义根植于信赖，即正义的实现来源于民众对于法律的信赖。司法审判的公开是构建群众对于法律信赖的重要一环。没有公开、透明的审判，公众无法对司法裁判的过程和结果进行监督，也无从获知裁判结果的产生依据和理由，当然也就无法形成对司法裁判的尊重。形式上的公开比如允许年满 18 岁的公民到法院旁听依法公开审理的案件、通过网络全程直播庭审过程等。遏制司法不公的现象，不仅需要法庭审理过程的公开、裁判结论的公开，同时需要司法裁判的透明，也就是“实质上的公开”。这种“实质上的公开”意味着裁判过程的公开，包括证据的排除与确认、控辩双方观点的采信和拒绝理由、定罪量刑的法律依据以及作出裁判所考虑的各种因素，等等。简言之，不仅要做到审判过程的公开，同时需要让群众了解裁判形成的依据和理由。

“阳光是最好的防腐剂”，要让群众对法律产生信赖感，对正义充满信心，必须做到司法裁判的透明化。现阶段“以审判为中心”的刑事诉讼制度改革提出了“庭审实质化”的要求，在诉讼程序的设置上进一步明确和细化了庭前会议、非法证据排除、法庭调查等关键环节、关键事项的基本规程，针对以往庭审程序虚化、非法证据排除难、疑罪从无难等问题，作出了具体的改革方案。同时，对法官独立行使裁判权，社会公众自由参与相关案件的旁听从程序上进行保障，真正让司法裁判的公开透明落到实处。

2014 年 10 月，党的十八届四中全会审议通过了《中共中央关于全面推进依法治国若干重大问题的决定》，针对长久以来司法体制中存在的弊端指明了改革路径，从法官员额制改革，到“以审判为中心”，再到“庭审实质化”，强调非法证据排除等一系列改革措施落地，充分体现了党中央对司法体制改革的决心和信心。作者在《看得见的正义》一书中提出的当时司法体制存在的弊端，经过法学实务界和理论界专家学者长期以来的研究和探索，现在看来已经有部分得到了妥善有效地解决。但是对于“看得见的正义”的思考，是永无止境的。如何平衡程序正义与实质正义，如何使程序正义得到更好的保障，如何让“人民群众在每一起司法案件中感受到公平正义”，中国的司法裁判制度仍然存在许多问题尚未解决，亟待随着时间与实践不断进一步深化改革。

律师小谈

禹诗烨　郭雨萌　胡雨菲　蓝越鑫　樊宇玲*

作为一部随笔集著作,《政法笔记》看似零散的文章分布中却有一定的逻辑可寻,其中三篇涉及律师职业的文章令人感触颇深,我们将就律师这一职业的一系列问题展开讨论。

从历史来看,中国古代是没有官府认可的辩护人或律师制度的。硬能扯上些关系的“讼师”也向来被视为国家司法秩序和乡土社会礼治的对立面,留给社会大众的多是负面的不良印象。也就是说,中国现有的律师制度是来自西方的。律师这一职业是现代法治意识形态的产物。在多重因素作用下,律师这一职业的伦理地位模糊,行业问题不断凸显。一方面是成为律师门槛低,职业化程度不够;另一方面面对着巨大竞争压力,恶性竞争屡见不鲜。这当然具有一定的时代特性,当年对律师制度的建设完善仍处于摸索式的初级阶段,很多问题无法避免。但不可否认,人们也确实因此不自觉地对律师失去了信心,产生了偏见。

就目前公众对于律师职业好坏的评判而言,大多数舆论导向都认为给“恶人”打官司的律师就不是好律师,就将这一类律师简单的归结为“坏

* 禹诗烨、郭雨萌、胡雨菲、蓝越鑫、樊宇玲:西南政法大学行政法学院本科 2017 级学生。

人”的类别。

例如2018年发生的“程序员苏某某自杀事件”中，为苏某某前妻翟某某担任法律顾问的易律师团队就受到了舆论的抨击和谩骂。原本这是一个正常的律师委托，但是一些舆论认为易律师本来是站在苏某某一边的，现在又接受翟某某的委托，自己否定自己的言论，是人格分裂的表现。然而，当易律师进行了相应的解释之后，又有人骂他恶意营销，有损律师行业的形象。为何公众会有这样的思想，认为“坏人”就不应享有律师为其辩护的权利，我们首先应该讨论一下什么是“坏人”。

在法律里面并没有“坏人”这个说法，有的只是“犯罪嫌疑人和被告人”。况且站在被告席的人也不一定是坏人，聂树斌、赵作海、佘祥林等重大冤案的当事人都曾站在被告席上。“犯罪嫌疑人”“被告”“罪犯”也是法律上的人，他们在诉讼过程中也享有相应的诉讼权利，而这些权利也需要保护。而这些人在面对国家权力的时候，显然属于弱势地位，需要律师为他们争取应有的权利。而且，根据无罪推定的原则，在被告人没有被依法确定有罪之前，应当被视为无罪的人。

其次，就算“坏人”也享有辩护权。辩护权是指《刑事诉讼法》赋予当事人及其辩护人针对控诉而进行申辩活动的权利。辩护权，这是公民的一项基本权利，是人权的一种，不以好坏，甚至不以法庭宣判之后的罪与非罪为转移。辩护权可以放弃，却不可剥夺，无论基于什么借口。

再者，公众眼中所谓的“好”与“坏”并非是真正合理的标准。由于中国法治事业起步比较晚，公众的法意识较为薄弱，对于法律的了解都有一定的局限性，再加上律师这个职业是在文革之后才逐步市场化的，公众对其的评价都是带有一定主观色彩的，所谓的“好”与“坏”只是主观价值判断，并非事实判断。倘若公众的法意识得到加强，那么对于好坏的标准或许又会发生改变，会更加理性，也不会简单地将为“坏人”辩护的律师一棒子打死。

再反观"好律师可以是好人"这句话，其实其中暗藏着很多层意思。从逻辑的角度上来说，坏律师一定不会是好人。这里所指的坏律师不是那些为"坏人"辩护的律师而是违反法律职业伦理的那些人，捏造事实、劝诱当事人、伪造证据。就如江歌案中为刘鑫辩护的律师，在审判之前大量雇用水军，模糊真相，试图依靠网络舆论对抗"手无缚鸡之力"的母亲。又在审判中把签约书单方面公布出来，根本没有做到律师的保密义务，一心为自己开脱。而公众却常常将为"坏人"辩护的律师看作坏人，混为一谈，反而冤枉了好律师。在律师的眼中并没有好人与坏人的区别，律师作为当事人人权的助力者为了正义，为了能离正义再靠近一步，为了审判离正义更近。

正如书中《好律师能不能也是好人》这篇文章所说："律师为坏人辩护脱罪，虽然为常人所不齿，仍有一种期待中的伦理回报或幸福感。"①这样的人却被称作"坏人"，可谓很扭曲了！其实在世界各地都存在着这样一种问题，比如美国的"辛普森案件"等。律师该不该为"坏人"辩护并不是重点，重点是律师该怎样为"坏人"辩护吧！

那么律师的存在又有什么意义呢？

其一，从诉讼方面讲。首先，律师经过执业培训，律师代理当事人立案能节省时间，当然包括当事人时间、法院时间。其次，当代理案件开庭时，对方当事人未请律师的情况下，法官需要解释一些问题给非专业人士，庭审效率大打折扣。除此之外，审判是以证据说话，律师比一部分当事人具有更多的证据搜集意识、对举证责任的了解、能够及时准确地质证。

其二，从权利保障方面讲，律师的意义集中体现在当发生当事人与公权力对抗情形时。在中国的司法实践中，常遵守"有罪推定原则"，这对被告人是相当不利的。因为在法庭上与之对抗的是代表国家意志的公安机

① 冯象：《政法笔记》，北京大学出版社 2012 年版，第 143 页。

关或检察机关两方，而以国家机器为后盾的公权力显然拥有更大的质证和庭辩实力，这就形成了一种不平衡的力量对比。一位美国法官曾说，一个厉害的检察官可以让大陪审团“起诉一份火腿三明治”。只有让当事人拥有一位有专业技能的律师，他才能在法庭上围绕法律和证据进行相对公平的抗辩。在此过程中，律师作为辩护者的能耐越出众(有时似乎被理解为他助纣为虐的能力越高明)，他对公正结果的达成就贡献越大。正如那句经典的评述：律师的魔鬼性实是一种表象，当国家机器可能变成魔鬼时，律师拥有的魔鬼辩护技能越高超，他反而越接近天使。

然而为何在当下的中国，律师这么不招人待见？由于律师独特的职业价值取向与公众朴素正义感之间存在冲突，律师注定分裂的工具价值属性，比如辩护律师为犯罪嫌疑人辩护，减刑脱罪，公众就认为律师是“坏人”。大众对律师产生了误解与过度的指责。所以，怎么解决呢？

首先利用大众媒体宣传普及法律知识以及律师职业伦理，加深大众对律师这个职业的认识，尽可能减少对律师的误解。普法，可以从诉讼程序、诉讼原则等方面进行，纠正公众错误认识。律师的执业权利与社会地位，取决于一个社会民主法治进程与人权保障状况。其次，律师的职业声望与社会认可，很大层面上取决于律师自身的修养与为社会作出的贡献。所以律师本身也要遵守职业伦理，履行义务，维护当事人合法权利。

律师要得到公众的认同，有赖于以下三个方面的努力：一是律师个体要努力成为一个有文化、有涵养、让人尊重与信赖的人。这需要律师具备人文情怀与职业担当。二是不断营造律师自身独特而独立的职业文化与职业伦理。三是使以民主、法治、公平、效率为本质的职业文化成为社会主流文化，如此律师才可能得到社会之尊重与认可，法律有可能得以施行。

律师这一职业是中国法治建设中不可或缺的重要一环，我们有理由相信，中国的律师制度必将发展得更加完善，这也将推动中国法治事业更上一层楼！

走出乡土的婚恋

柯嵛喜*

一、"恋爱"概念的产生

在日常生活中，我们有不同的概念来描述人际关系，诸如"父子""朋友""兄弟"等，这些概念都不是简单的作为一个符号而存在的，每一个概念都代表了一套道德上的权利义务在里面，不同的概念所蕴含的权利义务也不同，除此之外，这些概念也不是独立存在的，而是作为已有的道德谱系的一部分而存在的，是社会道德观念的一部分。由此可见，这些描述人际关系的概念其实起到了一种"隐形契约"的作用，双方按照自己和别人的关系履行背后的道德义务，这些概念将社会中的每一个人都纳入了已有的道德谱系当中。

仔细观察会发现不同的概念弹性也不同，诸如"父子""兄弟"之类的概念背后的道德权利义务是相当复杂的，自然弹性就小了很多，而诸如"朋友"这一类概念就相当的模糊，朋友的数量种类繁多，与每个人的状况

* 柯嵛喜，西南政法大学行政法学院本科 2017 级学生。

也不同，没有一个复杂而又固定的道德模式在里面，通常来讲越是重要的关系就越是有复杂的权利义务体系在里面，“父子”“兄弟”显然就比“朋友”重要得多。因此，小说中古代的游民若是关系极为密切就会采取拜把子的方法，结成异姓兄弟，这样“兄弟”就代替了“朋友”，有了一个新的更紧密的“隐形契约”，关系也就更紧密了。

《乡土中国》一书认为传统中国社会中，家庭的主轴在父子之间、在婆媳之间，夫妇成为了配轴，是一种纵向的模式。同时，传统的乡土社会中人除了工作和生育之外是以相同性别、相近年龄的人组成的集团进行活动的。两性之间的结合即家庭不过就是双方搭伙过日子的一种方法，没有过多的延伸，婚姻是一种事业，到了一定阶段就要去做的事业，夫妻之间更多的是事业伙伴而非感情伴侣，双方更多地依靠纪律式的伦理道德进行联结而不是情感。对于男女之间的情感则有如下描述：

> 这里所谓感情相当于普通所谓激动，动了情，甚至说动了火。用火来形容感情，就在指这动的势和紧张的状态，从社会关系上说感情是具有破坏和创造作用的。情感的激动改变了原有的关系。这也就是说，如果要维持着固定的关系，就得避免情感的激动。其实，感情的淡漠是稳定社会关系的一种表示。所以我在上篇曾说纪律是排斥私情的。
>
> 在这种社会环境中，夫妻双方的关系依靠一种外在性的纪律来维持，而非双方的情感，乡土社会所求的是稳定，它更害怕社会关系的破坏，男女之间的关系必须有一种安排，使他们不发生激动性的感情。

男女有别固然可以将男女分别划定进入不同的分工领域，那么男女之间的结合的原动力又在哪里呢？换句话说，为何这对男女会在一起呢？

既然排除了人的内在情感，那么这种动力必然也就是来自外在的了。有学者认为，中国人通常将这种动力归结于“缘分”，例如“一日夫妻百世姻缘”，将夫妻的结合归结于过去积累的姻缘，而非双方的主观情绪。在这样的社会中，“恋爱”这一关系根本不重要，在这种环境下衍生出的伦理体系根本就没有“恋爱”的位置，现代所谓的恋爱状态在乡土社会中并没有一种确切的概念来表达，因而是一种“不明不白”的关系。而如之前所论述的，描述人际关系的概念是作为道德谱系的一部分存在的，道德谱系当中每诞生一个概念就意味着社会道德对这种关系的承认，而当一种关系没有一个确切的概念来描述时就意味着社会道德观念的不承认，因而是不道德的，所以说当我们说两个人的关系是“不明不白的”时是自带贬义的“有罪推定”，被评价者往往会因此自证清白，用一个已有的概念来使自身的行为正当化，例如我们在调侃身边关系亲密的男女之时，他们总会立刻用“普通朋友”这一概念迅速将自身纳入一个合理的秩序之中从而得到合法化保护。

近现代以来，爱情在中国社会逐步兴起，“自由恋爱”成为一种流行思潮在当代更是成了主流思潮，这就意味着男女关系从纪律关系向感情关系的转变，因此恋爱行为就显得十分重要，然而传统道德中没有“恋爱”这一概念，为了将这种“不明不白”的关系合法化，“恋爱”这个概念就应运而生，而这一概念所蕴含的内容就是对婚姻制度的简化，将婚姻关系中关于经济、政治、法律的部分删除掉就成了现在所谓的恋爱关系。

二、恋爱与婚姻的关系

在不同的文化中都有男女爱情的内容，但是我们现代社会所见的婚姻与爱情相互联系的状况则是在近代才有的。古代社会，无论东西方，婚姻大都和门第、出身、政治或者经济关系有关。在西方爱情与婚姻的关系发端于中世纪的骑士之爱，恩格斯认为，到资本主义出现，才有了以爱情为基础的婚姻。而在中国，这是在近百年来的事情，发端于20世纪初的鸳鸯蝴蝶派小说，以及新文化运动将西方式的浪漫之爱带到了中国，自由恋爱的风气在中国逐步流行起来。大量中国人以西方的爱情婚姻为蓝本，对其充满了幻想，因而有了以爱情为基础的婚姻。

在爱情婚姻中，恋爱作为一种人际关系是不具有独立性的，并不是交往的最终目的，而是作为婚姻的过渡物而存在，婚姻仍然是最终目的，“恋爱—婚姻”这样一种体系由此而产生，脱胎于这样的体系，我们的社会道德中便产生了一种“不以婚姻为目的的恋爱都是耍流氓”的价值判断，如果一个成年人与另一个人恋爱，并表示不愿结婚通常都会被认为是不负责任的表现，同时，如果两个没有感情基础的人结婚，通常也会受到非议。

然而，就属性而言，婚姻和爱情之间存在内在张力，婚姻是一种契约关系、法律关系，而恋爱则是情感关系，只不过我们的社会文化中将婚姻赋予了这种象征意义，把婚姻当作爱情的象征，婚姻认为是“修成正果”的最终目的。然而事实上，婚姻作为一种法律制度是不能也不应当以爱情为象征的。通常来说，将一种本身不具有现实意义的东西作为一个象征符号是没问题的，例如某个物品、仪式等，但是婚姻制度作为一种法律制度本身就是一种以公权力为支撑的强制性的制度，对人们的生活有着巨大的影响，将其作为一个象征性的东西会影响人们对它的理性认识，因此是不妥的。

三、婚恋观念的变化

中国人的婚恋观在过去发生过多次重大的变化，民国时期呈现过一种“百花齐放”的状态，有主张恋爱婚姻的，也有根植于个人主义立场而批判婚姻制度的；革命时期由于民族主义高涨出现过对个人主义恋爱观的批判，转向一种集体主义的观念；改革开放以来，社会又经历了一次重大的变化，其原因在于：

首先是单位生产能力得到提高，尤其是女性的经济社会地位的提高，性别角色的变化，使得人们对婚姻的自主选择权更大，同时婚姻所形成的生产单位对个人来说也没那么重要。其次是人均寿命的增长，和一个人一起生活几十年是有难度的，北京海淀区法院曾经做了一个调查，结果显示：1980 年，因“性格不合”要求离婚的中老年人为 0%；2001 年增长到了 13.7%；2014 年退休老年人离婚诉讼案件占到全部案件的 45%。由此可见人们所幻想的白头偕老实在是凤毛麟角，只能是一个美好的祝愿而已。最后，婚姻与财产、抚养权、教育权紧密相连，离婚成本高，不少夫妻即便没有感情，为了财产、孩子，也会维持表面上的婚姻关系。在法国，政府曾经为同性恋专门制订了一个条款“合约婚姻”，即双方只要有一人不愿意维持，婚姻关系就解除。结果在“合约婚姻”出现以后，异性恋的申请比例远远超过同性恋，这说明人们普遍有降低离婚成本的愿望。离婚成本也是很多人面对婚姻时持有一种谨慎态度的原因。

四、恋爱关系内容的多元化

在婚姻出现颓势的今天，通常来说作为婚姻的过渡物的恋爱会怎样呢？如今的恋爱关系的内容仅仅是作为婚姻的一个简化而已，如果恋爱跳脱了婚姻，作为一个单独的目的存在于谱系当中其内容将会发生重大变化。

在当下生活中我们通常所谈论的“恋爱”一词带有极大的婚姻制度的

影子，婚姻制度对持续性的要求被迁移到了恋爱关系中，从而导致人们在恋爱问题的道德评判中将时间作为了一个重要维度，同时，婚姻对双方忠贞的要求也被迁移到了恋爱当中，从而导致人们在恋爱问题的道德评判中将双方对对方的忠诚作为一个重要维度。然而，随着人们对亲密关系的需求的多样化，人们在实际生活中会陷入一种行为与评判标准之间的错乱，例如很多人尤其是年轻人在谈恋爱时都知道很大可能会分手，但是当对恋爱问题进行价值评判时却仍将持续时间与忠诚度作为标准；同时，一些恋爱关系中，双方当事人本身并未对对方提过多要求，然而二人的关系变动仍然会成为他人对其进行评判的对象。可见，随着社会变迁，人们对亲密关系的需求多元化，如此“恋爱”一词似乎很难满足人们的需求了。

所以恋爱关系将会发展成一种独立的亲密关系而存在，其内容定然会进一步简化，变成一个弹性极大的概念。而朋友这一种关系，其共性的内容仅仅是人与人之间最基本的尊重而已，因此弹性极大，所以其具体的内容是由人们自行构建的，不同的人的朋友、同一个人不同的朋友相处内容都是不一样的，而作为一个独立目的的恋爱关系将来必定也会发生类似的变化，将会成为一个非常私人的、可塑性极强的关系，恋爱关系中的人将以自己的需求进行关系构建，爱情至上者、不婚主义者，以及爱情婚姻的信奉者等持不同观念的群体必然会进行不同方式的恋爱行为。

将来社会的性道德，男女关系的形式与符号必然是多样的，传统的关系会依旧长期存在，新型的关系形式会不断出现，会有更多的人自由地进行自己私密的感情生活。

图书在版编目(CIP)数据

悦读经典 法思漫步/张渝,谭宗泽主编.—上海:
上海人民出版社,2021
ISBN 978-7-208-17174-9

Ⅰ.①悦… Ⅱ.①张… ②谭… Ⅲ.①法学-书评-
选集 Ⅳ.①D90-53

中国版本图书馆 CIP 数据核字(2021)第 112897 号

责任编辑 冯 静
封面设计 一本好书

悦读经典 法思漫步
张 渝 谭宗泽 主编

出　　版 上海人民出版社
(200001 上海福建中路 193 号)
发　　行 上海人民出版社发行中心
印　　刷 上海商务联西印刷有限公司
开　　本 720×1000 1/16
印　　张 24.25
插　　页 2
字　　数 307,000
版　　次 2021 年 8 月第 1 版
印　　次 2021 年 8 月第 1 次印刷
ISBN 978-7-208-17174-9/D·3786
定　　价 96.00 元